KB274967

서로의 거울相鏡

서로의 거울相鏡

글쓴이 · 신두호
펴낸이 · 임종대
펴낸 곳 · 미래문화사

초판 인쇄 · 2009년 2월 10일
초판 발행 · 2009년 2월 15일

등록 번호 · 제3-44호
등록 일자 · 1976년 10월 19일
주소 · 서울시 용산구 효창동 5-421
전화 · 715-4507 / 713-6647
팩시밀리 · 713-4805

E-mail · mirae715@hanmail.net

ⓒ2009, 미래문화사
ISBN 89-7299-363-8

• 이 책의 저작권은 도서출판 미래문화사에 있습니다.
• 지은이와의 협의, 인지는 생략합니다.
• 잘못 만들어진 책은 바꾸어 드립니다.

함께 가꾸는 심정문화
훈독생활문화訓讀生活文化를 위한 설교집

서로의 거울相鏡

심올 신두호 저

미래문화사

더불어 거울

　멕시코 선교의 시간들 가운데, 〈차풀떼벽 공원〉에서 선교활동을 하다가 〈거울 집〉을 들어가 보니, 다양한 거울이 사람의 모습을 여러 가지 모양으로 비춰준다. 길쭉한 모습으로, 옆으로 퍼진 뚱뚱한 모습으로, 얼굴이 몸보다 더 큰 가분수의 모습으로, 다리가 터무니없이 길쭉한 장대키로, 온 몸이 일그러진 엉망된 모습으로 등등. 배꼽을 쥐고 웃으면서 모든 거울 앞을 통과하는 가운데 많은 생각을 하게 하고, 많은 교훈을 일깨워 준다.

　나는 그대의 거울, 그대는 나의 거울, 우리는 만유의 거울이기에 〈거울 관계, 관계 거울〉의 의미를 새겨보노라면 내 거울이 그대의 모습을, 그대 거울이 나의 모습을, 우리의 거울이 만유의 모습을 다양한 양태로 조명해주어 거울 속의 우리네 인생임을 새삼 실감케 해준다. 그렇기에 하루에도 몇 번씩, 아니 시간만 있으면 거울을 보곤 한다.

　천태만상의 존재는 홀로가 아닌, '더불어 존재' 이기에 서로의 거울 속에서 삶을 가꾸고 다듬으며, 생을 노래하게 마련이다.

　거울은 있는 것 모두를 적라라하게 보여준다. 즉, 거울 속에 보이는 그대로가 제 모습이기에 어떤 변명도 할 수 없고, 솔직하고 진솔하게 확인할 뿐이다.

　이와 마찬가지로 하나님은 입체 거울의 실체로 만유를 통찰하시며,

우리와 더불어 거울 속에서 창조의 이상을 속삭이며, 서로의 기쁨을 주고받는 심정 거울, 사랑 거울, 진리 거울 속에서 '더불어 거울의 생각'을 우리와 더불어 누리고 계시는 것이다.

때문에 거울을 인생철학으로 삼아 생의 의미를 축적해 나가고, 삶의 멋을 아름답게 가꾸어, 인간 향기를 한껏 뿜어내기를 바라는 마음 간절하다.

생명을 주신 하나님, 참생명으로 양육해 주시는 참부모님께 심혈지성心血至誠으로 감사를 드리오며, 하나님의 나라 지상천국과 천상천국을 재창조하여 만유가 자유, 기쁨, 행복, 평화의 찬미로 만끽한 새 하늘, 새 땅을 가꾸는 서로의 거울이 되기를 바라는 심정으로 훈독 설교집《서로의 거울 相鏡》을 발간하게 되었다.

이 책을 발간하기까지 지성을 다해 준 심정의 형제자매들에게 깊은 감사의 마음을 전하고, 출판을 맡아주신 미래문화사 임종대 사장께 감사의 심정을 드리며, 이 책을 하나님과 참부모님께 봉정奉呈하옵고, 뜻과 섭리 앞에 바치옵니다.

천일국 9년 봄
신두호

제1장 **바람직한 자아상**自我像

어려운 자리에서 감사하는 것이
참 감사입니다.

긍정적인 자아상自我像

훈독말씀 : 사랑과 생명의 핵심을 모두 투입

하나님은 인간의 아버지요, 인간은 하나님의 아들딸입니다. 하나님의 뼈 중의 뼈, 살 중의 살, 골수 중의 골수를 몽땅 부어 지은 인간이기에 이런 인간이 하나님을 끌면 안 끌려오실 수 없는 것이요, 또한 하나님이 인간을 끌면 안 끌려 갈 수 없는 것입니다.

하나님은 이런 인연 가운데서 내용과 목적이 일치할 수 있는 인간으로 지으신 것입니다. 만일 그렇게 지어 놓은 사람을 보고 하나님이 찬양할 수 있는 어떠한 말씀이나 시詩가 있다면 그것은 세상의 어떤 시인이나 문인도 표현하지 못하는 최고의 작품이 될 것입니다. 그 대상은 하나님도 아니요, 만물도 아니요, 오직 만물을 대표한 인간인 것입니다.

자아상은 존재의 거울

자아상이란 나와 세상을 해석하는 틀, 또는 존재의 안경이나, 존재의 거울과 같은 것입니다. 즉 내가 나 자신에 대해 갖고 있는 상像, 내가 다른 사람에 대해 갖고 있는 相像, 다른 사람이 나에 대해 갖고 있는 相像, 내가 생각하기에 다른 사람이 내게 갖고 있는 相像 등입니다. 이러한 여러 가지 의미가 복합적으로 내포되어 있어서 '세상에 나밖에 없다' 라고 하는 안하무인격의 인물이 나오기도 하고, '나처럼 못난 사람이 어디 있을까?' 라고 하는 열등의식에 사로잡힌 사람도 있게 됩니다.

서로 다른 자아상

우리는 여리고 정탐 이야기를 통해서 서로 다른 자아상을 알 수가 있습니다.

이스라엘 민족의 소망은 젖과 꿀이 흐르는 땅, 하나님이 약속한 땅으로 가서 하늘나라, 영원한 기쁨의 왕국을 건설하는 것이었습니다.

그러기 위해서는 여리고 성을 통과해야 됨으로 12지파에서 그래도 똑똑하고, 신앙이 좋고, 믿음이 강한 자를 뽑아서 정탐꾼으로 파송했습니다.

정탐을 하고 와서 보고를 하는데 보고의 시작은 희망적이었습니다. 정탐꾼들의 보고는 정말 젖과 꿀이 흐르는 땅입니다. 석류, 포도, 과일이 풍성하고, 꿀도 맛이 기가 막힙니다. 그 보고를 들은 이스라엘 백성들은 희망이 부풀어 오릅니다.

아, 그런데 어려운 보고를 하는 것입니다. '그 땅에는 거인들이 있고, 그들에 비하면 우리는 메뚜기 떼에 지나지 않습니다. 우리가 어떻게 그런 거인들을 이길 수 있겠어요? 젖과 꿀이 흐르는 그 땅은 그림의 떡인 것 같습니다. 우리 스스로 보기에도 메뚜기에 불과합니다.'

이렇게 10명의 정탐꾼이 부정적인 보고를 하니, 전쟁을 하기도 전에 패배하는 계산이 나오는 것입니다. 그런데 2명의 정탐꾼 여호수아와 갈렙의 보고는 완전히 달랐습니다. '우리는 충분히 그 땅을 정복할 수 있습니다. 거기에 사는 사람들이 거인이지만 하나님에 비할 수 있습니까?'하나님은 그들보다 훨씬 크고, 더 강하고, 얼마든지 이길 수 있습니다.' 라고 보고를 하는 것이었습니다.

12사람의 정탐꾼이 똑같은 곳을 정탐했는데, 서로 다른 보고를 하는 것이었습니다. 10명의 정탐꾼은 부정적인 자아상을 갖고 있었기에 자기 비하, 열등의식이 작용하여 상대방의 겉만 보고 그 속을 볼 수 있는 하나님의 눈이 없었고, 하나님의 능력도 나타날 수 없는 부정의 벽에 막히고, 자기 자신두 낮아지는 메뚜기로 전락하고 만 것입니다. 그러나 2명의 정탐꾼은 하나님 안에서 하나님의 능력에 충만하여 저들을 이길 수 있는 강하고, 담대한 용맹이 살아 움직이는 능동적이고 적극적인 자아의식이 작용했던 것입니다.

긍정적 자아상 가꾸기

한 연구 결과에 의하면, 일반적으로 사람들은 16세까지 자신에 관해 173,000개(1일 기준 : 29.6개)의 부정적인 메시지를 받는데 비해 긍정적 메시지는 단지 16,000개(1일 기준 : 2.7개)를 받는다고 합니다.

그런데 뇌는 한 개의 부정적인 메시지를 중화시키는데 4개의 긍정적인 메시지를 필요로 한다고 합니다. 그러자니 뇌가 얼마나 고통을 겪고 있는지를 알 수 있습니다. 대개의 사람들은 긍정적인 자아상보다는 오히려 부정적인 자아상을 갖기가 쉬운 정서적인 환경에서 살고 있는 것입니다.

부정적인 자아상을 갖고 있는 사람은 인생을 기쁘고 즐겁게 살아가려고 노력을 하는데 존재의 틀, 존재의 안경, 존재의 거울이 부정적인 자아상으로 되어 있기에 마음은 원하는데 실제로는 갈등과 불행, 슬픔과 우울함이 유발된다는 것입니다.

그렇기에 긍정적인 자아상을 갖기 위해서 피나는 노력을 경주해야 된다는 것입니다. 인간의 의식은 짧은 한 순간에 긍정적인 생각과 부정적인 생각을 동시에 가질 수는 없다는 것입니다. 동시에 갖게 된다면 갈등을 초래하고, 조화를 깨고 혼란을 가져오며, 정신적인 스트레스를 유발하여 내적인 장애를 유발할 수 있다고 합니다.

그러므로 부정적인 생각이 들 때 이를 제거할 수 있는 유일한 방법은 긍정적인 생각으로 대처시키는 것입니다.

긍정적인 사람을 친구로 삼아야

긍정적인 자아상을 잘 가꾸기 위해서는 긍정적이고 적극적인 사람을 친구로 삼는 것이 아주 중요합니다. 사람이 삶을 꾸미면서 영향을 가장 쉽고 강하게 받는 상대자는 또래집단이라고 합니다. 주위 사람들의 기분과 행동은 우리의 기분과 행동에 전염되는 전염성질이 있습니다. 긍정적이고 적극적인 사람은 삶의 활력소를 주는데 반해, 부정적인 사람은 삶의 의욕을 저하시키고 걸림돌이 되기도 합니다.

그렇기에 분별할 수 있는 지혜와 슬기로움이 있어서, 삶의 현장에

서 많은 사람을 상대함에 또래집단이든 어른이든 아이들이든 긍정적
인 사람, 적극적인 사람, 생산적인 사람, 창조적인 사람을 관계 대상
으로 삼는 것은 긍정적인 자아상을 가꾸는데 대단히 중요한 것입니
다.

가장 아름다운 긍정적 자아상은 하나님 안에서

본디 인간은 하나님의 전체, 전반, 전능, 전권의 아들딸로 창조함
받았습니다.

하나님의 뼈, 살, 골수가 몽땅 투입된 사랑의 실체, 진리의 실체, 하
나님의 몸, 만물만상의 주인으로 지어 주셨습니다. 그러므로 하나님
안에서의 인간은 부족함이 없고, 모든 매사가 사랑으로, 진리로, 능력
으로 처리하고 운영함으로 대조화 무쌍한 기쁨과 행복으로 만끽되는
삶의 자리가 됨으로 하나님의 거룩한 신성이 마냥 유발되고, 아름다
운 참사랑의 향기가 그윽하여 끝없는 즐거움으로 진행되는 이상 동
산 원화원圓和苑의 삶이 되는 것입니다.

하나님 안에서는 부정적인 그림자를 찾아 볼 수가 없습니다. 끝없
는 가능으로 끝없는 창조역사가 진행되며, 끝없는 기쁨으로 영원한
사랑에 취해 살게 되는 것입니다. 그렇기에 늘 하나님 안에서, 하나님
의 신성을 발휘하며, 하나님의 참 사랑을 원동력으로 삼고 일거수일
투족을 운영해야 되는 것입니다.

긍정적 자아상은 만난을 극복하는 원동력

자아상은 행동을 통제하는 '무의식의 관리인' 입니다. 그렇기에 매사를 긍정의 눈으로 보고, 긍정의 귀로 듣고, 긍정의 감성으로 느끼면 환란 가운데도 즐거워하게 되는데, 왜냐하면 환란 속에서 꿈틀거리는 희망이 보이고, 소망이 들리고, 가능성이 느껴지기 때문입니다. 그럼으로 해서 하나님과 하나 된 신앙의 인생에서 긍정적이고 적극적인 자아상이 만들어지고, 하나님의 무한대의 능력이 긍정적인 자아상의 틀에서, 긍정적인 자아상의 거울에, 긍정적인 자아상의 안경에 조명됨으로 만사형통의 감격을 창출할 수 있게 되는 것입니다.

실로 신앙의 능력이 일반상식을 초월하여 나타나는 것은 초월적 실존자이신 하나님께서 긍정적인 자아상, 긍정적인 사고방식을 능력의 도구로 삼으시기 때문입니다.

이제 우리는 능동적, 적극적, 자발적, 긍정적인 자아상을 잘 가꾸어 하나님께서 마음껏 역사하실 수 있는 하나님의 전체, 전반, 전능, 전권의 동역자同役者, 동행자同行者, 동거동락자同居同樂者가 되시기를 축원 합니다. 감사합니다.

부모공경, 하나님 경외

훈독말씀 : 참된 자녀의 도리는 '효'

부모를 알았으면 부모 앞에 뭘 해야 됩니까? 효도를 해야 됩니다. 효자가 되어야 돼요. 또 부모를 중심삼고 그 나라의 충신이 되어야 됩니다. 부모가 나라를 거느리고 세계를 거느려 왔기 때문입니다. 충신이 되기 전에 효자가 되어야 하고, 효자가 되기 전에 참된 형제를 놓고 사랑할 수 있는 식구가 되어야 합니다. 식구는 형제지간에 찬양할 수 있는 권圈을 내세운 사람입니다.

효자가 아름다운 것은 변함없는 사랑으로 어릴 때나, 장성할 때나, 노년시대나 부모를 공경하기 때문입니다. 그런 사람을 효자라고 합니다. 효자가 되려면 어떻게 해야 하느냐? 부모의 마음 방향과 일치되어야 합니다. 효자의 길을 가는 사람은 부모와 동떨어진 행동을 하는 사람이 아닙니다. 부모가 동으로 가면, 동으로 가야 되는 것이고, 부모가 서로 가면, 서로 가야 되는 것입니다. 거기에는 이의가 없어야 되는 것입니다. 열 번 갔다가 열 번 돌아서라 하더라도 또 돌아서서 따라가야 되는 것입니다.

가정에서 '효도해라!' 하는데 이것은 부모를 중심삼고 부모가 가야 할 사랑의 길에 동참자가 되라는 것입니다. 부모의 참된 사랑의 길에는 '천륜天倫'이 따라 갑니다. 부모만 가는 것이 아니라 보이지 않는 종적인 천륜이 인연되어 함께 가는 것입니다. 때문에 부모와 하나 되라는 것은, 종적인 역사와 횡적인 역사의 심정권을 이어서 가라는 것입니다. 이것이 부모 앞에 효도하라는 것입니다.

가정을 중심삼고 볼 때 부모 앞에 효도하는 것이 아들딸로서의 책임이라는 겁니다. 왜 효도해야 되느냐? 효도하는 길은 나라에 대한 충신의 길과 연결된다는 것입니다. 나라에 충성을 하는 사람은 세계에 대한 성인의 길을 가야 된다는 것입니다. 그것이 한 직선이 되어야 됩니다.

효자가 뭐냐? 효자는 부모의 슬픔을 대신 책임지기 위해 어려운 자리를 찾아가서 책임을 다함으로써 부모에게 기쁨을 드리는 사람입니다. 부모가 열만큼 일을 하는데, 자식은 열다섯만큼 노력하였다면 부모는 다섯에 해당하는 기쁨을 느끼고, 감동을 받게 될 것입니다. 그러기에 다양한 분야로 어떻게 보충하여 부모를 위해 드릴 수 있겠는가를 생각하면서 노력하는 사람이 효자인 것입니다.

참된 부모는 어떤 부모냐? 자식을 영원무궁토록 사랑하기에 끝이 없는 부모입니다. 그러면 참된 자녀는 어떤 자녀냐? 참된 자녀는 참된 부모의 사랑 앞에 영원무궁토록 부모를 사랑하고 또 사랑이 넘칠 수 있는 사랑의 마음을 가진 자녀다. 그런 자리가 참된 효자의 자리입니다.

하나님이 아들딸인 아담 해와에게 바라신 것은 그들이 자라서 효자·충신·성인·성자가 되는 것이었습니다. (35-220)

하루가 천년같이 급변하는 오늘의 시대는 변화의 속도를 따라가지 못하는 엇박자의 현상으로 도덕심이 뒷전으로 밀리고, 정신력이 나태하고, 이기심이 물본주의物本主義로 흐르고, 불감증에 부정적 사고는 갖가지 문제를 유발해서 정치, 경제, 군사적인 불안을 초래하며 결국 가치관의 혼란 속에 가정이 무너지고 질서가 제자리를 못 잡고, 위기상황이 부닥치는 것은 물질적 외형적 문제가 아니라, 정신적, 내면적 문제에서 비롯되는 것입니다.

'효孝' 가 살아야 가정이 살고, 나라가 바로 섭니다

하나님 없는 생명이 있을 수 없고, 부모 없는 자녀가 있을 수 없습니다. 하나님은 부모에게 하나님의 권위인 '생명의 원천' 이라는 지위를 주셨고, '신神적인 권위' 를 부여하신 것입니다. 그러므로 내 생명이 하나님과 부모로부터 왔으니, 부모와의 관계는 생명 대 생명이요, 사랑 대 사랑으로 이루어진 숙명적 관계가 되는 것입니다.

그리고 숙명적인 관계를 맺어주는 '핵심요소, 뿌리덕목이 바로 효' 라고 하는 것입니다.

효의 본질은 애愛와 경敬이라 하였으니, 효도의 표현은 하나님과 부모를 사랑함으로 내 생명을 사랑하는 것이며, 하나님과 부모를 공경함으로 내 생명을 온전히 유지 발전시키는 것이며, 하나님과 부모를 존경함으로 내 생명을 존경하게 되는 것입니다. 하나님의 권위와 능력, 존귀와 영광을 상속받는 '지름길 덕목' 이 효도하는 것입니다.

그러므로 효가 제대로의 기능을 발휘하고, 제 덕목이 발현되면 가정이 살아나고 활력을 얻게 됨으로 행복과 기쁨의 요람이 되는 것입

니다. 그렇게 되면 사회와 국가의 기본 공동체 된 가정이 올곧게 바로
서게 되어, 나라는 태평성대를 누리게 되는 것입니다.

부모공경은 형통의 반석이요, 장수의 비결입니다

성경말씀 출 20:12에 '네 부모를 공경하라. 그리하면 너의 하나님
나 여호와가 네게 준 땅에서 네 생명이 길리라. 하셨고, 에베소서 6:2-
3에서는 '네 아버지와 어머니를 공경하라. 이것이 약속 있는 첫 계명
이니, 이는 네가 잘 되고 땅에서 장수하리라.' 고 하셨습니다. 부모를
공경하는 효를 할 때 하나님께서 잘 되게 하시고, 장수할 수 있는 축
복을 주신다는 약속이십니다.

삼풍백화점 매몰사건 때, 10일 만에 극적으로 구출된 최명석 군, 13
일 만에 구출된 유지환 군, 17일 만에 구출된 박승현 양, 그들은 흔히
말하는 신세대이지만 그들의 공통점은 부모를 공경하는 효자효녀였
다는 것입니다. 하나님께서는 남녀노유를 불문하고, 하나님의 법대
로 부모를 공경하고, 효를 실천하는 사람들에게 축복을 내리신다는
사실입니다.

하나님과 부모를 공경하는 사랑 실천은 가정에서 이웃으로, 사회,
국가, 세계, 인류, 자연으로 확대되어 나아감으로써 하나님의 사랑이
효도의 다리를 통하여 온 천주에 가득 채워지게 하는 물줄기가 효도
인것입니다.

효의 사상은 유교, 불교, 기독교, 여타의 모든 종교가 공통으로 중
요시하는 통교通敎적, 통시通時적인 가치관이요, 행동윤리인 것입니
다. 그래서 부모공경의 효가 애경愛敬으로서, 이 효가 5가지 사랑으로

펼쳐져 하나님을 섬기고 사랑하는 애천愛天, 이웃을 보살피고 사랑하는 애린愛隣, 나라를 걱정하고 사랑하는 애국愛國, 인류를 위하여 희생봉사, 사랑하는 애인愛人, 삼라만상을 관리하고 사랑하는 애물愛物이 됩니다. 그래서 부모를 공경하는 효의 실천이 5가지 사랑의 주춧돌이 되어 하늘과 땅과 만물을 총체적으로 사랑할 수 있는 반석이 되는 것이요, 온갖 사랑을 통하여 다양한 기쁨을 맛보면서 살게 되니, 건강의 수명이 자동적으로 생명의 몫을 다 살 수 있게 하신다는 축복의 메시지입니다.

참된 부모에서 참된 효자가 나오기 마련입니다

부모는 자녀의 모델입니다. 부모는 자녀의 생활 교과서입니다. 그렇기에 참다운 부모는 하나님을 섬기고 공경하는 모델이 돼야 되고, 하나님이 바라시는 대로 천륜을 따라서 사랑을 실천하는 본보기가 됨으로, 하늘의 생활 교과서로서의 삶의 자리인 가정을 꾸미며, 하늘의 사랑을 내리사랑으로서 자녀를 하나님 같이 절대적으로 사랑할 때 그 부모에 그 자녀로써 참된 부모에 참된 효자가 나오게 되는 것입니다.

부모가 하늘의 법도를 안 지키면서 자녀에게는 하늘 법대로 살아야 된다고 하면, 양심이 콧방구를 뀝니다. 부모가 말은 근사하게 하면서 실천이 안 되면 그 자녀는 혼란을 일으킵니다. 정말이지 참된 가정의 문화를 새롭게 창조하기 위해서는 먼저 참다운 부모의 역할이 제대로 자리매김을 해야 되는 것입니다.

부모와 자녀는 둘이 될 수 없는 '부자불이父子不二 생명체'입니다

진짜 효자는 부모의 소원과 방향과 목적이 '부자불이의 생명체'로서 부모의 희로애락 일체요, 생사고락의 한 몸 같은 삶을 살게 되는 것입니다. 하나님과 부모는 생명의 뿌리요, 원천이며, 권위와 가치, 행복과 보람의 시작이요, 마지막이기 때문입니다.

우리는 보통사람을 넘어선 하늘 황족의 반열에 선택받은 축복가정들입니다. 우리들이 참 인생을 창출해 나가는 근원의 뿌리는 참부모님이십니다. 하나님은 종적인 참부모님이시고, 참부모님은 횡적인 인류의 참부모님이십니다. 앞으로의 미래 세계는 한 분 하나님을 중심하고, 한 분 인류의 참부모님을 모시고 인류 대가족, 지구 한 가족의 사랑 왕궁으로 만들어져 가고 있는 것입니다.

이에 참부모님의 소원, 방향, 목적, 천륜에 박자를 맞춰 '부자불이父子不二의 생명체'로서 효의 알찬 결실을 만들어 가는 데 지극정성을 다해야 됩니다.

이제 우리는 효의 덕을 알뜰히 쌓아 영원한 축복의 반석을 만들어야 되겠습니다. 하나님과 참부모님께서 통쾌한 기쁨을 누리실 수 있는 효의 자녀가 되기에 혼신을 다하십시다. 효의 자리마다 만사형통, 태평성대의 은총이 충만하시기를 축원 드립니다. 감사합니다.

하나님과 맘, 몸이 균형된 삶

훈독말씀 : 마음이 주인

마음! 마음이 제일 가까워요. 여러분들은 마음이 있는지 없는지 생각해 보셨지요? 마음이 주인행세를 해야 됩니다. 이제부턴 그런 생각을 하라구요. 마음이 주인이란 생각을 해야 돼요. 그렇기 때문에 다른 사람에게 물어 볼 필요가 없다구요. 기도도 필요 없다는 거예요. 사심이 없이 마음에게 물어 보라 구요. 그래서 명상하면 벌써 어디로 가야될지 갈 길을 잡아준다구요. 그게 계시예요. 그거 하늘이 가르쳐 주는 거예요. 마음은 하늘과 연결되어 있는 것입니다.

그렇기 때문에 이 마음이 무엇이냐? 인간에게 가장 귀한, 천지의 대주재되시는 그 분이 임할 수 있는 초소예요. 전화통이 뭐냐? 전화국의 초소라구요. 전신전화국에서 수화기를 들고 번호만 맞추면 다 나오는 거예요.

마찬가지예요. 마음은 하나님이 임할 수 있는 초소라는 거예요. 그러므로 마음을 잘 모셔라 이거예요. 그것이 제일 빨리 성공하는 길이예요. 내가 지나보니 그것이 제일 빨라요. 계시도 음성이 들리는 것이 아니라 마음이 가르쳐 줘요.

마음이 작용하는 데는 반드시 양심작용이 있어요. 주체와 대상의 관계가 없으면 작용이 안 나오기 때문에 양심작용이 있다는 것은 하나님이 있다는 거예요. 하나님이 있다는 거라 구요. 주체와 대상이 하나 되는 거예요. 그렇기 때문에 마음을 존중해야 돼요.

여러분들이 어떤 사람이 될 것이냐 할 때, 자기가 무슨 위대한 사람이 될 거라는 생각을 하기에 앞서, 마음이 즐거워할 수 있는 사람이 되는 것이 중요해요.

마음은 하나님의 초소입니다

전화통이 전화국의 초소라고 합니다만, 요즈음은 전화줄이 없어도 공중파 전화줄인 무선으로 번호만 맞으면 서로의 초소가 되어 통화를 합니다. 들판에서나, 산꼭대기서나, 지하철을 타고 가면서도, 운전을 하면서도, 화장실에서도, 목욕을 하면서도, 잠을 자다가도, 신호소리도 다양하게 사인을 해 줘서 의사소통을 할 수가 있습니다.

하나님께서는 무선으로 통화를 하실까요? 무선보다 더 발달 된 선腺을 활용하시겠지요? 무선보다 더 발달된 선이 바로 영선靈腺이요, 사랑선愛腺 입니다.

그런데 하나님이 활용하시는 영선이나 사랑선의 전화를 할 수 있는 전화기를 살려면 그 가격이 얼마쯤 될까요? 요즈음 IT산업의 국제경쟁력이 대단한데 현대 기술로는 아직도 영선 전화기나 사랑선을 이용한 전화기가 개발 안 되었습니다. 누군가가 영선 전화기를 개발하면 돈 벼락을 맞을 수도 있겠지요. 그런데 하나님께서 인간을 자녀로 창조하실 때, 당신과 희로애락을 주고받을 영선 전화기를 다 주셨습니다. 그 전화기가 바로 마음이라는 것입니다.

때문에 하나님과 번호만 맞으면 언제 어디서나 통화를 할 수 있는 것입니다. 그러니 오늘 하나님과 통화할 수 있는 자기만의 번호를 하나씩 만드시기 바랍니다.

요즈음엔 핸드폰이 모든 소통을 다 해 줍니다. 이제는 하나님이 주신 '영선 핸드폰'을 제대로 작동만 시키면, 거기에 모든 게 다 나올 수 있습니다. 이러한 현상이 바로 하늘과 땅, 영계와 육계, 하나님과 인간이 같은 공명 권에 살게 된다는 사실을 예견해 주고 있는 것입니다. 정말 편리하고, 좋은 세상이 오고 있습니다만, 천법天法이 다스리는 세상이 오기 때문에 한편으로는 두렵고 떨리는 천지개벽의 세상이 생각보다 빨리 오고 있습니다.

제일 빨리 성공하는 길은 마음을 잘 모시는 것입니다

마음을 잘 모신다는 것은 원리적인 마음으로 제자리에서 제 기능을 마음껏 발휘할 수 있도록 하는 것입니다. 마음이 비 원리적으로 작용하면 방황하고 흔들리고 제 기능을 발휘하지 못하여 하나님과 우주와도 엇박자가 되어 자기구속에 얽매여 고통을 겪게 됩니다. 그러므로 마음을 진리의 자리에 모시고, 정상적인 기능을 발휘할 수 있도록 지성을 다하고, 하나님과 박자를 맞추어 균형적인 관계로 밸런스를 맞추어 사는 그 자리가 하늘과 땅과 우주와 역사, 삼라만상이 화답하는 자리가 되는 것입니다.

마음을 잘 모신다는 것은 마음을 편안하게 모시는 것입니다. 마음을 편안하게 모시기 위해서는 불편한 요소를 제거해야 되는 것입니다. 그 불편의 요소가 하나님을 거슬리는 요소로서, 죄를 짓는 타락성墮落性들입니다. 시기하고, 질투하고, 교만하고, 오만한 타락성이 유발되면 마음이 편안할 수가 없습니다.

마음을 잘 모신다는 것은, 마음을 기쁘게 하는 데 있습니다. 마음을 기쁘게 하는 방법은 하나님과 우주와 마음이 서로 화합하고, 희로애락을 공유하고, 생사고락을 함께하는 데 있습니다. 그리고 그 중심이요, 주체는 두 말할 나위 없이 하나님의 뜻, 하나님의 마음을 따라 박자를 맞추어 동하고 정하는 것입니다.

하나님의 마음에는 진리를 따르는 진실과 신뢰와 긍정과 창조적인 마음이 끝없는 기쁨을 추구하고 있는 것입니다. 섭리하심의 마음도 재창조를 하시는 마음으로 어둠의 권세를 청산하고 밝고 빛나는 하늘나라를 만들어 가심에 1%의 가능성을 붙들고 성취의 역사를 만들어 나오신 섭리였습니다.

부정적인 마음은 기쁜 마음이 되기가 어렵습니다. 부정적인 마음은 힘을 생산하는 것이 아니라, 힘이 빠지게 하고, '절망으로 인도하는 지팡이'가 되는 것입니다. 그러므로 성공으로 가는 사람은 부정적인 마음을 가져 볼 겨를이 없답니다. 긍정이 긍정을 낳고, 가능성이 가능을 만들고, 생산적인 마음이 창조력을 발휘하고, 진취적인 마음이 앞을 향해 전진함으로 성공의 기쁨을 얻게 되는 것입니다.

하나님의 마음을 소유한 자에게 하나님의 신성과 능력과 창조성이 임재하심으로 사람의 상상을 뛰어 넘는 감동을 얻게 되는 것입니다.

그렇기에 절대 믿음, 절대 신앙, 절대사랑의 신앙생활은 마음을 정상적으로 잘 모시는 것이요, 하나님과 동거 동락하는 기초신앙이 되는 것이며. 성공의 지름길이 되는 것입니다. 실로 하나님과 하나 된 정오 정착의 삶이 제대로만 이루어진다면 만사형통의 축복 된 삶의 자리가 되고도 남음이 있다는 것입니다.

조화의 균형이 잘 어우러진 모델이 우리들의 몸입니다

사람이 지상 삶을 운영해 나가는 우리 몸의 인체구조, 인체의 기능, 인체의 각 기관들의 역할, 기관과 기관의 유기적인 관계 등등은 건강을 위하여, 행복을 위하여, 보람을 위한 총체적인 생명공동체요, 가치공유체로써 생동하는 실존체인 것입니다.

고린도 전서 12장12절에 몸의 각 지체들의 역할분담과 보람공유에 관한 진리가 있습니다. 한 지체가 기쁘면 모든 지체가 영화를 누리고, 한 지체가 고통을 겪으면 모든 지체가 슬퍼한다고 하는 '지체가 곧 몸이요, 몸이 곧 지체' 라고 하는 생명공동체이자, 공유체로서의 몸의 이치와 원리에서 균형이 잘 갖춰진 즉, 밸런스가 잘 맞으면 함께 건강이요, 함께 보람이요, 더불어 행복이요, 가치공유체임을 가르쳐 주고 있습니다.

그렇습니다. 머리는 머리로서의 역할과 책임이 있고, 팔은 팔로서, 다리는 다리로서, 눈은 눈으로서, 귀는 귀로서, 입은 입으로서, 심장은 심장으로서, 폐장은 폐장으로서, 간은 간으로서, 장은 장으로서, 맹장은 맹장으로서, 저마다의 지체는 저마다의 역할과 기능과 책임분담이 다 있습니다. 각 지체마다의 역할과 기능이 곧 전체와 유기적인 관계를 맺고 있는 것이요, 밸런스를 맞추므로 전체적인 가치를 공유함으로 지체가 지체되고, 몸이 몸 되고, 인생이 인생 될 수 있게 되는 것입니다.

천국을 건설하는 교회도 천국기관으로써 '천국의 몸 된 교회'로서 각 지체와 같은 각 부서와 각 직분의 기능과 역할이 밸런스를 맞출 때 균형적인 발전을 기대할 수 있는 것입니다. 천국의 몸 된 교회의 머리와 같은 목자와 중추신경과 같은 장로와 권사, 각 기관과 같은 각 부서의 책임자들, 사지와 같은 집사들, 백체와 같은 전 식구들이 천일국의 '주인정신과 일꾼정신'으로 균형을 이루어 역할분담을 다할 때 바람직한 '섭리유기체, 천국공동체'가 되는 것입니다.

수직과 수평의 밸런스가 잘 맞아야 원화원의 행복이 있습니다

우주는 수직의 질서와 수평의 질서가 밸런스를 맞춰서 원형운동에 구형운동을 하면서 변화무쌍한 조화를 창출하며 운행되고 있습니다. 우리가 천국의 삶을 영위함에 수직의 밸런스로서 하나님과 마음과 몸이, 수평의 밸런스로서 몸의 각 지체와 또한 몸과 몸이 입체적인 밸런스로 운행될 때, 신비롭고 오묘한 천국의 인생을 맛보며 살게 되는 것입니다. 밸런스를 잘 맞추는 것은 목적이 같아야 되고, 방향도 같아야 되고, 모든 기능이 다 발휘 돼야 되고, 유기적인 관계가 원만하게 이루어져야 됩니다.

　그런데 그 핵이 바로 하나님의 참사랑입니다. 그러므로 자나 깨나, 앉으나 서나, 오나가나, 삶의 모든 것을 하나님을 중심하고 살아야 밸런스의 알파와 오메가가 될 수 있다는 것입니다. 이제 우리는 하나님을 잘 모시고, 마음을 잘 모시고, 몸이 잘 순응해서 수직으로나 수평으로나 균형이 잘 어우러지는 밸런스 신앙으로 하나님과 우주가 함께하는 삶의 자리가 되시기를 축원합니다. 감사합니다.

절대 하나 된 삶

훈독말씀 : 하나님의 체體로 지은 인간

하나님이 사람을 지은 이유는 같은 부모의 자리에 세우기 위한 것이요, 체體를 입기 위해서입니다. 같은 부모의 자리라는 것은 안팎을 말합니다. 그러니까 외적인 하나님은 아담과 해와요, 하나님은 내적인 하나님입니다. 몸적인 하나님이 아담 해와이고, 마음적인 하나님이 무형의 하나님입니다. 그 하나님이 인류의 부모입니다. 본래의 부모입니다. 그 부모가 여러 명 있는 게 아닙니다. 한 분입니다.

그 한 분이 들어가 계실 수 있는 아담과 해와, 남성 여성의 이성성상을 가진 분성전分聖殿과 같이 만들어 놓고, 하나님이 거기에 들어가는 것입니다. 하나님이 임재해서 작용해야 아담과 해와 둘이 하나 되어 이상적 작용을 하지, 하나님이 작용하지 않고는 하나님의 뜻이고 뭣이고 모른다는 것입니다. (133 - 91)

천일국은 두 사람이 하나 된 나라

오늘 우리는 천일국의 세월을 꾸미고, 가꾸고, 창조하는 천일국의 백성된 삶을 영위하고 있습니다. 천일국을 알고, 만들어 가는 사람은 지극히 적은 소수의 무리들입니다. 역사는 1%에 해당하는 사람들이 책임을 지고 만들어 간다고 합니다.

성경의 역사를 보면 제사祭祀상 위에서 나라의 운명이 결정되었습니다. 아브라함이 하나님께 드리는 제사상 위에, 비둘기를 쪼개지 않은 실수로 그의 후손들이 400년간 고난의 탕감길을 가야 했습니다.

오늘의 새 하늘, 새 땅의 역사를 창조해 가는 우리들은 소수의 무리이지만 역사의 운명과, 나라의 미래 운명을 책임지고 영원한 평화왕국을 창건하고 있는 역사적인 삶을 꾸미고, 가꾸고 있는 것입니다. 그렇기에 우리들의 일거수일투족은 역사성을 띠고 있는 것입니다. 역사는 영원히 영존하는 것입니다.

역사는 죽지 않습니다. 역사는 어제와 오늘과 내일을 낱낱이 우리의 영인체에 기록되고 있는 것입니다. 우리의 삶 하나하나가 곧 살아 있는 역사 인 것입니다.

천일국은 두 사람이 하나 되어 만드는 나라를 의미합니다. 본문에서 하나님은 당신의 몸으로 인간을 지으셨다고 했습니다. 이는 참으로 놀라운 신학의 정수를 일깨워 주시는 것이요, 우주의 근본 핵과 축을 제자리에 세울 수 있는 진리 중의 진리요, 생명 중의 생명이며, 근본 중의 근본을 올바로 세워 주시는 천비의 말씀입니다.

이성성상의 근본체로 계시는 하나님께서 당신을 닮아 이성성상의 실체 대상으로 우주의 삼라만상을 창조하시고, 그 이성성상의 안팎, 내외, 속과 겉, 종과 횡, 수직과 수평을 총체적으로 닮은 인간을 마음과 몸으로 지으시고, 하나님과 똑 같은 속성인 동질, 동요소로 아들과 딸의 신분으로 아담 해와를 창조해 주신 은총은 최고最高, 최상最上, 최귀最貴의 축복인 것입니다.

하나님을 닮은 인간이 성숙해서 심정으로, 사랑으로, 창조이상으로, 뜻으로, 하나 되면, 부모와 자식이 하나 됨으로 마음과 몸이 하나 되고, 하늘과 땅이 하나 되고, 종과 횡이 하나 되고, 수직과 수평이 하나 되고, 안과 밖이 하나 되고, 속과 겉이 하나 되어 온 천주가 하나로 어우러져, 끝없는 조화가 신비를 노래하여 행복에 취하고, 기쁨에 넘치고, 즐거움으로 흥취 하는 평화왕국이 만들어 졌을 것입니다.

그런데 인간이 하나님을 닮는 과정에서 자식이 해야 할 책임 몫을 다하지 못하고 타락이란 실수를 함으로 천길 만길 곤두박질하는 비극을 초래했던 것입니다.

어차피 해야 할 자녀의 책임 몫

본연의 에덴동산에서의 책임 몫은 하나님의 말씀을 듣고, 느끼고, 새기고, 익히어서 말씀의 사람, 진리의 사람, 천도의 사람으로 성숙하여 하나님을 닮은 자녀가 되는 것이었습니다.

그런데 타락의 핏줄로 이어진 죄인 된 인간들은 두 가지의 책임 몫을 동시에 감당해야만 되는 것입니다. 그 한 가지의 책임이 죄의 요소를 청산 짓기 위한 탕감의 책임이요, 또 한 가지 책임이 하나님을 닮기 위한 연단의 책임 몫인 것입니다.

죄를 벗으려니 탕감을 피할 길이 없는 것입니다. 죄와 짝한 인생은 인생의 경력에 넣고 싶은 생각보다, 인생의 경력에서 빼고 싶은 마음이 더 강한 것입니다. 그렇기에 가능하다면 죄를 하루속히 해결 짓기를 바라는 것이 양심의 애원인 것입니다. 그러자니 죄의 분량에 따라 탕감의 분량을 지불할 수밖에 없으니 복귀의 원리, 재창조의 원리를 알고서부터는 탕감 길을 기뻐서, 자진해서, 즐거움으로 죄 벗는 감격으로, 탕감 찾아 고생길을 앞서 갔던 것입니다.

동시에 하나님을 닮기 위해 내적인 하나님, 종적인 하나님, 참생명, 참사랑, 참혈통의 하나님을 섬기고, 모시고, 지성감천의 신앙 삶으로 나를 연단시키는 책임 몫을 충실하게 관리하며, 원리의 사람, 참사랑의 사람 됨됨을 성장시켜 나왔던 것입니다.

책임분담 여하에 따른 하나님의 사랑과 축복

책임분담을 하지 못하고 실수한 아담과 해와, 뼈 중의 뼈요, 살 중의 살, 피 중의 피붙이인 자식이지만, 절대자 하나님이 세우신 법法도 절대적이기에 가슴이 찢어지고, 세포가 떨리고, 몸 둘 바를 모르는 고통이었지만 어찌할 방도가 없었습니다.

'탕감 책임'을 통하여 부모 앞에 갈 수밖에 없는 '고난의 다리를 건너야 될 운명'으로 전락한 것입니다. 타락의 후예 된 죄악의 인간들도 하나님의 섭리 앞에 부름 받습니다만, 책임 여부에 따라서 사랑과 축복의 정도가 달라지는 것입니다.

참아버님께서 1935년 4월 17일 상사리 마을 묘두산 기슭에서 역사에 없었던 천명天命을 예수님을 통해서 받습니다. 죄악 청산과 하나님의 나라건설, 이 엄청난 명령을 수락하고 곧바로 탕감의 고난길이 시작되셨다고 합니다. 개인뿐만 아니라 가정과 친척이 함께 고난의 회오리가 불어 닥치고, 재앙이 계속 되는데, 보통사람 같으면 그 길을 포기하기 쉬운 어려움이 부닥치는 것이었습니다.

그러나 절대 일념으로, 초지일관으로, 목숨을 걸고 억만 사탄과 혈투전을 하면서 어둠을 헤쳐 나왔던 것입니다. 탕감책임을 통한 복귀 책임을 승리하는 정도에 따라서 섭리는 진전되어 개인에서 천주에 이르기까지, 밑바닥에서 최고의 자리까지 승리의 팻말을 꽂았기에 팔정노정을 다 통과하시고, 그 정상에 하나님의 왕국을 세우고, 하나님 왕권 수립을 승리하는 쾌거를 올릴 수 있었던 것입니다.

홍진 님도 하늘나라에 가셨는데, 하나님이 크나큰 빛으로, 엄청난 광풍으로, 뜨거운 태양으로 나타나시며 비전을 보여 주시고는, 캄캄한 암흑천지를 홀로 개척하는 고난을 감당하는 책임 몫을 하나하나 승리함에 따라 영계의 선한 영토가 확장되었다고 합니다.

하나님의 사랑과 축복은 엄청난 것임에는 틀림이 없으나 그 사랑과 축복은 책임분담 여하에 따라 결실되는 것임을 섭리 역사를 통하여, 참부모님 천명의 삶을 통하여, 홍진 님의 영계 개척을 통하여 너무나 뚜렷하게 일깨워 주고 있습니다.

하나님이 함께 하시면 매사가 형통인데 그 형통의 열쇠는 인간 책임분담이라는 사실을 이 시간 새삼 신앙의 알맹이로 챙기게 됩니다.

절대 하나 된 삶의 자리

본문 말씀에 하나님이 임재하여 작용을 해야 하나 될 수 있고, 이상적인 작용이 되는 것이며, 뜻의 인생을 영위할 수 있다고 가르쳐 주십니다. 하나님의 주류 속성에 제1속성이 절대성입니다.

하나님은 절대적인 지성으로 우주를 창조하시고 다스리는 법도 절대법絶對法인 것입니다. '절대'를 사전적 의미로 알아보면 아무런 제약이나 구속을 받지 않는 것이고, 상대하여 견줄 만한 다른 것이 없는 것으로, 최고, 최상, 최귀, 만족의 경지, 100% 충족의 자리를 절대적인 자리라 할 수 있다는 것입니다. 하나님뿐만 아니라 인간의 욕구도 최고를 추구하고, 최상을 추구하고, 최고로 귀한 것을 추구하고, 만족의 경지, 100%충족의 자리를 원하는 것입니다.

그러니 하나님과 인간이, 부모와 자식 관계로 절대 하나 된 자리는 아쉬움도, 부러움도, 부족함도 없는, 이리 보아도, 저리 보아도, 위를 보아도, 밑을 보아도, 두루두루 만족의 자리가 되는 것입니다. 그러한 자리에서 삶을 꾸미고 싶은 것은 누구나의 소원일 것입니다만, 우리 스스로의 모습을 바라보면 아쉬운 점이 너무나 많습니다.

하나님이 임재하실 나의 분 성전에 갖출 바를 제대로 갖추지 못한 아쉬움이 많이 있습니다. 우선 청산지어야 할 죄의 찌꺼기를 말끔히 청소하고, 하나님의 속성으로 가득 채우는 신앙의 노력을 알차게 챙겨나가야 되겠습니다. 자나 깨나, 앉으나 서나, 오나가나 하나님을 닮는 데 초점 맞춰 살면 절대 하나 된 삶의 자리가 만들어 지고, 천일국의 영토가 넓게 확대되는 보람과 행복이 날로 번창되시리라 믿습니다. 아주! 감사합니다.

'말미암음'의 삶

가정맹세문은 복귀섭리의 골자를 뽑아서 만든 것인데, 어디 가든지 매일같이 이것을 중심삼고 살아야 됩니다.

모든 맹세문에 있어서 첫째는 참사랑입니다. 참사랑이 뭐냐? 자기 몸 마음을 제물 드려서 하나님 앞에 바치게 되면 하나님까지 합해서 우리에게 돌려준다 이겁니다. 자기 몸과 마음을 바치지 않고는 하나님과 하나 돼 가지고 돌려받을 수 없다는 것입니다. 절대 신앙·절대사랑·절대복종하는 입장에서 하나님 앞에 바쳐지게 될 때는 하나님과 하나 돼 가지고, 하나님이 우리 앞에 서 가지고, 모든 만사가 하늘의 지시대로 움직이면 지상, 천상천국의 모든 것이 이루어진다는 것입니다. (285 - 297)

본연의 동산은 이상동산입니다. 유무상통하는 세계요, 형제의 감정이 만 우주 어느 곳이든지 통할 수 있는 세계입니다. 오늘날과 같이 민족적인 감정, 혹은 국가의 어떤 주권적 차이를 가지고 논의할 수 있는 이상과 주의의 세계가 아닙니다. 민족의 차별, 혹은 국가의 주권 등 그러한 모든 것을 넘어서서 논의 하는 세계, 인간의 경제적인 사정이라든가 문화라든가 하는 조건의 차이를 가지고 논의하는 것이 아니라 심정을 가지고 논의하는 세계입니다.

하나님의 사랑과 일체 동고동락한 기쁨을 지니면 틀림없이 영생을 중심삼고 하나님의 사랑의 세계와 하나님의 가족과 황족의 일원으로서 영화스러운 하나님을 영광 중에 모시고 살 수 있는 것이 우리 본연의 나라요, 본향입니다. 여러분은 그곳을 찾아가는 것입니다.(264-155)

요즈음 참부모님께서는 가정맹세의 중요성을 시간이 될 때마다 강조하십니다. 참부모님께서 광야 40년 노정을 승리하시고, 성약시대를 선포하시며, 나의 맹세를 중심한 신앙에서 가정맹세를 선포하시고, 가정시대를 선포하신 것은 복귀섭리의 쾌거요, 참부모님의 처절참절한 광야 노정의 피어린 고난이 결실되는 새로운 섭리로 접어 든 전환적인 맹세가 가정이 하는 맹세로써 '가정맹세'를 세울 수 있게 된 것입니다.

그러므로 가정맹세는 천일국의 삶을 꾸미는데 절대 필요한 축복가정의 뿌리요, 뼈대로써 늘 상, 언제 어디를 가거나 어디에 있든지 가정맹세와 함께 동행同行해야 되고, 동거同居해야 되는 것입니다.

가정맹세의 제1절은 하나님의 창조이상인 본향 땅을 찾아 지상·천상천국을 창건하는 데 있습니다. 이 목적을 달성하기 위해서는 하나님의 창조이상적인 삶의 자리가 천국 창건의 현장이 돼야 된다고 생각해 봅니다.

하나님의 창조이상적인 삶은 '말미암은 삶'을 올곧게 살아야 된다고 봅니다.

하나님으로 말미암은 삶을 잘 살아야 됩니다

본디 모든 존재는 하나님으로 말미암아 존재하게 되었고, 하나님으로 말미암은 삶을 꾸미게 되는 것이 지극히 자연스러운 본연의 삶이라 볼 수 있습니다.

하나님으로 말미암은 모습은 하나님의 이耳·목目·구口·비鼻가 제대로 작동하고, 제 기능을 한껏 발휘하는 가운데 하나님의 이상과 목적에 박자를 맞춰 동動하고, 정靜하는 합목적적인 역할을 하게 될 것입니다.

즉, 하나님의 귀는 하나님의 소리, 참사랑의 소리, 우주의 소리, 변화무쌍한 대자연의 오케스트라 향연의 소리, 행복의 소리들이 입력돼서 아름답고 향기로운 삶의 영양소를 제공해 줄 것입니다. 그리고, 하나님의 눈은 바르고 진실된 이치와 원리를 보고 올바른 길잡이의 역할을 다할 것이고, 하나님의 입은 진리와 사랑을 찬미하며 서로가 행복을 나누는 역할을 할 것이며, 하나님의 코는 달고 오묘한 향기를 심취하여 조화의 촉진제 역할을 하면서, 모두가 하나님의 이상을 노래하면서, 기쁘고 즐거운 천국 삶을 영위할 것입니다. 그래서 공동목적으로 조화, 화합, 통일의 자리를 만들 것이니, 그곳에 천일국 창건의 감격이 발전, 정착, 안착되어 나감으로, 하나님과 인간, 온 천주가 더불어 어우러진 만끽의 삶을 꾸미게 되는 것입니다.

그런데 우리가 살고 있는 오늘의 세상은 정보과잉 시대가 되어 혼란을 초래하고 있습니다. 1870년대에 전화가 보급되고, 1880년대에는 신문이 등장하였으며, 1920년대엔 라디오, 1950년대엔 TV, 1970년대엔 컴퓨터, 1990년대엔 인터넷 등으로 발달됨에 따라 지금은 정보

가 홍수를 이루어 사람이 만들어 놓은 과학 문명에 혼란과 스트레스
로 몸살을 앓고 있습니다. 마구 쏟아지는 정보 중에서 어떤 것이 옳고
그른 것인지를 분별하는 잣대가 가지각색이라 더 혼란을 초래하고
있습니다. 이럴 수록에 하나님으로 말미암은 5관 생활을 바르게 관리
해야 된다는 것입니다.

뜻으로 말미암은 삶을 잘 살아야 됩니다

하나님의 창조이상 실현은 뜻의 성취에 있습니다. 뜻은 세 가지 축
복이요, 세 가지 축복은 바로 참인간, 참가정, 참주인이 하늘의 법도
를 따라 자유와 행복과 평화, 그리고 기쁨이 충만한 하늘나라 천국을
이 땅에 건설하고, 지상천국에서 살다가 연장선상에서 영계로 이어
지는 영원한 천국을 이루고 사는 것을 말합니다. 그러므로 우리들의
삶은 자나 깨나, 앉으나 서나, 오나가나 뜻으로 말미암아 살아가야 되
는 것입니다.

그러나 거짓이 판을 치고, 사람을 속이고 죽이는 험악한 세상에서
진정 창조이상적 삶을 살려면 '뜻을 위해 태어난 몸, 뜻을 위해 살다
가, 뜻을 위해 죽으리' 라고 하는 절대 맹세가 뚜렷해야 될 것입니다.
뜻으로 말미암은 삶의 정도가 하늘과 세상 사이에 갈등 정도를 야기
할 것입니다. 그렇기에 갈등이 없고, 불화가 없고, 대립이 없는 뜻의
참인생을 온전히 영위하기 위해서는 매사를 뜻으로 말미암은 삶으로
잘 살아야 될 것입니다.

참사랑으로 말미암은 삶을 올곧게 살아야 됩니다

참사랑은 하나님 사랑이요, 원천적 사랑으로 모든 존재가 생존하는 원동력인 것입니다. 하나님 사랑이 부부에게 나타나면 부부사랑이 되는 것이고, 부모와 자녀 사이에 나타나면 부자사랑이 되는 것이고, 형제자매 사이에 나타나면 형제애가 되는 만유의 뿌리사랑이 하나님 사랑입니다. 그리고 참사랑은 공익성을 띤 우주의 질서요, 무한히 주고 또 주고, 베풀고 또 베풀고, 위하여 투입하는 원동력입니다.

참사랑은 조화, 화합, 평화, 통일의 모체가 되는 것입니다. 그런데 참사랑은 하나님과의 관계에서 공급되고 활용이 되는 것입니다. 하나님은 참사랑의 발전소이기 때문입니다. 그러나 오늘의 세상에는 거짓사랑이 난무하고 있어서, 불화, 대립, 갈등, 투쟁을 일삼고 있는 것입니다. 참사랑은 절대 시봉의 생활에서 하나님과 하나가 될 때 임재하는 은총입니다.

참사랑을 뿌리로 한 나무의 가지에는 관용, 용서, 화해, 평화, 통일 등 이타심이 왕성하여 기쁘고 즐거운 영광의 꽃 열매를 맺습니다만, 거짓사랑을 뿌리로 한 나무에는 시기, 질투, 교만, 갈등, 이기심이 뻗어나가 슬프고 괴로운, 병들고 썩은 열매가 되고 맙니다. 진정 우리들의 양심과 본심이 추구하는 행복한 삶을 이루고, 하나님의 이상을 실현하기 위해서는 참사랑으로 말미암은 삶을 올곧게 살아야 되겠습니다.

상대로 말미암은 삶을 살아야 행복이 창출 됩니다

상대를 위하고, 아끼는 데는 행복과 기쁨만이 생산되는 쌍쌍제도의 기본 원리입니다. 상대의 입장에서, 상대의 심정으로, 상대를 나보다도 먼저 배려하는 마음을 갖는다면 오직 아름다운 조화와 평화가 행복을 만들 겁니다. 타락한 인간의 가장 무서운 속성은 자기로 말미암은 이기주의입니다.

이기주의는 불화를 만들고, 욕심이 잉태되어 죄를 만들고, 서로의 관계를 단절시키고, 화해를 싸움으로 둔갑시키는 사탄의 도구가 되는 것입니다.

이타주의利他主義, 위타주의爲他主義는 상대로 말미암은 삶을 추구하므로 끝없는 행복과 보람을 창조하는 평화주의, 행복주의, 기쁨주의, 성공적 삶을 가꾸어 가는 하나님주의입니다.

가정맹세 제1절에 있는 본향 땅은 하나님과 인간과 만물이 기쁨으로 어우러진 행복의 동산, 평화의 왕국, 안식의 보금자리, 모두가 풍요와 만족을 만끽하는 원화원의 삶터일 것입니다.

이제 우리는 하나님의 창조이상을 실현하는 지름길이 하나님으로 말미암은 삶으로 매사를 하나님과 하나 된 생을 꾸며가고, 뜻으로 말미암은 삶으로 3대 축복을 이루어 창조의 목적이 달성된 이상왕국을 꾸미며, 참사랑으로 말미암은 삶으로 서로가 희생 봉사하며 주고 베푸는 심정 문화가 정착케 하고, 상대로 말미암은 삶으로 끝없는 행복을 노래할 때, 그곳에서 본향의 이상이 발전되고, 정착되고, 안착되어 영원한 땅의 천국, 하늘의 천국, 영생의 천국 삶이 이루어 질 것입니다.

부디 세상 풍파가 마지막을 고하는 아우성이 만연할 수록 우리는 '말미암음의 삶'으로 창조이상을 성취하고 천일국을 창건하는 참사랑의 주인, 영광의 주인, 하나님과 동고동락하는 황족의 일원으로 영생을 노래하는 삶의 자리가 돼야 되겠습니다.

자녀 된 인류가 하나님을 모시고 영광을 노래하는 본향 땅을 이 지구상에 건설하는 하늘의 용장들로 부름 받고, 연단 받은 우리가 '가정맹세의 실체'가 되어 영원한 본향의 조상으로서 역할을 다해야 되겠습니다.

천일국을 창건하는 나날의 삶의 자리가 하나님의 창조 이상적인 삶의 터로 가꿔 가시는 지극정성이 하늘과 역사와 인류에게 희망을 안겨주는 보람 충만의 자리가 되시기를 축원합니다. 아주 감사합니다.

'혀를 조심하라' 하십니다

훈독말씀 : 말의 실수가 없는 자면 곧 온전한 자라

내 형제들아, 너희는 선생 된 우리가 더 큰 심판을 받을 줄을 알고, 많이 선생 되지 말라. 우리가 다 실수가 많으니, 만일 말에 실수가 없는 자면 곧 온전한 사람이라. 능히 온 몸도 굴레 씌우리라. 우리가 말을 순종케 하려고, 그 입에 재갈 먹여 온 몸을 어거하며, 또 배를 보라! 그렇게 크고 광풍에 밀려가는 것들을 지극히 작은 키로 사공의 뜻대로 운전하나니 이와 같이 혀도 작은 지체肢體로되 큰 것을 자랑하도다. 보라! 어떻게 작은 불이 어떻게 많은 나무를 태우는가? 혀는 곧 불이요, 불의不義의 세계라. 우리 지체 중에서 온 몸을 더럽히고, 생의 바퀴를 불사르나니, 그 사르는 것이 지옥 불에서 나느니라.

여러 종류의 짐승과 새며 벌레와 해물은 다 길들여지므로 사람에게 길들었거니와, 혀는 능히 길들일 사람이 없나니, 쉬지 아니하는 악이요, 죽이는 독이 가득한 것이라.

이것으로 우리가 주 아버지를 찬양하고 또 이것으로 하나님의 형상대로 지음 받은 사람을 저주하나니, 한 입으로 찬송과 저주가 나는도다. 내 형제들아 이것이 마땅치 아니하니라. 샘이 한 구멍으로 어찌

단 물과 쓴 물을 내겠느뇨? 내 형제들아 어찌 무화과나무가 감람 열 매를, 포도나무가 무화과를 맺겠느뇨? 이와 같이 짠 물이 단 물을 내 지 못하느니라. (야고보서 3 : 1 - 12)

요즈음 많은 사람들이 사후의 세계에 관하여 깊은 관심을 갖고 있습니다. 그래서 ‘죽음을 준비하는 학회’ 가 인기가 높다고 합니다. 전 세계적으로 영계를 다녀온 영계 체험자가 약 7백여 명 된다고 합니다. 즉 죽었다가 다시 살아 난 사람들을 말합니다. 혹자는 3일 간 죽었다가 살아나고, 혹자는 5일, 혹자는 7일, 10일 등 영혼과 육신이 분리된 입신 상태로 영계로 들어가서 여러 계층을 탐방을 하게 된다고 합니다. 또 괴로운 자리, 교육 받는 자리, 싸움을 하는 자리, 평화로운 자리 등 다양한 계층이 있는데, 어디를 가 보니까 입에다 칼을 꽂고 있는 영인들이 있어 자세히 살펴보니 성직자 출신이 꽤 있는 것을 보고 깜짝 놀랐다고 합니다.

본문 말씀에 선생 된 우리가 더 큰 심판을 받을 줄로 알고, 많이 선생이 되지 말라고 했습니다. 선생의 신분을 갖고 거짓말을 한다거나, 말과 행실이 하나 안 될 때 심판의 대상이 된다는 것입니다.

마태복음에 ‘선한 사람은 마음의 쌓은 선에서 선을 내고, 악한 자는 그 쌓은 악에서 악을 내나니 이는 마음의 가득한 것을 입으로 말함이라.’ 고 했습니다. 이 시간 ‘혀를 조심 하라’ 라는 말씀을 통하여 말을 조심하고, 입술을 잘 다스리고, 혀와 행실이 얼마나 중요한가를 바르게 이해하고, 바르게 깨닫는 은혜가 함께 하시기를 바랍니다.

말은 인격의 거울이라고 했습니다

어떤 사람은 말끝마다 욕을 섞고, 어떤 이는 말을 했다하면 누군가를 비판하고, 정죄하고, 실족시키고, 마음을 아프게 하는 경우가 많습니다. 또 어떤 사람은 자기 외에는 아무도 없다는 양 교만에 찬 말로 일관하고, 또 자기도취에 빠지는 사람도 있습니다. 이 모든 경우는 아직도 성숙하지 못했기 때문에 그런 것입니다.

말은 우리 '인격의 거울'이라고 했습니다. 또 언어는 '생각의 옷'이라고 했으며, 그릇은 그 소리로서 깨어진 것을 알고, 사람은 그 말로서 그의 지식을, 그의 인격을 알 수 있다고 했습니다.

우리가 쓰는 언어는 결국 그 사람의 생활 모습, 심성, 신앙, 마음씨, 됨됨이, 인생의 질과 양을 그대로 보여 주는 것입니다. 본문 말씀은 말의 실수가 점점 줄어들고, 말의 실수가 없어지면 그것이 바로 우리의 인격, 영의 성숙에 이르는 증거라는 것입니다.

사랑하는 형제자매님! 우리가 어떻게 살면 혀의 실수가 없는 삶을 살 수 있을까요? 말은 '인격의 거울'이라 했으니 우리의 속사람을 하나님의 신성으로, 하나님의 참사랑으로 알차게 영글도록 입술을 연단하는 것입니다. 진실된 말, 기쁜 말, 행복한 말, 상대를 아끼고 사랑하는 좋은 말을 자나 깨나, 앉으나 서나, 오나가나 실천하는 데 있습니다.

심리학적으로 볼 때 하루에 상대방을 기쁘게 하는 말을 세 번씩만 하면 한 달이면 마음의 주름살이 펴지고, 일 년만 하면 마음에서 빛이 난답니다.

또한 언어는 '생각의 옷' 이라고 했습니다. 그렇다면 우리의 생각을 늘 긍정적인 생각, 생산적인 생각, 창조적인 생각으로 희망적 언어, 가능한 언어, 서로가 평화를 만드는 언어를 사용하는 노력이 혀의 실수가 없는 삶을 꾸미는 지혜요, 혀를 연단시켜 인격을 성숙케 하는 삶이라고 볼 수 있습니다.

혀는 작지만 생사를 다룬다고 했습니다

큰 배가 광풍을 헤쳐나가는 것은 사공이 작은 키로 운전하는 것이지요. 혀는 지극히 작은 지체이지만 사람의 생명, 행복과 불행을 다루고, 보람과 좌절, 성공과 실패를 좌우하는 열쇠입니다.

작은 불씨 하나가 집을 태우고, 산도 태우고, 공장을 잿더미로 만들기도 하면서 엄청난 피해를 주는 것을 종종 겪습니다. 마찬가지로 혀는 작지만 잘 못 사용하면 인생에 엄청난 피해를 준다는 것이지요. 그런 반면 혀를 잘 다스리면 하나님이 바라시는 대로 기쁨과 행복을 창출하는 사랑의 악기가 될 수 있다는 것입니다.

서양 속담에 '개구리는 입 때문에 먹힌다.' 는 말이 있고, 또 '꿩도 울지 않으면 총에 맞지 않는다.' 는 말이 있습니다. 이런 속담이 주는 교훈은 말하지 않아도 되는데, 말해서는 안 될 것을 경솔하게 내뱉음으로 화를 불러일으키는 것을 조심해야 된다는 것입니다.

부부에 관한 연구에서 평생 해로한 부부나, 파경을 맞은 부부나 부부싸움을 하는 횟수는 별 차이가 없다고 합니다. 다만 주고받은 언어에 상당한 차이가 있었다는 것입니다. 행복한 부부는 인격과 감정이 담긴 사랑의 대화를 많이 하였던 반면, 파경을 맞은 부부들은 백 마디 중에서 열 마디 정도가 마음을 아프게 하고, 상처를 주는 말들을 했다는 것입니다. 그 단 열 마디 차이가 부부간에 행복과 불행을 좌우했다는 것이지요. 그 작은 혀, 입을 다물면 보이지도 않는 그 혀를 잘못 놀림으로 말미암아 행복하게 출발했던 결혼의 배가 암초에 부딪치고, 파도에 시달리고, 결국은 전복하는 비극을 맞는 다는 것입니다.

행복한 인생, 아름다운 삶을 살아가는 사람들의 배경에는 어린 시절부터 진실된 말, 행복한 언어, 아름다운 글귀, 생명의 말씀들을 듣고, 사용하며 성장한 사람들 이라는 것입니다. 행복한 사람들의 배경에는 반드시 행복을 만들어 주는 말이 있었다는 것이지요. 그만큼 말은 상상할 수 없는 에너지를 가지고 있다는 것입니다.

반면, 인생이 파괴적이고 폭력적인 사람들, 삶을 불행하게 살아가는 사람들을 보면 자라오면서 들었던 언어들이 폭력적이고 파괴적인 언어, 인격을 무시하는 언어, 시기하고 질투하는 언어, 거짓의 언어를 듣고 자라온 사람들입니다. 왜냐하면 언어는 삶을 총체적으로 다스리는 생명의 에너지이기 때문이지요.

혀는 정말 작은 존재이지만 행복과 불행을 다루고, 생명과 사망을 다룬다는 점에서 아주 중요한 인생의 열쇠라는 것을 일깨워 주고 있습니다. 이제 우리는 언어생활을 멋지게 하기 위해서 상대를 기쁘게 하는 말, 행복을 주는 말, 서로 존중하고 칭찬하는 말, 즉 위함의 언어, 하나님의 언어를 사용하는 '언어의 환경' 을 우리가 가꿔가야 되겠습니다.

한 입으로 두 말을 합니다

말은 그 사람의 내면세계를 나타내는 마음의 거울입니다. 하나님의 속성을 닮은 신성神性한 마음에서 우러나오는 말은 지·정·의를 나타내는 진·미·선의 악기라고 할 수 있습니다. '진실되고, 아름답고, 선하도다. 참으로 좋구나.' 라고 할 수 있는 행복의 거울이요, 평화의 도구요, 기쁨의 악기로서의 입술이라는 것입니다. 그 입술은 사랑스럽고 아름다운 인생을 만들어 주는 보물이요, 씨앗이 된다는 것이지요.

그렇습니다. 칭찬의 말을 듣고 자란 사람은 감사할 줄 알고, 보답할 줄 알고, 제몫을 다 한답니다. 격려의 말을 듣고 자란 사람은 자신감에 넘치고, 개성의 멋과 맛을 한껏 발휘하고, 관용의 말을 듣고 자란 사람은 인내와 포용력이 있고, 진리의 말씀, 생명의 말씀을 먹고 자란 사람은 궤도를 이탈하지 않고, 정도의 인생을 살며, 사랑의 말을 먹고 자란 사람은 마음의 어두움이나 구겨짐이 없이 행복에 만끽한 빛 가운데 살아간다는 것입니다. 그러므로 우리의 입술이 하나님의 도구로 쓰여 지면 행복을 노래하고, 평화를 노래하며, 영광을 노래하는 사랑의 악기가 된다는 것입니다.

그런가 하면 입술이 사탄의 도구가 되면 사람을 좌절시키고 파멸하는 독이 되고, 불행과 절망의 씨앗이 된다는 것입니다.

'아동학대 방지 위원회' 에서 화가 난 부모들이 아이들에게 내 뱉는 말들을 조사해 보았습니다. 자녀들에게 해를 끼치는 말들을 살펴보면, '너는 참 한심한 녀석이구나.', '나는 너만 보면 미쳐버릴 것 같아! 그냥 입 다물고 있어', '야! 바보야! 너는 말귀도 못 알아먹니?', 너는 평생에 도움이 안돼! 여기서 나가버려! 꼴도 보기 싫어!', '아이고, 지긋지긋하다! 네가 이 세상에 태어나지 말았어야 해!' 등의 말을 쏘아댄다고 합니다. 우리 사랑하는 형제자매님들이 이런 말들을 들었다면 기분이 어떠했겠습니까? 어떤 반응이 일어날까요?

혀는 상대방에게 엄청난 상처와 피해를 입히기도 하지만, 자기 자신을 타락시키는 능력이 있습니다. 자기 스스로가 화를 못 참아서, 절제를 못해서, 내뱉는 자기의 말이 올가미가 되어서 자기 자신을 걸고 넘어지고, 함정에 가두는 비극의 인생이 되는 것입니다.

발 없는 말이 천리만리 달려가듯, 혀와 입술에서 나오는 말은 엄청난 파장에 영향력을 행사합니다. 그렇기에 우리의 입술이 거짓의 도구로 이용되지 않도록 조심하고, 참 말의 도구로서, 사랑의 악기로서, 사용할 수 있는 입술의 연단이 절대 필요하다는 것이지요.

입술에 재갈을 물려서 어거훈련을 하라고 하십니다

하나의 혀로 하나님을 찬양하면서 하나님의 형상대로 만든 인간을 저주하나니, 하나의 입에서 찬송과 저주가 나고, 단물과 쓴물을 내는 상반된 모순성의 도구로서의 입술인 것을 지적하였습니다. 모순된 입술을 하나님의 온전한 입술로 다스리기 위해서는 입술에 재갈을 물려 어거의 훈련을 해야 된다는 것입니다.

재갈Bridle이란 다스리기 위해서 입에다 장치하는 훈련 도구입니다.

또 '어거하다' 의 뜻은 '거느리어 바른 길로 나아가게 하다.' 라는 것입니다. 그러니까 잘못된 입술, 모순된 입술을 잘 다스려 바른길로 나가도록 하기 위한 훈련이 재갈을 물려서 하는 '어거 훈련' 입니다.

그렇다면 어떠한 재갈을 우리의 입술에 물려야 되겠습니까?

하나님의 입술로 연단하기 위해서는 첫째로 원리와 말씀의 재갈을 물려야 된다고 봅니다. 말씀이 우리 마음속에 잉태되어 혀로 만들어져서 입술로 나타날 때 선하고, 참되고, 진실 된 삶으로 피어나리라 봅니다. 또한 원리의 궁극적 목적은 창조목적을 성취하는 것이요, 창조목적은 기쁨을 이루는데 있습니다. 그러므로 원리의 재갈을 물려서 기쁨의 입술로 어거하는 연단을 해야 된다는 것입니다.

둘째로 사랑의 재갈을 물려야 되겠습니다. 사랑은 희생과 봉사로 요약됩니다. 하나님을 사랑하고, 이웃을 사랑할 때, 보람이 만들어 지고 행복이 생산되고, 평화가 이루어지며 원화원의 삶이 꾸며집니다. 그래서 우리는 사랑의 재갈을 물고 사랑 실천을 다할 때 사랑의 악기 된 입술이 되리라 믿습니다.

셋째로는 섭리의 재갈을 물고 섭리의 인생을 성공해야 되는 것입니다. 우리를 하늘의 참생명으로 다시 빚어 주시는 섭리의 프로그램에 절대 순응하여, 절대적인 감사의 삶으로 인내의 십자가를 감당할 때, 섭리의 입술로 어거되는 훈련이 될 것입니다. 이제 우리는 자진해서 기뻐서 원리의 재갈, 사랑의 재갈, 섭리의 재갈을 물고 하나님의 뜻대로 쓰여 지는 하나님의 도구 된 입술을 연단해야 되겠습니다.

사랑하는 형제자매 여러분! 오늘 주신 말씀으로 혀를 하나님의 도구로 재창조 하는 것이야말로 하나님의 아들 딸 되기 위한 아주 중요한 생명의 과제임을 새삼 깊이 깨닫게 되었습니다. 거울에 때가 묻으면 제 모습을 볼 수 없듯이 인격의 거울인 말에 때가 묻고, 오염되면 인격 손상과 하나님의 신성을 상실하게 됩니다. 그렇기에 늘 입술을 조심하고, 입술을 정화하고, 서로가 기쁠 수 있는 말을 잘 하기 위하여 정성을 다해야 되겠습니다.

또한 혀는 작은 지체지만 생사를 다루는 열쇠라고 했습니다. 혀가 사탄의 도구로 쓰여 지면 상처와 고통을 주고, 불행과 좌절로 인생을 망치게 한다고 했으니, 어떠한 경우라도 혀의 실수가 없는 삶을 꾸미기 위해서 사탄과 상대성을 띄는 거짓말, 거짓 입술, 거짓 혀로 사용해서는 아니 되겠습니다. 오직 하나님과 상대성을 띄는 참다운 말, 진실된 입술, 사랑의 혀로 사용하는 참인생을 가꿔가야 되겠습니다. 그러기 위해서 재갈을 물고, 어거의 연단을 스스로 솔선수범하는 지혜로운 신앙인생을 알뜰히 챙겨야 되겠습니다.

이제 우리 모두 옷깃을 여미고, 심정을 가다듬고, 주신 말씀을 뼛골에 새기면서 우리의 혀, 우리의 입술, 우리의 말이 사탄의 도구로 이용될 수 없도록 해야 되겠으며, 오직 하나님의 혀로, 오직 사랑의 입술로, 오로지 참말을 하는 행복의 도구, 평화의 도구, 기쁨의 악기로만 사용해야 되겠다는 각오와 맹세가 뚜렷해야 되겠습니다. 그리고 옆에 있는 형제자매님들과 손에 손 꼭 잡고, 입술을 지그시 깨물고, 우리 서로 어떠한 경우라도 거짓말을 하지 말자고, 하나님의 도구로만 쓰자고, 혀의 실수가 없는 삶을 살자고 다짐 하십시다.

맹세하시고, 다짐하시는 식구님들의 삶 가운데 무한한 축복이 함께 하시기를 축원합니다.

옛 마음을 벗고, 새 마음을 입어라

훈독말씀 : 우주와 마음은 돌고 있습니다

이 우주는 돌고 있습니다. 마음도 돕니다. 그렇기 때문에 돌면서 춘하추동의 변화를 일으키는 것과 마찬가지로 우리의 마음 세계도 돌면서 변화하는 감도를 느끼게 마련입니다. 그것이 일 년을 두고 보면 춘하추동이지만, 일 년을 축소한 것이 하루인데 하루에도 춘하추동이 있습니다. 아침은 봄에 해당하는 것이요, 낮은 여름, 저녁은 가을, 밤은 겨울에 해당하는 것입니다.

자연의 순리를 따라 옷을 벗고, 입습니다

겨울에는 옷을 많이 입습니다. 속내의, 털옷, 코트, 털모자, 목도리까지 아주 단단하게 챙겨 입고 차가운 일기를 극복합니다. 그러나 겨울이 지나고 봄이 오면 얼어붙은 대지가 녹아나고, 새싹들이 꿈틀거리고, 봉우리가 터지고 꽃이 피어 향기를 뿜어냅니다. 그렇게 되면 겨울옷은 벗고, 봄에 걸 맞는 새 옷을 바꿔 입어야 되는 것입니다. 고집과 아집으로 겨울옷을 입고 다니면 자연이 코웃음을 치고, 사람들도 이상한 눈으로 쳐다봅니다.

계절의 변화를 따라서 옷을 바꿔 입듯이, 섭리의 변화를 따라서 어제 날의 옛 마음을 벗고, 오늘의 새 마음을 입어야 하나님 섭리의 시대경륜에 박자를 맞춰 오늘을 오늘답게 가꿀 수 있을 것입니다.

자기가 만든 상념常念이 자기 인생을 창조한답니다

우주를 창조하신 하나님은 당신의 이상을 원리로 전개하여 삼라만상을 지으셨습니다. 보이지 않는 하나님이 보이는 하나님으로 나타난 것이 우주라고 했습니다.

우주의 법칙에서 가장 중요한 법칙이 원인과 결과의 법칙입니다. 보이지 않는 하나님을 알고, 느끼고, 관계 맺는 비결은 보이는 결과적인 존재를 통하여 원인적인 존재로 계시는 하나님을 샅샅이 파악할 수 있다는 원인과 결과의 법칙이 있다는 것입니다.

사람이 좋은 상념을 갖거나, 나쁜 상념을 하거나 인과의 법칙은 상념의 결과를 갖도록 한다는 것입니다. 우주는 거대한 원리체, 진리체, 사랑체로 되어 있기 때문입니다.

세상만사에는 원인과 결과라고 하는 인과법칙이 인과 작용因果作用으로 나타납니다. 개인이건, 가정이건, 사회이건 삶의 자리에 나타나는 갖가지 현상은, 그것이 밝은 것이든, 어두운 것이든, 빛나는 것이든, 캄캄한 것이든 모두 자신의 상념이 원인이 되어 결과로 나타나는 현상이라는 것입니다.

그렇기에 좋은 상념을 만들어서 소유하는 것은 좋은 인생을 약속해주는 전제사항이 되는 것입니다. 좋은 생각을 늘상 가질 수 있다는 것은 행복의 바탕을 갖고 있는 것입니다. 무엇이 좋은 생각인가요? 이

치에 맞고, 질서에 맞고, 법칙에 맞고, 우주의 주인이신 하나님의 뜻
에 잘 맞으면 좋은 생각, 좋은 결과를 가져올 것입니다.

현실을 식별하는 능력이 있어야 올바른 삶이 가능합니다

변화의 연속선상에서 시대가 바뀌고, 섭리가 진전됩니다. 겨울이
가면 봄이 오기 마련이므로 생각도, 의식도, 변화에 적응해야 변화의
시간 따라서 보람과 행복을 챙길 수 있다는 것입니다.

우리 삶의 현주소는 복잡 다다한 상황들이 펼쳐집니다. 선과 악이
뒤범벅되어 혼란을 야기하고, 의와 불의가 엉클어지고, 참과 거짓이
앞을 다투고, 행복과 불행이 투쟁하는 모순의 굴레에서 옳고 그른 것
을 식별할 수 있는 식별능력이 있어야 손해 보지 않는다는 것입니다.
식별할 수 있는 밝은 눈동자는 하나님의 눈동자를 닮는 데 있습니다.
보통 생각으로는 올바른 식별을 하는데 한계가 있습니다. 하늘의 법
칙으로, 하나님의 신성으로, 하나님의 심정으로 진단하고 판단해야
비로소 올바른 식별을 할 수 있을 것입니다.

선천적 마음을 벗어야 후천적 마음을 입을 수 있습니다

겨울옷을 벗지 않고, 봄옷을 입을 수 없습니다. 어제 날의 옛 마음,
선천적 마음을 미련 없이 과감히 벗어야 산뜻하고 화사한 봄옷을 입
을 수 있습니다. 신선하고 새로운 마음, 섭리의 변화에 화답하는 새
생각을 입어야 새 기쁨을 얻을 수 있다는 것입니다.

부정적인 마음을 벗고, 긍정적인 마음을 입으면, 가능의 눈이 밝아

지고 희망이 보입니다. 퇴보적인 마음을 벗고, 발전적인 생각을 입게 되면 기발한 지혜가 발휘되고요, 비생산적인 마음을 벗고, 생산적인 마음을 입으면 신선한 아이디어가 개발됩니다. 절망적인 마음을 벗고 희망적인 마음을 입으면, 절망을 뛰어 넘는 용기가 샘솟게 됩니다. 과거의 집착을 벗고 미래 지향적 마음을 입으면, 밝고 빛나는 내일이 펼쳐집니다.

자기모순에 걸린 마음, 타락성에 얽매인 마음, 과거의 미련에 집착한 마음, 이 모든 선천적인 마음을 훌훌 벗어 버리고, 하나님의 신성과 본성, 그리고 섭리적인 시대경륜의 새 마음을 입게 되면 세상이 똑바로 보이고, 식별의 능력이 발휘되어 온전한 하늘의 인생을 창작하는 빛나고 아름다운 삶을 영위할 수 있을 것입니다.

간결하고 순결한 광명光明의 상념常念으로 살아야 되겠습니다

인간의 마음은 참으로 묘하고, 복잡하고, 다양합니다. 섬세한 마음을 갖고 사는 자가 빈 틈 없이 잘 살 것 같은데, 혼란에 빠지기가 아주 쉽습니다. 마음의 중심을 가늠하기가 그리 쉽지 않다는 것입니다. 그러므로 간결하고 순결한 광명상념으로 살아야 된다는 것입니다.

자신에게 필요 없는 생각이나 물건에 집착하면 귀가 어두워지고 눈에 그림자가 생기고 순결을 방해합니다. 자만심이나 이기심에 빠지면 우물 안 개구리 신세가 되고, 넓고 밝은 새 천지를 볼 수도 느낄 수도 없고, 자기 무덤이나 만들다가 한 평짜리 인생으로 끝나게 됩니다. 아집이나 교만심도 목 도열병에 걸린 사람처럼 뻣뻣한 인생을 살게 됨으로 존경받기가 지극히 힘들고 알맹이 없는 인생을 살게 됩니다.

모순의 굴레에서 이기주의를 극복하지 못하고, 양심과 갈등을 빚는 삶에는 자기도 모르게 자승자박自繩自縛의 함정에 빠져서 허우적거리는 고통을 겪게 된다는 것입니다. 그래서 분별된 생각으로 식별을 바르게 하여 후회 없는 인생을 꾸미려니 밝고 빛나는 광명의 생각이 삶의 원인으로 작용해야 된다는 것입니다.

이제는 이러한 선천적인 생각을 털어 버리고 마음을 비우면 간결하고 순결한 하나님의 신성을 힘입은 광명의 생각을 입게 되는 것입니다. 마음에 잡다한 생각이 자리 잡고 있으면 하나님의 신성이 들어갈 틈이 없습니다. 그래서 마음을 비우는 정성과 연단이 아주 중요한 신앙의 덕목이 되는 것입니다. 비운 마음에 하나님의 말씀과 지혜, 신성과 사랑을 담으면 빛나는 광명의 생각이 참 삶의 원동력으로 작용하는 것입니다.

옷에 때가 끼면 세탁을 해서 입어야 새로운 것입니다

옷에 알게 모르게 먼지가 달라붙고, 때가 끼어들고, 오염이 되어 퀴퀴한 냄새가 나게 되면, 세탁을 해서 입어야 새로운 것입니다. 몸에도 때가 있으면 목욕을 해야 신선합니다. 마음에도 알게 모르게 잡다한 세상 풍조가 들어오면 마음의 빛을 가리고, 생각이 흐려지고, 판단력이 애매해지고, 게으른 행동이 동반합니다. 그렇게 되면 매사가 귀찮고 의욕이 떨어져서 일을 하기는 하는데 챙겨지지 않는 현상이 벌어집니다. 그러니까 낭비의 삶이 된다는 것입니다.

56

그러므로 옷을 갈아입는 이치를 따라 마음을 갈아입는 정성은 매일 매일 알뜰하게 챙겨야 할 신앙생활의 가장 중요한 초점이라 하겠습니다.

천일국 삶의 전형적인 모델 삶이 훈독생활입니다. 하늘의 말씀을 훈독하므로 마음을 새롭게 하고, 생각을 튼튼케 하며, 밝고 빛나는 신성이 삶의 동력으로 촉진제 역할을 하게 되면 매사가 즐거운 천국 삶으로 진행될 수 있다는 것입니다.

말씀 섭취가 밥 먹는 것보다, 잠자는 것보다, 더 소중한 의미가 여기에 있는 것입니다.

또한 회개의 심정을 가다듬는 것이 옛 마음을 벗고, 새 마음을 입는 중요한 매체가 되는 것입니다. 선천적인 모든 것을 총체적으로 점검해 보는 것이 회개의 핵심이요, 양심의 소리를 올바로 감지하고 박자 맞춰 사는 삶이 새 마음을 입은 자의 모습이라 하겠습니다.

하루를 영원한 날로 꾸미는 슬기로운 삶의 자리는 늘 상 새 마음, 새 생각, 새 의식으로 새로운 맛을 느끼며 사는 삶이라 하겠습니다. 새 마음을 입은 삶의 자리에 새 기쁨, 새 은혜, 새 보람, 새 행복이 충만하시기를 축원합니다. 아주 감사합니다.

제2장 바람직한 신앙상信仰像

회개悔改에 합당한 열매

훈독말씀 : '회개하라, 천국이 가까웠느니라.' 하였으니, 저는 선지자 이사야로 말씀하신 자라 일렀으되, 광야에 외치는 자의 소리가 있어 가로되, 너희는 주의 길을 예비하라. 그의 첩경捷徑을 평탄케 하라. 하였느니라. 이 요한은 약대 털옷을 입고 허리에 가죽 띠를 띠고 음식은 메뚜기와 석청石淸이었더라.

이때에 예루살렘과 온 유대와 요단강 사방에서 다 그에게 나아와 자기들의 죄를 자복하고 요단강에서 그에게 세례를 받더니, 요한이 많은 바리새인과 사두개인이 세례 베푸는 데 오는 것을 보고 이르되, '독사의 자식들아, 누가 너희를 가르쳐 임박한 진노를 피하라 하더냐? 그러므로 회개에 합당한 열매를 맺고, 속으로 아브라함이 우리 조상이라고 생각지 말라, 내가 너희에게 이르노니 하나님이 능히 이 돌들로도 아브라함의 자손이 되게 하시리라.

이미 도끼가 나무 뿌리에 놓였으니 좋은 열매 맺지 아니하는 나무마다 찍혀 불에 던지우리라. 나는 너희로 회개케 하기 위하여 물로 세례를 주거니와 내 뒤에 오시는 이는 나보다 능력이 많으시니 나는 그의 신을 들기도 감당치 못하겠노라. 그는 성령과 불로 너희에게 세례를 줄 것이요, 손에 키를 들고 자기의 타작마당을 정하게 하사 알곡은

모아 곡간에 들이고, 쭉정이는 꺼지지 않는 불에 태우시리라.'

이때에 예수께서 갈릴리로서 요단강에 이르러 요한에게 세례를 받으려 하시매 요한이 말려 가로되 '내가 당신에게 세례를 받아야 할 터인데 당신이 내게로 오시나이까?' 하자 예수께서 대답하여 가라사대 '이제 허락하라, 우리가 이와 같이 하여 모든 의를 이루는 것이 합당하니라.' 이에 요한이 허락하는지라. 예수께서 세례를 받으시고 곧 물에서 올라오실 새 하늘이 열리고 하나님의 성령이 비둘기 같이 내려 자기 위에 임하심을 보시더니 하늘로서 소리가 있어 말씀하시되 이는 내 사랑하는 아들이요, 내 기뻐하는 자라 하시니라.(마태복음 :3장 2절-17절)

본문을 중심한 핵심 메시지는 예수와 세례요한의 만남을 전후한 섭리의 정황과 그 속에서의 세례요한으로 하여금 예수가 하나님의 아들로 공인됨과 동시에 두 사람이 합심하여 모든 의를 이루어야 할 하늘 섭리의 역할분담에서 세례요한이 '그의 신을 들기도 감당치 못하겠노라.' 라고 고백했고, 성령이 임하시고, 하늘의 음성으로 예수가 하늘의 아들임을 공인하고 자인하였으니 하나님으로 말미암아 광야의 수도생활을 하며, 그의 첩경을 닦아온 모든 것이 주님으로 귀결되는 요단강의 세례사건인 것입니다.

자기를 못 넘어선 세례요한의 수도생활이었습니다

세례요한의 그 당시 수도생활은 많은 유대교인들이 '오시리라 했던 주님이 아닌가?' 라고 할 정도로 선지자의 반열에서 하늘의 뜻을 위해서 전력투구하며 바리새인과 사두개인들을 싸잡아서 독사의 자식이라고 호통을 칠 정도로 그의 영적인 능력과 명성은 대단했던 것입니다. 그야말로 주님을 모시고 모든 의를 이룰 수 있는 연단을 했었던 것입니다.

이제 본문 말씀에서 보았듯이 예수님을 증거하고, 공인과 자인을 했으면 하나님의 뜻을 이루기 위해서 예수님을 모시고 그 곁에 찰싹 따라 붙어서 예수님이자 세례요한이요, 세례요한이자 예수님으로서 둘이 아니라 하나로 일체이상 된 생활로 과거의 자기는 다 버리고 현재 '예수의 자기'로, 매사를 '예수로 말미암아 하나님으로 말미암음 되는' 일체불가분의 새 생활로의 그 삶의 패턴이 100% 바꿔진 세례요한의 삶의 모습이 됐어야 했습니다.

그런데 그 역사적인 요단강 세례 사건을 하늘이 4000년간 준비한 순간임을 망각하고, 그동안의 자기를 따르던 제자들을 예수님 제자로 인수인계하지 못하고 분열되는 일이 벌어졌습니다. 따로 세례를 주며 과거를 청산하지 못하고, 과거의 미련을 정리하지 못하고, 과거의 자기를 포기하지 못하고, 과거의 신앙스타일을 탈피하지 못하고, 뒷걸음질 하는 어리석음으로 빠지기 시작했습니다.

실로 자기를 버리고 하늘의 참자기를 재창조한다는 것이 얼마나 어려운가 하는 것을 신앙의 교훈으로 일깨워 주고 있습니다. 에덴의 타락 사건도 하늘의 말씀을 뒤로 하고 자기를 중심한데서 타락의 동기가 시작했던 것입니다. 타락성을 소유한 인간, 타락의 후예 된 인간의 본질적 소원은 타락의 굴레에서 해방되어 본연의 하나님 참 자녀가 되는 것입니다. 그러기 위해서는 타락의 자기를 과감하게 버려야 되는 것이 재창조의 순리요, 타락성을 버려야 본성을 얻는 '선先포기 후後 획득' 의 신앙질서입니다.

그렇다면 우리의 모습은 어떻습니까? 쓸모없는 타락성으로 형성된 자기를 다 청산 지었습니까? 하나님과 일체불가분의 심정, 사랑, 인격, 삶의 스타일, 절대일심, 절대 일념, 절대 일화의 참모습은 어느 정도 되었습니까?

정말인즉 자기를 넘어서고, 하늘의 자기로 거듭 낳는 신앙의 연단을 알뜰히 해야 되리라 봅니다.

회개에 눈이 어두운 세례요한은 쭉정이가 되었습니다

한번은 헝가리의 미술박물관을 관람하게 되었는데, 주로 성화聖畵로써 예수를 중심한 그림이 주를 이루고 있었습니다. 그 가운데 세례요한의 머리가 소반에 놓여 있는 그림이 차마 바라보기가 끔찍한 비극의 모습이었습니다.

그 그림을 보니 많은 것을 깨닫게 해주는 것이었습니다. 하늘의 기대에 부응하지 못한 인물의 말로가 저렇게 처참하게 목 짤림을 당하는 비극이었고, 중심을 저버린 인생은 방황과 혼란에서 허덕이다가 꺾이는 갈대요, 자기를 중심한 이기주의의 말로는 허망함이요, 자기 성찰의 지혜와 회개의 용기를 갖지 못하는 사람은 열매를 영글게 할 기회 포착을 할 수 없음이요, 하나님의 내가 돼야지, 내 입맛에 맞는 하나님을 생각하노라면 하나님은 점점 더 멀어지고 허탈에 빠질 가

64

능성이 있다는 것이었습니다. 하나님의 입맛에 맞고, 하나님의 눈길에 맞고, 하나님의 목적에 일치하는 신앙 연단이 인간의 책임분담 항목들이라는 것을 새삼 깨닫게 해 주었습니다.

세례요한에게도 한 번의 기회는 있었습니다만 예수님의 말씀의 진의를 제대로 알아듣지 못했고, 깨닫지도 못해서 재출발의 기회를 놓치고 말았습니다. 결국은 땅에서는 가장 큰 자로 낳으시고, 부르시고, 연단시키어, 주님을 맞게 하였지만 인간 책임분담을 다하지 못하여 하늘나라에서는 작은 자보다도 작은 자로 전락하게 된 것입니다.

회개에 합당한 알곡은 자기성찰에 있습니다

하나님을 바로 알고 나를 바로 알면 매사를 하늘의 소원 따라, 하늘의 목적으로, 하늘의 심정과 사랑으로 하늘의 인생이 가꿔지며, 사랑의 오늘, 심정의 오늘, 뜻의 오늘, 섭리의 알찬 오늘로 가꿔질 수 있기에 '영원한 오늘로' 살게 되는 것입니다. 그러자니 자기의 모습을 하늘의 거울에 조명해보고, 자기 스스로의 현재 모습과 삶의 현주소를 성찰해보는 여유를 갖는 것이 회개의 기회를 갖게 되는 것입니다.

회개란 어제와 오늘을 대비해보고, 발전이냐 퇴보를 확인해보고, 은혜에 취한 삶인가 은혜가 식어가고 있는 삶인가, 내 생각이 건강한가, 아니면 생각이 시들한가, 신바람인가 인간 바람인가, 하늘과 안테나가 제대로 맞아서 보고 듣고 느끼는데 잡음은 없는가? 등등을 진단해보고, 마음을 새롭게 가다듬는 가운데 하늘의 신성한 속성들이 부활되고, 밝아짐으로 영원한 하늘의 요소들이 알맹이를 꾸미게 됨으로 회개에 합당한 알곡을 만들게 되는 것입니다.

바리새인들은 형식의 틀을 깨지 못함으로 하늘섭리의 새 주인공인 예수를 알아보지 못했고, 자기들의 틀 속에서 예수를 평가함으로 이단자요, 원수로 낙인을 찍고, 예수를 십자가에 못 박은 장본인이 되었습니다. 천신만고 끝에 두 번째 아담으로 보내신 예수를 살해한 그 무지의 대가는 유대인들의 후손만대가 처참한 탕감길을 갈 수밖에 없었습니다.

오늘 우리 축복공동체도 섭리의 한 몸인데 축복의 고귀한 가치를 저버린 아픔들이 있어서 함께 고민하고, 함께 걱정을 하고 있었습니다. 그러던 차에 참부모님가족이 1대, 2대, 3대가 세계 인류를 사랑하고 교육한 대가로 축복가정들의 모든 걱정을 청산하고 새롭게 출발할 수 있는 회개의 은총을 허락하신 것입니다.

이제는 양심이 편치 않고, 본심이 떳떳치 못하고, 마음의 모순이 갈등의 아픔으로 창살 없는 감옥 같은 삶, 자유의 날개가 부러진 아픔, 보이지 않는 가슴앓이, 사랑의 비단결에 때 묻은 고충, 서로의 관계에 아픈 상처 등등을 말끔히 청산 짓는 새 출발의 수련기회를 회개에 합당한 열매로, 재창조하는 은총으로 감당하여, 아름답고 향기 넘치는 하늘 삶의 자리로 리모델링하는 지성감천의 신앙이 돼야 되겠습니다. 회개, 새 출발, 리모델링, 재창조의 자리에 하늘의 놀라운 축복이 함께하시기를 축원 드립니다.

어려운 자리에서 감사

훈독말씀 : 하나님께 감사하는 마음

　지금까지 하나님께서 수고하신 것은 결국 나를 위해서 한 것이요, 이제부터 가야할 세계적인 개척노정의 95%의 사명도 나를 위하고 계신다는 것을 생각하면 우리들은 하나님께 감사하지 않을 수 없는 것입니다. 그러므로 신앙생활의 본질은 무엇이냐? 하나님께 감사하는 마음인 것입니다. 그러한 마음이 있을 때에 그것이 하나님과 내가 타락한 인연을 넘어 하나의 인연으로 맺어질 수 있는 바탕이 되는 것입니다.

　내가 이 세상에서 좋은 입장에 처해야만 감사해야 하는 것이냐? 아닙니다. 하나님께서 지금까지 좋은 때만 우리를 위해 수고해 나오신 것이 아닙니다. 어려운 때 일수록 더욱 수고하실 것을 다짐하고 나오셨습니다. 그렇기 때문에 오늘날 우리 자신들도 하나님을 내 아버지로 모시기 위해서는 나대신 일하시며 싸워 나오신 하나님을 좋은 자리에서 감사하는 것보다도 어려운 자리에서 더욱더 감사해야 하는 것입니다. 따라서 과중한 십자가 도상에서도 하나님께 감사할 수 있는, 이런 원칙을 이해하게 될 때 가능한 것입니다.

이 땅에 사는 수많은 사람들 중에서 진정한 의미로 하나님께 감사드리는 가까운 자리에 있는 사람이 누구겠느냐? 문명국가나 문화생활을 하는 사회에서 수난의 길을 가는 사람들보다 저개발국가의 형편 없는 생활환경 가운데서 수난의 길을 가는 운명에 있으면서도 하나님을 모시고 생활하는 것입니다. 그와 같은 자리에서도 하나님을 모시고 사는 사람이 있으면 그는 불행한 사람이 아닙니다. 거기에서 비로소 하나님과 심정적인 인연이 맺어지는 것입니다.

기쁨과 슬픔에 눈물이 엇갈려 남아질 수 있는 자리는 놀고 뛰는 자리에서 만들어 지는 것이 아닙니다. 비참하게 피를 흘리고 죽어가는 자리에서 만들어지는 것입니다. 말할 수 없이 처참한 모습으로 상봉할 수 있는 자리, 눈물이 교차되는 자리에서도 감사할 때, 하나님과 인연이 맺어 진다는 것입니다. 새로운 혁명의 봉화도 새로운 혁신 운동으로 그런 자리에서 역사를 중심삼고 엮어져 나온 것입니다. 그러므로 우리도 하나님께 감사할 수 있는 자리를 찾아 나가게 될 때, 우리가 지금 생활하는 이상의 자리에서 감사하는 것보다도 그 이하의 자리에서 감사할 수 있는 용기가 있어야 되는 것입니다.

하나님은 지금까지 나를 구원히는 입장에 계시기 때문에 나보다도 더 불쌍한 분입니다. 나보다도 하나님이 더 불쌍한 입장에 계신다는 것입니다. 자식이 부모 앞에서 죽어간다면, 물론 자식도 불쌍하지만 그 자식을 바라보는 부모가 더 불쌍하다는 것입니다. 만일 자식이 죽어가는 자리에서도 부모를 위로하고 부모에게 무한한 감사를 드리며 효를 다한다면, 부모의 서러움, 부모의 고통, 부모의 비참함을 메울 수 있는 것입니다. 그와 마찬가지로 하나님과 나를 중심삼고 볼 때도 나보다도 더 불쌍한 분은 하나님이 아니겠어요? 언제 하나님께서 나에게 감사할 수 있는 날이 있을 것이냐? 하나님께서 나에게 감사할 수 있는 날을 갖지 못하고는 우리가 하나님 앞에 아무리 감사를 드린다 하더라도 그 감사는 나에게서만 끝나는 감사이지, 하나님과 하나의 목적을 중심삼은 감사로서 열매를 맺을 수 없는 것입니다.(29-338)

어려운 자리에서 감사하는 것이 참 감사입니다

요즈음 텔레비전 미디어 문화 중에 감동의 씨앗들을 국민들의 마음 밭에 심어주는 인간극장 프로그램이 있어서 참으로 다행한 일입니다. 그 프로를 보려면 손수건을 준비해야 합니다.

논산군 연산면의 묵밥 할머니의 얘기를 들어 보셨습니까? 그 할머니는 허름한 묵밥집을 하면서 옷 한 벌 제대로 없이 사는데 묵밥을 팔아서 생기는 이익금을 차곡차곡 모아서 논산시에 맹인회관 건립에 1억을 내 놓았습니다. 그리고 계속 지원을 하고 있답니다.

아무리 보아도 위로 받아야할 할머니입니다. 더욱이나 남편을 여의고, 외롭게 혼자 살면서 그 외로움을 뛰어 넘어 불쌍한 자, 외로운 자를 자기 남편같이, 자기 자식같이 보살피고 뒷바라지하는 삶이야말로 어려운 자리에서 감사하며 사랑을 삶으로, 행함으로 보여주는 귀감의 삶이라 하겠습니다.

그뿐만이 아니라 이 묵밥 할머니는 앞 못 보는 봉사 할아버지를 계약 결혼해서 남편으로 모시고 위로하며 함께 희생 봉사의 인생을 가꾸고 있습니다. 그토록 불우한 이웃, 맹인들을 위하여 평생을 희생 봉사하는 삶은 많은 감동과 시사 하는 바가 많습니다.

방송국 기자가 물어 보았습니다. 이렇게 어렵게 사시는데 어떻게 불우한 이웃에게 또 맹인에게 모든 것을 다 바치시느냐고, 그 할머니의 대답은 뭐 이것이 대단한 것이냐며, 내 할 도리를 다할 뿐이라고 했습니다.

참으로 아름다운 삶의 모습을 거울삼게 합니다. 이는 보통 삶이되 보통 삶이 아니요, 평범하지만 평범을 넘어선 고귀하고 아름다운 삶이기에 자연히 존경하게 되고, 가슴이 뜨거워집니다. 무엇이 그 할머니의 마음을 고귀하게 만들었을까요? 아마도 순박한 마음 밭에 하늘의 마음인 천심이 하나님의 심정과 상통하여 어려운 자리에서 감사하는 감사가 진정한 감사인 것을 터득하시고 그 감사를 최고의 보람으로 여기시고 삶을 꾸미시는 것 같습니다.

본문 말씀에 하나님은 우리를 위하여 95% 고난의 십자가를 감내하시며 끝없는 사랑을 끝없이 베풀어 오셨다고 했습니다. 복귀섭리의 골자는 하나님은 잃어버린 자식을 찾는 것이요, 인간은 잃어버린 하나님 아버지를 찾는 것이요, 부모와 자식이 만나서 가슴의 응어리를 풀고, 소원을 이루는 것이 복귀섭리의 궁극적인 목적인 것입니다.

그러므로 신앙의 본질은 우리를 위하여 수고해 나오신 하나님께 감사하는 것이라고 말씀해 주십니다. 감사야말로 하나님과 관계를 맺는 인연의 끈이요, 영원한 부자의 심정과 사랑을 번창 시키는 관계매체임을 가르쳐주십니다. 어릴 때는 부모의 마음을 제대로 몰라서 자기를 내세우고 자기 위주로 부모가 자기에게 맞춰주기를 바랍니다. 그래서 선물을 사올 때도 자기 기호에 맞춰서 사오면서 아버지 선물이라고 합니다.

그러나 성장되어 철이 들면 부모의 심중을 헤아리고, 부모의 심정과 사정과 소원을 알고 부모의 기호에 맞춰서 부모가 좋아하는 것을 행동하게 됩니다.

우리의 신앙도 성장함에 따라서 하나님의 가슴을 헤아리고 느끼는 것이 다릅니다. 걸음마 신앙일 때는 뭔가를 기대하고 의지하는 신앙을 하며, 성장하여 철이 들면 들수록 하나님의 심정을 헤아리고, 하나님의 희로애락을 체휼하며 부모와 하나 되는 신앙을 하게 됩니다.

소중한 것은 십자가상에서 상속됩니다

하나님은 우주 만물을 지으신 터 위에 당신의 모든 것을 투입하여 자녀로서 인간을 지으신 것입니다. 그러므로 인간은 하나님의 뼈 중의 뼈요, 살 중의 살이요, 피 중의 피로서 지으시고, 하나님의 심정을 주시고, 사랑, 진리, 능력 그리고 만물을 다스릴 권한을 주신 것입니다. 그러니까 무형의 하나님이 실체로 나타나신 것이 바로 인간입니다. 그러한 자식이 사랑의 궤도를 벗어나 악마와 짝하고, 원수입장에서 하나님의 이상을 짓밟는 자리에 섰을 때, 그 절망의 고통은 하늘이 무너지고 땅이 깨지는 것보다 더 큰 아픔을 겪으신 것입니다. 신앙이 철이 들어 하나님의 심정을 헤아리고 고통을 느낄 때마다 자식의 가슴도 쓰리고 아픔을 느끼게 되는 것입니다.

홀아비의 심정은 과부가 알아주고, 과부의 심정은 홀아비가 알아준다는 말이 있듯이, 고난 받는 자의 심정은 고난의 자리에서 느낄 수 있고, 서로 통할 수 있기에 하나님의 한스러운 심정을 느끼게 하는 자리가 고난의 자리입니다. 섭리역사에 소명 받은 선지선열들이 순교의 자리에서, 핍박의 자리에서 목숨을 잃으면서도 주님을 찬양했고, 할렐루야 만세 부르며 생명을 바친 것은 한스러운 하나님을 대신해서 자식 된 효의 도리를 다 했던 것입니다. 그렇기에 뜻길 말씀에 소중한 것은 십자가상에서 상속 된다고 하셨습니다.

철든 자식은 부모의 처지를 먼저 생각합니다

세상에 불쌍한 자가 누구일까요? 남편을 잃은 아내가 불쌍하고, 아내를 잃은 남편도 불쌍하고, 형제를 잃은 형제도 불쌍합니다만 부모 잃은 자식이나, 자식 잃은 부모는 불쌍하다 못해 뼈가 울고 살이 떨린답니다. 부자관계는 우주의 근본이요, 생명의 뿌리입니다. 그렇기에 자식이 죽으면 그 무덤을 부모의 가슴에 쓴답니다.

우리 참부모님께서 우주의 근본을 찾아 찾아 천주를 헤매이시며 억만 사탄과 혈혈단신 싸우며 죄악의 골골짝을 찾아 들어가 보니, 만왕의 왕 되실 하나님께서 억만 사탄에게 갇히시어 만신창이가 되신 하나님을 찾으신 것입니다. 참아버님은 하나님을 얼싸안고 할 말을 잃고, 눈물이 터지고, 콧물이 터지고 통곡이 벌어져 몸 둘 바를 모르셨다고 합니다. 그렇기에 참부모님은 불쌍하신 하나님, 한스러우신 하나님을 해방해 드리고, 하나님을 영광의 보좌에 모시기 위해 부모의 심정으로 종의 몸이 되시어 탕감의 십자가의 길을 죽고자 하는 심정으로 개척해 나오셨습니다.

예수님께서 하나님의 피눈물을 대신하여 4000년의 피의 호소를 책
임지고, 십자가를 지고 골고다를 오를 때 쓰러지고 또 쓰러지면서도
하나님의 아픔을 먼저 생각했고, 십자가의 핏물이 흐르는 순간에도
그 고통을 넘어 서서 하나님의 아픔을 책임지는 심정으로 감사하였
기에 부활의 기적이 이루어진 것입니다.

우리 참 부모님께서는 여섯 번씩이나 감옥의 고난을 겪으심에도 지
옥해방, 하나님해방, 인류해방의 심정에 사무쳐서 고난을 감사로 승
리 하셨기에 복귀의 길이 열리고, 탕감의 왕자, 고난의 왕자, 심정의
왕 중 왕이 되셨습니다.

철든 자식은 부모의 처지를 먼저 생각 합니다. 성숙한 신앙자는 하
나님을 먼저 생각 합니다. 이제 우리는 철든 자녀, 성숙한 신앙자 되
어 믿음직하고 바람직한 하늘 백성으로서 하나님의 소원, 참부모님
의 소원, 역사의 소원, 우리의 소원인 천일국 창건을 위해서 어려운
자리, 핍박의 자리, 고난의 자리를 자진해서 기뻐서 감사해서 달려가
야 되는 줄 압니다. 여유 있는 자리, 할 수 있는 처지에서 감사하는 것
도 중요하지만, 어려운 자리, 불쌍한 처지, 고난의 자리에서 감사하는
감사야말로 고귀하고 귀감 되는 생의 극치라 하겠습니다.

부모의 고통은 자식이, 자식의 고통은 부모가 해결합니다

병원은 지상 지옥이라고 합니다. 병에 사로잡히면 인생을 허무하게
만들고, 세월도 무상하게 만들고, 가족까지 불안하게 만들고, 살았으
나 죽은 인생이라고 합니다. 그렇다면 이 허무함에서 어떻게 벗어날

수 있을까요? 그 비결은 병을 진단하고 원인을 알아서 치료함으로 병을 청산해야 합니다. 그러자니 수술과 약이 필요합니다. 수술을 하려면 죽었다 살아나는 고통을 감사로 감내해야 되는 것이지요. 수술을 싫다고 한다거나, 감사하지 않는다면 건강의 기쁨을 얻기가 힘들겠지요. 그러므로 대가 없는 회복 없고, 회복 없는 기쁨 없듯이, 탕감 없는 복귀 없고, 복귀 없는 천국이 없는 것입니다.

타락한 인간들은 너 나 할 것 없이 죄의 병자, 슬픔의 환자, 갈등과 신음의 와중에서 살고 있는 병원인생을 살고 있는 것입니다. 그러니 하나님은 우리들보다도 더 불쌍하고, 더 고통을 겪으시고, 가슴이 상처투성이라 멍이 뭉쳐서 시커멓게 타버린 숯덩이가 된 한탄의 하나님이라고 하셨습니다. 하나님의 숯덩이 된 가슴은 우리들이 만들어 놓은 불효의 값입니다. 어떻게 하나님의 멍든 가슴을 치료할 수 있을까요? 그것은 주체와 대상의 관계원리와 탕감복귀원리를 통해서만 가능합니다.

아버지의 고통은 자식을 통해서 풀려지고, 자식의 고통은 아버지를 통해서 해결되기에, 하나님은 자식 된 우리를 위하여 고난을 마다하지 않으시고, 감사함으로 희생의 섭리역사를 이끌어 오셨습니다. 이제야 우리는 우리보다 더 불쌍하신 우리 하나님, 고난의 하나님, 한스러우신 하나님을 자식 된 우리가 해원 해방 해 드리고, 영광의 자리에 모시고 살아야 됨을 깨닫게 되었습니다.

사랑하는 자녀를 고난 길로 인도하시는 하나님

부모의 심정은 사랑하는 자식에게는 매를 주시고, 미운 자식에게는 떡을 주신다고 했습니다. 여기에 부모와 자식 간의 심오한 심정과 사정과 소원이 담겨 있음을 깨닫게 됩니다. 매의 진정한 의미 채찍의 진정한 뜻은 그것을 감사로 감내 하므로 가문의 고통도 탕감하고, 빛나는 가통을 상속해 주는 상속매체가 바로 사랑의 채찍이라는 것입니다.

하나님도 사랑하는 자녀를 고난 길로 인도 하셨습니다. 참 부모님께서도 고난 길을 스스로 감내하셨습니다. 효성스러운 지도자는 섭리의 최일선을 사수하였습니다. 영광의 보좌는 고난의 길을 거쳐서 만들어집니다. 하나님께서 6000년간 주고 싶었던 복은 고난가운데서 상속됩니다.

사랑하는 식구님 여러분! 우리의 참부모님께서는 죄악의 진흙탕 속에서 하나님의 한스러운 아픔을 위로하시고, 죄악의 해골골짝을 찾아 가서서 사랑의 꽃나무를 키우셨습니다. 그리고 그 꽃향기를 하나님의 가슴에 안겨 드리고, 눈물로 감사를 드렸습니다. 죽음의 고비 고비를 탕감의 심정으로 감사하시면서 넘고 넘어 팔정산八段階 꼭대기에 하나님의 왕국을 만드셨습니다. 그리고 그 왕궁에 하나님을 왕좌에 모셨습니다.

이제 우리는 참 부모님의 절대효성을 닮아 자식의 충효로 종족복귀, 남북통일, 천일국 창건을 성취해 나가는 노정에 어떠한 고난, 어떠한 십자가도 감사하며 영원한 효성의 삶을 꾸며가야 되겠습니다.

　십자가의 고난 중에서 감사함으로 부활의 기적을 만드신 예수님의 심정, 옥중에서 모진 매를 맞으시면서 감사로 승리하신 참아버님의 심정을 오늘 우리의 심정으로 간직하고, 하늘과 땅, 역사와 인류가 영원히 기억할 진정한 감사, 어려운 자리에서 감사를 실천하고, 불쌍한 자리에서도 감사하고, 십자가를 지고 감사를 노래하며 성숙한 신앙 인생을 가꾸어 가시기를 축원 드립니다. 감사합니다.

하나님께서 감사할 수 있는 자

하나님은 지금까지 나를 구원하시는 입장에 계시기 때문에 나보다도 더 불쌍한 분입니다. 나보다도 하나님이 더 불쌍한 입장에 계신다는 것입니다. 자식이 부모 앞에서 죽어 간다면, 물론 자식도 불쌍하지만 그 자식을 바라보는 부모가 더 불쌍하다는 것입니다. 만일 자식이 죽어가는 자리에서도 부모를 위로하고 부모에게 무한한 감사를 드리며 효를 다한다면, 부모의 서러움, 부모의 고통, 부모의 비참함을 메울 수 있을 것입니다.

그와 마찬가지로 하나님과 나를 중심삼고 볼 때도 나보다도 더 불쌍한 분은 하나님이 아니겠어요? 언제 하나님께서 나에게 감사할 수 있는 날이 있을 것이냐? 하나님께서 나에게 감사할 수 있는 날을 갖지 못하고는 우리가 하나님 앞에 아무리 감사를 드린다 하더라도 그 감사는 나에게서만 끝나는 감사이지, 하나님과 하나의 목적을 중심삼은 감사로서 열매를 맺을 수 있는 것이 아닙니다.

그러면 나보다도 하나님께서 감사할 수 있는 자리는 어떤 자리인가? 그것은 효하는 자리밖에 없습니다. 그러면 효라는 것은 어떤 것

이냐? 부모가 슬퍼하는 일에 대해서 자식이 먼저 슬퍼하는 것입니다. (29-338)

감사感謝란 고마움을 의미하는 것으로, 혜택을 받거나, 은총을 받거나, 사랑에 대한 '보답의 아름다운 덕목'을 말하는 것입니다.

받은 것에 대한 보답의 도리를 하는 것은 사람의 기본 윤리인 것입니다. 그런데 감사를 함에 있어서, 형식적으로 하는 감사나 도리적인 감사는 일반적으로 누구나가 할 수 있는 감사로써 보통사람들 삶의 기본으로 자리 잡고 있습니다. 좋은 자리에서의 감사는 그리 어려운 과제가 아닌데, 어려운 자리에서 감사할 수 있는 고차원적인 감사신앙, 감사 원리를 이 시간 본문에서 일깨워 주고 있습니다.

사랑이 없음에도, 은혜가 없음에도, 소외된 자리에서도, 외면당한 자리에서도, 감사할 수 있는 원리가 있다면 도대체 그것이 무엇인가요? 그것은 하나님의 내정적인 사연을 알고, 단절된 관계의 원인을 알면 '그럼에도 불구하고의 감사'를 자각하게 된다는 것입니다.

우리는 참부모님의 말씀을 통하여 하나님과 인간의 관계가 부모와 자식의 관계, 즉 참사랑, 참생명, 참혈통 관계로 맺어진 하나님의 뼈붙이, 살붙이, 피붙이가 바로 자식인 인간이라는 것을 깨달았습니다. 이 원리는 종교역사에 없는 본질관계를 일깨워 준, 경이적인 원리로, 하늘의 비밀로 감춰져 있던 핵심 원리인 것입니다. 다시 말하면 하나님과 인간의 관계를 부자의 관계로 풀어 가면 모든 해결의 실마리가 정리되어 갈 수 있다는 것입니다.

78

환란은 축복의 전주곡

하나님의 복귀섭리 역사에 사연곡절을 살펴보면 극단적인 고난의 자리 사탄도 탄복할 시련, 고난의 극치에서 복귀섭리의 꽃이 피고, 알곡이 영글고, 섭리의 진전이 있었음을 알 수가 있습니다.

우리는 성경의 역사에서 욥의 시험을 잘 알고 있습니다. 욥이 큰 복을 받아서 호화로운 행복을 누리는 것을 사탄이 보고서 하나님께 항의를 합니다. 하나님이 건강의 복, 물질의 복, 자녀의 복을 주니까 하나님을 잘 섬기는 것이지 시련을 줘 보십시오, 아마 모르면 몰라도 당신을 배신할 것입니다.

하나님 가라사대 그렇다면 사탄 네가 욥을 시험해 보아라. 그래서 사탄이 욥을 시험합니다. 많은 재앙을 내려 짐승들을 죽이고, 태풍을 일으켜 기물들을 파손시키고, 온몸에 병을 주고, 그래도 욥은 절대불변으로 하나님을 경외하고, 복을 주시는 하나님이 재앙도 줄 수 있다고 믿고, 입술로 하나님을 원망하지 않고, 환란 가운데서 하나님께 감사함으로 사탄의 시험을 이기고, 하나님도 사탄도 욥의 순전한 마음을 축하하고 더 큰 복을 받게 됩니다.

실로 우리들의 신앙에는 성장하는 단계를 따라 탕감이 따르게 마련입니다. 복귀는 반드시 탕감을 통해서 이루어지는 것이기에 '선先 탕감, 후後 복귀, 선 시련 후 축복' 으로 섭리 역사가 한 단계 한 단계 발전되어 왔던 것입니다. 그렇기에 하나님의 가슴속에 맺혀 있는 피멍울을 청산 짓고, 인류의 가슴속에 얼룩덜룩한 상처들을 치유하기 위해서는 숱한 탕감의 시련과 환란과정을 거치게 되는 것입니다.

참아버님께서 하늘의 공생애 노정을 출발하실 때, 가정의 환란이 엄청나게 불어 닥쳤다고 하십니다. 아버님은 그것을 미리 아시고 더 큰 결심을 하시며, 하늘과의 맹세를 다져 나가셨다고 합니다. 어디 그 뿐이었습니까? 복귀섭리의 노정은 그야말로 말로 글로 표현할 수 없는 형극의 가시밭길을 피로 물들인 노정이었습니다.

시련과 고난 환란 가운데서 감사하는 '환란 감사신앙'에서만이 섭리의 과제가 풀리고, 결실되는 복귀의 원리를 알게 된 우리들은 환란 탕감을 복귀의 은총, 축복의 전주곡으로 알고 있기에 비바람이 몰아쳐도, 억울하고 분통하고 가슴이 터져도, 핍박과 서러움이 파도처럼 밀려와도 감사하는 아름다움을 절대불변, 절대감사로 쌓아가야 된다는 것입니다.

하나님을 기쁘게 해 드리는 효자 효녀는 하나님을 감동케 합니다.

세계일보 연말 특별 기고로 '아름다운 사람들'이 소개되는데, '지게 효자'에 관한보도는 참으로 감동적입니다. 92세 되신 아버지를 모시고 금강산 구경을 가는데 걸으실 수가 없어서 아버지를 지게에 태워서 지고, 금강산 구경을 시켜드리는 모습이 신문에 보도 되어 많은 감동을 주었습니다.

형과 동생이 번갈아 아버지를 지게에 모시고 구경을 시켜드리는데 금강산, 중국 산둥성山東省, 공자의 사당 공묘孔廟, 타이산泰山 등을 여행 시켜 드렸고, 덕유산은 정상까지 구경을 시켜드린 '지게효자'의 효행은 많은 교훈을 일깨워 주고 있습니다. 그러면서 부모의 고생에

비하면 만분의 일도 안 된다며, 자식의 기본 도리를 할 뿐이라고, 정말이지 아름다운 마음, 효자다운 마음을 얘기했습니다.

어쩌면 인생의 가장 고귀한 감사는 아름다운 효성이라는 것이 마음 깊은 곳으로부터 우러나오는 순수한 심정에 본연적인 마음, 본래의 마음가짐임을 알 수가 있었습니다. 낳아 주시고, 키워 주신 부모의 정성은 목숨을 다해 감사해야 되는 것이 생명의 도리입니다.

더욱이나 거짓의 고리를 끊고, 참생명으로 낳아주시고, 하늘의 법도를 소상히 가르쳐 주시며, 영원한 참삶으로 살게 해 주시는 하나님과 참부모님의 은덕을 깨닫게 되면, '나면서 이미 죽은 몸, 한 줌의 흙만 못한 것'을 다시 낳기까지 복귀섭리의 애환곡절을 헤아리고 느낄 적마다 가슴에 흐르는 감사의 눈물을 감당키 어려울 때가 많은 것입니다.

이제 우리는 탕감을 감사하며, 하나님의 가슴에 응결 된 피멍울을 풀어드리고, 하나님의 소원, 사정, 뜻을 이뤄드리는 참효자효녀가 되고자 혼신을 다할 때, 하나님께서 감사할 수 있는 자, 하늘의 영원한 피붙이다운 자녀가 될 수 있으리라 믿게 됩니다.

욥이 지상에 재림하여 축복가정들의 효성에 감탄하고, 섭리의 인물들, 순교당하면서도 하나님을 찬양하며 생제물로 바친 섭리의 밑거름 된 십자가의 무리들이 재림하여 감사할 수 있는 축복가정이 된다면 하나님께서 감사할 수 있는 자녀가 될 수 있겠지요?

진정 하나님의 가슴에 응어리진 피의 절규를 효성의 책임으로 절감하고, 절규성취, 해원성취, 목적 달성이 탕감을 통한 복귀의 원리를 따라서 진전되고 성취된다는 것을 알게 된 우리들의 삶은 억울함에도 불구하고 감사하게 되고, 핍박을 받음에도 불구하고 감사를 노래하게 되며, 가시밭길을 피눈물로 걸어가면서도 감사를 찬양하게 될 것입니다.

하나님의 뼛골에 사무치는 효성은 영원한 보금자리

순수한 효성, 지극한 효성, 절대 효성의 전형적 효성은 우리 참부모님께서 옥중 효성으로 본 보여 주셨습니다. 하나님의 걱정을 먼저 염려하시고, 고문을 당하시면서도 불구하고 탕감효성으로 오히려 더 강하게 채찍하기를 바라시며 하나님 해방, 인류 해방을 위한 탕감에 감사하신 그 놀라운 충절은 하나님도, 사탄도 탄복을 할 수밖에 없는 경지였습니다.

진정으로 절대효성의 그 자리는 절대적인 부모와 자녀의 관계를 만들어 주고, 영원히 변치 않는 절대불변의 관계를 맺어주는 것이며, 하나님의 영원한 절대 보금자리가 될 수 있는 자녀가 될 것입니다.

참다운 효, 영원한 효, 불변의 효, 절대 효는 생명의 주인, 삶의 주체를 하나님으로 모시고 일거수일투족의 동기, 과정, 결과를 즉, 시작과 끝, 처음과 나중, 알파와 오메가를 하늘 것으로 운영하고 관리하는 종적생활이 뚜렷한 수직적 인생으로 올곧게 가꿔가는데 있습니다.

그리하여 하나님의 뼛골에 사무치는 효성은 먼저 하나님의 애로사항을 책임져 드리겠다고 결심하고 생활하는 일편단심에 있습니다. 이는 자기를 초월하여 하나님의 심정, 사정, 소원에 사무쳐 사는 것입니다. 그러므로 하나님께서 감사할 수 있는 자녀가 된다면 만사는 형통되게 마련입니다.

하나님을 위해서, 부모를 위해 희생하는 자녀를 나 몰라라 할 부모가 있습니까? 자식보다도 먼저 생각하고, 먼저 사랑하고, 먼저 행동하시는 하나님이요, 부모라는 것을 우리는 잘 알고 있습니다.

아무쪼록 하나님의 가슴을 책임져 드리고, 하나님을 위로해 드리고, 효성을 다하는 자녀 되고자 지성을 다한다면 하나님과 참부모님께서 감사할 수 있는 자녀가 될 수 있으리라 믿습니다. 하늘이 원하시는 영원한 안식의 보금자리 된 효성스러운 자녀가 되고자 지성을 다하는 축복가정들 되시기를 축원합니다. 감사합니다.

신앙의 알곡

　여러분 모두 영인체와 육체가 수정같이 맑게 살고 가야 나중에 영계에 가서 문제가 없다는 겁니다. 거기에 어떤 흠집이 있으면 천국에 못 들어갑니다. 지상에서의 삶이 이렇게 중요합니다. 살던 그냥 그대로 영계에 가는 것입니다. 여기에는 누구도 예외가 없습니다. 자기 자신이 투명하게 다 드러나 보이는 것입니다.

　저 나라에 가면, 김 아무개라면 김 아무개라고 딱, 딱, 딱, 버튼을 누르면 쫙 순식간에 살아온 역사가 나옵니다. 그 세계는 시공을 초월하기 때문에 이걸 잡는 직감이 빠릅니다. 어떻게 피할 도리가 없다는 것입니다. 그렇기 때문에 양심은 뭐냐 하면, 영원한 세계에 가기 위한 '지상생활의 기록판' 입니다. 컴퓨터와 마찬가지로 하나 둘, 전부다 입력이 된다는 겁니다. 틀림없이 입력이 됩니다. (275-36)

　하늘 영계 가서는 백 퍼센트 드러납니다. 나쁜 것이 먼저 드러납니다. 나쁜 것을 먼저 청산해야 영계에 들어가는 겁니다. 그렇지 않고는 영계에 들어가지 못합니다. 눈감고 있다 하더라도 나쁜 것이 드러나

서 처단을 바라게 되는 겁니다. 그래서 그것이 없어질 때까지 교육받아야 됩니다. 맹훈련 받아야 됩니다.

습관성은 영원히 가는 겁니다. 그렇게 힘든 것입니다. 그러나 땅위에서 고칠 수 있습니다. 지금까지 습관 된 것보다도 더 새로운 것을 습관화 시키면 땅에서 청산할 수 있습니다. 지금 해야 됩니다. 지금 하지 않으면 영계에 가 가지고 문제 됩니다. 영계에 가 가지고 걸려 버린다는 겁니다.(289-208)

영계에서 제일 싫어하는 것은 타락권을 중심으로 한 풍습, 즉 습관성입니다. 풍습에 의해서 습관성이 되어 버리는 것입니다.

일본 사람은 일본에서 태어났는데, 음식은 무엇을 가장 좋아해요? 국과 밥일 것입니다. 미국인은 햄버거, 한국인은 고추장과 김치, 그러나 이렇게만 생각하고 살면 그 습관성은 영원히 없앨 수 없습니다.

자기의 습관성을 없애는 것이 이렇게 어려운데 고착된 타락성, 고집스런 습관성을 가지고 영계에 간다면 얼마나 어려운 입장이 되겠어요? 그것을 이 지상에서 정비하지 않으면 안 되는 것입니다. 영계에 갈 때 그것이 얼마나 어려운 거예요? 그러니까 남편이 문제가 아닙니다. 남편과 아내, 아들딸은 자기 습관성을 다 해결한 후에 가져야 되는 것입니다. 저 나라 영계에는 사랑의 자극적인 요소는 있지만 죄악을 벗겨줄 수 있는 탕감적인 요소가 없기 때문에, 수많은 세월이 걸린다는 것입니다. 그런 걸 알았기 때문에 선생님은 40년 동안에 다 닦아 치운 것입니다. 밤낮을 잊어버리고 살았습니다. 하루에 저녁 한 끼 먹고, 아침 한 끼 먹는 것이 보통이었습니다. 그렇게 살았습니다.(243-177)

지상생활을 참 잘해야 되는 겁니다. 정성들이고, 하루에도 몇 십번 원리 기준을 중심삼고 반성 하면서, 아침, 점심, 저녁 24시간 천상 법에 걸리지 않게끔 살라고 간절히 부탁하는 것입니다.(294-26)

사람은 누구나 삼 세계 노정의 인생임을 알면 알수록 신앙의 삶을 추구하게 마련입니다. 보통사람들은 두 단계 인생은 쉽게 인식하고 적응하면서 살아갑니다. 어머니 복중의 인생, 지상의 인생, 이 두 인생은 자연스럽게 진행됩니다.

그런데 제3단계로 이어지는 영원한 영계의 삶에 대해서는 불확실해서 여러 가지 관점들이 갈등과 혼란을 야기하기도 합니다. 그런데 통일원리와 천성경에서 너무나도 분명하고, 명쾌하게 영계의 실상과 하늘의 법도를 소상하게 가르쳐주고 영계의 삶을 준비하는 제반 내용을 알려줌으로 차질이 없도록 안내하는 것은 참으로 놀라운 행운이요, 복 중의 복이 아닐 수 없습니다.

본문 말씀에서 지상의 인생을 수정같이 맑고 빛나는 삶을 살아야 되는데, 타락으로 찌들고 고착된 습관 때문에 천국의 걸림돌이 된다고 하시며 하늘의 습관, 천국의 습관, 영원히 빛나는 습관을 이 지상에서 만들어야 천국에 적응할 수 있다고 강조하시는 것입니다.

우리가 신앙을 한다는 것은 하나님을 모시고 내 뜻대로가 아니라 하나님의 뜻대로, 하늘의 법도대로, 하늘의 이상을 따라 하늘의 인생을 올바르게 삶으로 천국의 열매다운 알곡이 되기를 갈망하는 것이지요.

그러시면서 풍습은 습관을 만든다고 하십니다. 식생활 문화만 보더

라도 일본의 식생활 풍습은 일본의 식생활 습관을 만들어 국을 수저
로 먹지 않고 입으로 마시는 습관이 있고, 미국은 햄버거, 한국은 고
추장, 김치를 반찬으로 먹는 습관이 있습니다.

그렇다면 하늘의 인생, 즉 신앙의 알곡을 만드는 천국 삶의 풍습은
어떤 것들이며, 어떻게 천국의 빛나는 습관을 만들 수 있는 것인가요?

훈독하는 습관이 '진리의 실체'를 재창조하게 된답니다

성경 요한복음 1장 1절에 우주 창조에 관한 설명이 있는데, 하나님
은 말씀의 본체로 계시며, 말씀으로 우주를 창조하셨다고 하였습니
다. 그리고 말씀은 생명의 빛이라고 하셨습니다. 말씀은 이치와 법도
를 말하는 것으로, 우주의 삼라만상이 이치와 법도를 따라 운행하고,
조화 무쌍한 변화와 평화를 유지하듯이 인간도 하나님의 말씀의 실
체가 되었더라면 하나님의 실체요, 우주의 실체요, 곧 이치와 법도로
우주를 다스리는 말씀의 주인 실체가 되었을 것입니다만, 타락으로
말씀을 잃어버림으로 하나님도 잃어 버렸고, 우주도 잃고, 주인 자격
도 잃고, 행복과 보람도 잃어버린 불쌍한 인생이 되었던 것입니다.

그러므로 말씀을 훈독하는 습관은 말씀의 실체, 우주의 실체, 주인
의 자격과 실체, 하나님을 닮는 생명의 열쇠요, 신앙의 알곡을 영글게
하는 절대 필요한 하늘 인생의 기초라 하겠습니다. 밥을 먹고 영양분
을 섭취하면 활력이 넘치듯이 하늘의 밥, 생명의 양식인 말씀을 섭취
하면 샘솟는 활력이 넘치게 마련입니다. 우리의 속사람인 영인체는
말씀을 먹고 성장하고 튼튼해진답니다.

어느 식구는 그 자녀가 일찍 승화를 했는데 영계에서의 성장은 지

상을 통해 가능하기에 원리와 말씀선집을 7년간 그 자녀를 위해 훈독을 해 주었다고 합니다.

정성 드리는 습관이 신앙의 알곡을 영글게 한답니다

정성은 기적의 어머니요, 은혜의 샘이라고 했습니다. 정성을 드리는 것은 온 몸과 마음을, 온 영혼을, 온 심혈을 하나님께 봉헌하는 것으로써 하나님과의 수직적인 관계, 즉 종적인 관계를 튼튼하게 함으로 관계지수를 높여 친밀도를 향상시키는 부가 가치가 있는 것입니다. 탄산가스를 많이 마시면 폐와 심장에 지장을 주고 가슴이 답답하고 숨이 막히는 고통이 따릅니다.

세상에는 사람을 해치는 탄산가스 공해가 많이 있습니다. 하늘의 인생을 살고자 할 때도 신앙을 방해하는 탄산가스가 많이 있습니다. 그것이 바로 하늘을 거역하는 요소, 방해하는 요소, 비뚤어진 요소들입니다.

여기에는 산소를 섭취해야 되는 것입니다. 산소를 마시면 신선하고, 상쾌하고, 기분이 좋고, 마음도 몸도 생각도 건강하여 매사가 순조롭게 잘 이루어집니다.

신앙생활도 마찬가지입니다. 산소와 같은 하나님의 심정과 사랑과 영적인 에너지를 공급 받으면 날아 갈 듯 신선한 은혜에 취하여 생동하는 삶을 영위하게 마련입니다. 한걸음 나아가 정성을 드리면 하나 되는 통일의 은총이 충만합니다.

본래 인간이 하나님의 자녀로 성숙하여 하나님과 절대적인 부자의 관계를 맺었더라면 신인불이神人不二로 둘이 될 수 없는 하나의 조화, 통일, 화합, 평화의 관계로 함께의 삶이 이루어졌을 것입니다.

그러나 타락의 후예로 태어난 우리는 통일을 이루기가 간단치 않습니다. '하나님과 참부모님과 나'라고 하는 종적인 통일이 잘 이루어져야 부부통일, 형제통일도 잘 이루어지는 것입니다. 그런데 종적인 통일은 잘 안 이루어졌는데 횡적인 통일이 잘 이루어진다고 할 수 있지만 그것은 종대나 뿌리가 없는 통일이기에 입체적인 통일이 아니므로 반쪽통일이 되는 것입니다.

하늘이 바라시는 통일은 완전통일, 입체통일, 심정통일을 원하는 것입니다. 정성은 통일, 화합, 조화, 평화의 원동력입니다. 정성의 맛을 아는 신앙 속에 알곡이 아름답게 영글게 된답니다.

참사랑을 실천하는 습관이 영생의 인생을 풍요롭게 만든답니다

하나님의 사랑으로 태어나서, 사랑으로 살다가, 사랑의 세계로 돌아가는 것이 인생의 정해진 행로입니다. 사랑은 위하여 희생 봉사하는 것입니다. 자기를 타인에게 투입하는 것이 바로 사랑 실천입니다. 그 투입의 질과 양이 풍요의 질 양으로 나타나는 것입니다.

사랑을 실천하기 위한 우리들의 노력이 천국을 창건하는 밑거름이 될 것입니다. 위함의 왕자, 투입의 왕자로 사랑의 왕자 왕녀 되시기를 축원합니다.

전도하는 습관은 천국의 주인 된 영광을 약속해 줍니다

하늘의 백성을 창조하는 전도는 천국시민의 가장 고귀한 의무요, 성자가 되는 지름길입니다. 만나면 전도하고 헤어지면 기도하는 천일국 주인의 삶은 영원한 영광의 주인을 만들어 주는 첩경이 되는 것입니다. 이제 우리 모두 옷깃을 여미고 심정을 가다듬고 훈독습관, 정성 드리는 습관, 참사랑 실천 습관, 전도하는 습관으로 신앙의 알곡이 알알이 영글기를 축원합니다. 감사합니다.

사탄을 자연 굴복시키는 비법秘法

훈독말씀 : 참사랑의 삶이란

참사랑의 본체 되시는 하나님을 닮는 최선의 길이 참사랑의 실천을 통한 참사랑의 인격자요, 참사랑의 주인이 되는 길이라고 했습니다. 그 길만이 우리도 참부모가 될 수 있는 길이라고 했습니다.

그렇다면 참사랑의 삶은 어떤 삶입니까?

참사랑은 공익성公益性을 띤 무형의 질서요, 평화요, 행복의 근원입니다. 참사랑의 본질은 위함을 받겠다는 사랑이 아니고 남을 위해, 전체를 위해 먼저 베풀고 위해 주는 사랑입니다. 주고도 주었다는 사실 자체를 기억하지 않고 끊임없이 베푸는 사랑입니다. 기쁨으로 주는 사랑입니다. 어머니가 자식을 품에 안고 젖을 먹이는 기쁨과 사랑하는 심정입니다. 자식이 부모 앞에 효도하며 기쁨을 느끼는 그런 희생적 사랑입니다. 하나님의 인류창조가 그랬듯이 아무것도 돌려받겠다는 기대나 조건이 없이 베푸는 절대, 유일, 불변, 영원적 사랑의 창조입니다.

참사랑은 우주의 원천이요, 우주의 중심, 우주의 주인을 만들어 주는 사랑입니다. 참사랑은 하나님의 뿌리요, 의지와 힘의 상징이기도 합니다. 따라서 참사랑으로 맺어지면 영원히 같이 있어도 좋기만 하고, 우주는 물론 하나님까지도 끌면 따라오는 사랑입니다. 타락의 후예 된 인간이 만들어 놓은 국경의 벽, 인종의 벽, 더 나아가서는 종교의 벽까지도 영원히 종식시킬 수 있는 힘이 참사랑의 가치입니다.

하나님의 참사랑의 주류 속성은 절대, 유일, 불변, 영원한 것이어서 누구나 이 참사랑을 실천궁행할 때 하나님과 동거, 동락하게 되며 동참권 까지 누리게 되는 것입니다. 이처럼 천국 들어가는 절대 요건이 바로 '위하는 삶' 즉, 참사랑의 삶이라는 것입니다.

원래 하나님께서는 에덴동산에 아담과 해와를 창조하신 후 그들을 당신의 축복 하에 결혼시키고 하늘의 소유권까지도 완전히 전수해 주려 했던 것입니다. 우주만상의 소유권을 아담과 해와에게 상속해 주려 하셨다는 뜻입니다.

그러나 타락으로 말미암아 이 모든 것이 사탄의 수중으로 떨어지고 만 것입니다. 사랑하는 자식에게 상속해 주기 위해 평생 땀 흘려 모은 재산을 하룻밤 새에 강도에게 몽땅 빼앗겨 버린 부모의 입장이 되어 버린 것입니다.

이처럼 사탄에게 혈통권을 빼앗겨 자식을 잃어버렸고, 모든 나라와 세계의 소유권까지 내어주고 만 하나님의 서럽고 원통한 심정을 알 자가 없었다는 것입니다. 따라서 혈통권과 소유권을 다시 찾아올 수 있는 길은 사탄을 자연굴복 시키는 길밖에 없습니다. 사탄을 자연굴복 시키는 비법이 무엇이겠습니까? '원수를 자기 자식보다 더 사랑하는 참사랑의 힘' 으로만이 가능한 것입니다.

사탄세계 원수의 자식을 그 이상 사랑할 수 있는 기반을 못 가지면 천국 못 들어갑니다. 그렇기 때문에 원수의 자식을 자기 자식보다 더 사랑하지 않고는 천국 들어가는 기반이 없는 것입니다.(UPF 창설 선언서 말씀 중에서)

만유를 창조하신 하나님께서는 절대투입, 즉 100% 지극정성을 투입하셔서 천주를 창조하시고 당신의 이상을 펼쳐 창조하심의 목적을 달성하고, 자유, 기쁨, 행복, 평화, 영광이 드넘치는 참사랑의 왕국을 건설하고, 하나님과 자녀 된 인류와 삼라만상이 하나로 어우러진 조화, 원화, 화동의 왕국을 꾸미고, 만유가 만끽된 삶의 자리를 이루고자 하셨던 것입니다. 그러한 꿈을 바라시는 하나님의 심정은 마음이 부풀고, 가슴이 부풀고, 생활이 부풀어 이상의 날개를 펄럭이며 끝없는 행복감에 취하여 나날을 살아가고 있었습니다.

그러던 어느 날, 파란 하늘에 날벼락이 떨어지고, 천주가 뒤집어지고, 꿈은 사라지고, 캄캄한 암흑천지로 곤두박질된 하나님, 아들, 딸, 만물이 되고 만 것입니다. 그것이 바로 인간 조상 아담 해와의 '비극적인 타락 사건' 이었습니다. 타락이란 하나님의 참사랑, 참생명, 참혈통을 사탄이가 가로채간 '사랑의 날강도 사건' 입니다. 그로 인해 인류는 원치 않는 거짓사랑, 거짓생명, 거짓혈통을 따라 사탄의 자녀, 거짓의 자녀로 태어나 슬픔과 고통, 갈등과 전쟁, 비극의 한恨 맺힌 역사가 불행으로 이어져 오게 된 것입니다.

하늘의 백성은 본업이 섭리, 부업이 자기 생활이라고 하셨습니다

하늘의 섭리는 죄악의 세계를 창조본연의 세계로 원상회복 하시는 복귀섭리요, 복귀섭리는 탕감을 통한 섭리로서 어떠한 대가를 지불하면서 사탄이가 빼앗아간 것을 하나 둘 씩 되찾아 오는 것입니다. 처음에는 상징적으로 만물을 되찾아 오는 '제물 섭리' 를 하셨고, 말씀을 되찾아오는 '석판섭리' 를 하셨으며, 육신을 되찾아오는 '성막섭리와 성전섭리' 를 하셨으며, 참사랑, 참생명, 참혈통을 되찾기 위한 '부부섭리' 를 하셨음에 영적인 부부섭리 시대가 예수님과 성신으로 2000년간 진행하시다가 실체복귀시대를 맞아 이 땅 위에 영, 육의 실체 참부모님이 오심으로 참가정을 되찾아 오시는 '가정섭리' 를 중심으로, 종족복귀, 국가복귀, 세계복귀, 천주복귀 섭리로 확대 하시면서 하나님의 창조이상세계를 재창조해 나가시는 섭리가 지금 우리 앞에서 진행되고 있는 것입니다.

그러므로 하늘의 자녀요, 하늘의 백성으로 선택 받고, 양육함을 받은 천일국의 백성들의 본업은 섭리의 궁극적 목적인 지상천국, 천상천국을 오늘의 시간과 공간 가운데 창건하는 섭리의 주인이요 일꾼이며, 섭리 역사의 운명을 책임 맡은 '섭리의 생명실체' 들입니다. 하나님의 나라가 세워져야, 다시 말하면 하늘의 선하고 참다운 천도의 나라, 기쁘고 행복한 사랑의 나라, 모두가 한 형제자매로 지구 한 가족을 이루고 사는 심정의 공동체 세상, 서로 위하고 서로 섬기며 서로가 보람을 공유하는 평화의 왕국을 이루어야 하나님, 인류, 역사, 만물, 섭리가 안식할 수 있는 새 하늘 새 땅이 되는 것입니다.

그 나라와 그 의를 이루는 것이 우선적인 우리의 공동 과제이며, 자기의 안락한 생활을 보장 받을 수 있는 하나님의 나라가 이루어지는 것입니다. 그렇기에 본질적이고 핵심적인 하늘의 인생은 섭리적 인생이 중심이 되고, 우선해야 되고, 주체성을 갖추어서 우리의 개인 삶을 이끌어 갈 때 천일국 건설의 주인 된 삶의 자리가 될 수 있다는 것입니다.

사탄을 자연굴복 시키는 것이 완전굴복이 되는 것입니다

비근한 예로 서로가 싸움을 할 때 힘으로 굴복시키는 것은 언제든지 재도전할 수 있고, 싸움의 불씨는 남아 있는 것입니다. 그러나 마음으로 굴복하고, 인격적으로 굴복하고, 심정적으로 굴복하면 확실한 굴복, 완전한 굴복이 되는 것입니다.

하나님의 자녀들이 사탄의 무리들을 굴복시키는 섭리가 하나님 복귀섭리의 골자요, 핵심이 되는 것입니다. 그렇다면 사탄의 무리들을 어떻게 하면 스스로 굴복, 자연스러운 굴복, 완전한 굴복을 할 수 있을까요?

그 답을 본문에서 잘 가르쳐주셨습니다. 자기 자식보다 가인의 자식들을 '더 사랑' 해야 스스로의 탄복으로 자연굴복이 가능하다는 것입니다.

참으로 놀라운 '복귀의 본질적인 진리 중의 진리' 인 것입니다.

빼앗긴 하나님의 참사랑과 참생명과 참혈통을 되찾아오시는 섭리도 자연굴복을 통해서, 사탄이 지배하고 있는 이 우주의 소유권도 자연굴복을 통해서만이 가능한 것이기에 참사랑의 행함을 통해서 사탄을 감화 감동시켜야 만이 가능한 것이 자연굴복의 진리인 것입니다.

본문 말씀에 참사랑은 공익성을 띤 무형의 질서요, 평화와 행복의 근원이라고 했습니다. 참사랑은 베풀고 위하는 원동력이라 하였습니다. 그렇습니다. 베푸는 손길에 위하는 정성을 거부할 자가 없습니다. 사람들의 마음 깊은 곳에는 창조의 본성이 꿈틀거리고, 양심은 천도를 따라야 된다고 채찍을 하고, 감성은 참사랑이 진짜 사랑이라고 갈망을 하는 것이기에 하나님의 참사랑이 나를 통하여 상대방에게 전해지면 감동을 먹고 감화가 되게 마련인 것입니다.

사람은 누구나가 비교의 능력을 갖고 있습니다. 자기보다, 자기 자식보다, 자기 배우자보다 상대방을 더 사랑하면 탄복하는 감성이 발동하게 돼 있습니다. 그렇기에 진짜로 하나님의 참사랑을 순수하게, 가식 없이, 사심도 없게, 진정으로 베풀면 영적인 사람인지라 즉각적으로 느끼고 감동을 받게 됩니다.

이제 우리가 천일국 창건의 주역으로서 가인권의 사람들을 내 자식보다 더, 내 남편보다 더, 내 아내보다 더, 더 사랑을 실천궁행한다면 재창조의 감격이 넘칠 것이고, 하나님이 감동을 하시고 백배 천 배 만배의 사랑과 은혜의 축복을 주시고도 남음이 있을 것입니다.

참사랑의 '실천 내역'은 영원한 '행복 내역'이 되는 것입니다

세상에 가장 슬픈 사람은 사랑을 하고 싶어도 사랑할 사람이 없고, 사랑을 받고 싶어도 사랑을 줄 사람이 없는 사람이랍니다. 세상에 가장 행복한 사람은 만유의 근원이 되고, 공익성을 띤 행복과 평화의 원

천인 하나님의 참사랑을 마음껏 주고, 마음껏 받을 수 있는 사람이랍
니다.

가인권의 사람들을 '더 사랑의 실천궁행'으로 참사랑을 마음껏 주
고받을 수 있는 참사랑의 대상을 많이 만드는 것이 행복 만족의 지름
길이 되는 것입니다. 부디 참사랑의 왕자, 왕녀가 되시어 행복의 주인
들이 되시기를 축원합니다. 감사합니다.

죽고자 하는 자 산다

훈독말씀 : 죽은 후에는 하나님의 것

뜻을 위해 죽고자 하는 사람은 살고, 살고자 하는 사람은 죽는다는 것입니다. 이 말이 무슨 말이냐? 뜻을 위해 죽어야 할 자리에서는 죽어야 된다는 것입니다. 그러면 죽으면 어떻게 되느냐? 죽기 전에는 내 것이지만, 죽은 후에는 하나님 것이 됩니다. 그것은 우리가 타락의 혈통을 받았기 때문입니다.

그러므로 죽기 전까지는 우리의 생명 전부는 사탄 편의 인연을 벗어나지 못하는 것입니다. 그러나 죽은 다음에는 하나님과 인연이 맺어지는 것입니다.

생명과 죽음을 두고 볼 때 어느 것이 강합니까? 죽음보다 생명이 더 강합니까? 생명보다 죽음이 더 강합니까?

사탄세계에서는 생명보다 죽음이 더 강합니다. 그러므로 뜻을 알고 난 후에는 죽어야 할 자리에서 죽기 싫어하면 안 되는 것입니다. (34-47)

죽기 전에는 내 것이자 사탄의 것입니다

성경에서 말하는 죽음, 신앙에서 말하는 죽음은 무엇을 의미하는 것입니까? 하나님께서 영원히 취할 수 있는 생명, 하나님의 영원한 사랑의 파트너 된 생명을 죽이라는 것이 아닙니다. 사탄의 거짓 된 혈통, 타락의 속성, 거짓 된 생명을 죽이라는 것입니다. 사탄 편의 인연에서 형성된 전통적인 문화, 생활의 습관들, 사탄적인 자아상을 깡그리 청산 짓는 논리, 없애는 논리, 뿌리 뽑는 논리를 죽여야 된다는 논리입니다. 이는 복귀를 위한 정상적인 논리요, 이 논리를 피해갈 수 없다는 것입니다.

그렇기에 모순 된 나를 죽이기 전에는 사탄의 생명, 사탄의 혈통, 사탄의 소유권에 속한 나라고 하는 엄연한 사실적 실존을 부정할 길이 없는 것입니다.

우리가 우리를 몰라서 그렇지 사실이 거짓의 생명이라면 어느 누가 거짓을 사랑하고, 사수하려고 애를 쓰겠습니까?

죽고자 하는 자 산다고 하는 진리의 자각

거짓을 청산해야 할 이유, 모순의 굴레를 철폐해야 할 이유, 거짓실체를 죽여야 할 이유, 거짓은 실패의 어머니라는 의미를 몰랐기에 거짓의 올가미에 얽매여 슬픔에 애통을 하면서도 비통의 굴레를 벗어나지 못하고 지금도 많은 사람들이 헛된 인생을 살아가고 있는 것입니다. 무지가 그렇게 무서운 것입니다.

이제 우리는 죽어야 산다고 하는 자각을 하늘의 축복으로 받아들이

고, 사탄의 나를 죽여서 하나님의 나로 만드는 신앙의 지성어린 노력
이 분명해야 될 것입니다.

바이러스 균이 몸속에 들어오면 갖가지 질병을 유발합니다. 질병은
고통을 주고, 재산을 빼앗아 가고, 몸과 마음에 상처를 주기도 합니
다. 그렇다면 그 병균을 보호해야 되겠습니까? 죽여서 없애야 됩니
까? 누구에게 물어 봐도 대답은 자명합니다. 그 병균을 죽여야 건강
을 되찾을 수 있고, 삶의 생동감도, 행복감도, 보람도 회복할 수 있다
는 것입니다.

당연한 논리를 신앙의 논리로 받아들여 우리들의 마음을 갈아 먹
고, 상처를 내고, 균형을 깨고, 불행을 유발하고, 갈등과 혼란을 야기
하는 마음의 바이러스 균을 그냥 두고 있을 게 아니라 죽여서 없애는
방도를 강구해야 된다는 것입니다. 그 청산 방법을 몰라서 괴로워하
면서도 해결을 못하고 울며 겨자먹기식으로 죽지 못해 사는 격이 되
고 만 것입니다.

지금까지의 신앙은 타락의 병균을 없애야 된다는 당위성은 말했지
만 어떻게 그 타락의 균을 없애고 본연의 속성으로 회복하느냐 하는
구체적인 진리가 없었기에 그 타락의 굴레를 벗어나지 못하고 있는
것입니다. 이제는 때가 되었기에 인류의 참부모님께서 그 비밀의 정
체를 파헤치시고 청산 짓는 비법을 밝혀 주신 것입니다.

반대경로를 통한 탕감치유법이 타락의 균을 없애는 비방입니다

본연의 위치를 회복하는 방법은 '되돌이 법칙'으로 즉, 반대의 경로로 본연의 그 자리를 찾아갈 수 있다는 '역행원리'인 것입니다. 요즈음 병원에 가보면 왜 그리도 환자가 많은 것인지 알다가도 모를 일입니다.

과학은 극도로 발달 했는데 건강은 극도로 악화되는 현상은 이해하기 어려운 과제 중의 하나라고 생각됩니다. 영계의 메시지에서 사람의 병이 조상들의 애환으로부터 유래되는 것이 많다고 합니다. 그렇기에 현대의학에서 원인을 모르는 병이 많다고 하는 것이지요.

육적인 5관을 갖고는 영적인 5관에서 발생하는 원인을 알 수가 없다는 것입니다. 아무튼 질병에 시달리는 환자에게는 치료비, 수술비, 약값이 얼마가 됐든 건강회복에 혼신을 투입하듯이, 타락병에 시달리는 슬픔, 불행, 고통, 불화, 모순, 갈등에 시달리는 마음환자들도 근원적인 치료를 갈망하는 것입니다. 그 본질적이고 근원적인 치유가 바로 탕감치유인 것입니다.

이제 타락의 병을 치료하는 구체적인 처방으로 그 병명에 따른 반대 경로와 그 반대되는 탕감을 지불하는 연단으로 악이 선으로 바뀌지는 신앙의 연단과 결과를 추구하는 것입니다. 거짓을 치유하기 위해서는 참을 바로 알고 거짓을 수술하고 도려내는 고통을 감내하는 탕감을 당연하게 여기고, 감사함으로 극복해야 거짓이 없어진다는 것입니다.

시기 질투심을 수술하기 위한 탕감으로 위하는 마음爲他心으로, 불화를 탕감하여 조화로, 갈등을 탕감하여 통일로, 불신을 탕감하여 신뢰로, 상극성을 탕감하여 상응성으로, 거짓사랑을 탕감하여 참사랑으로, 거짓혈통을 탕감하여 참 혈통으로, 거짓 생명을 탕감하여 참 생명으로, 거짓인생을 탕감하여 참 인생으로 회복하는 탕감신앙의 정도에 따라서 회복의 정도가 달라진다는 것입니다.

탕감을 절대감사 해야 제대로의 탕감이 된답니다

탕감 없는 복귀 없고, 복귀 없는 천국 없다고 하는 복귀 원리를 바르게 이해할 수 있다면 탕감을 진짜로, 100%, 절대적으로, 확실하게 감사함으로 감당할 수 있는 것입니다. 고통 속에 헤매 이는 환자를 치료함에 수술이 필요하다면 할 수밖에 없지요. 수술 없는 회복 없고, 회복 없는 건강 없다는 순리를 올바로 이해한다면 수술을 진실로, 온전히, 절대적으로, 확실하게 감사하므로 받을 수 있는 것입니다.

그러므로 신앙의 가르침은 괴로우나 즐거우나 범사에 감사하며, 내 십자가를 지고, 탕감신앙을 감당해야 사탄의 나를 죽이고, 하나님의 생명을 얻을 수 있다는 것입니다.

실로 괴로울 때, 어려울 때, 고통스러울 때, 그 괴로움을 그 어려움을 그 고통을 탕감으로 소화할 수만 있다면 얼마나 멋진 하나님의 모습이 가꿔지겠습니까?

천성경 말씀에 '탕감은 복이다'라고 하였습니다

모든 사람들은 복을 좋아합니다. 어떤 사람은 돈벼락을 맞았으면 좋겠다고 합니다. 그런데 감옥에 있는 사람들의 80%가 돈으로 말미암아 죄를 짓고 죄를 벗는 탕감으로 감옥생활을 한다는 것입니다. 돈이 아무리 많아도 그 돈을 잘못 사용하면 불행을 초래한다는 것입니다. 참을 위해 쓰여 지는 돈이 복 돈이 된다는 것입니다.

그 돈을 사용하는 주인인 인간의 마음이 삐뚤어져 있으면, 시기 질투로 가득 차 있으면, 비윤리적으로 자리매김 돼 있으면, 타락성으로 얼룩져 있으면, 그 거짓의 속성들을 먼저 뿌리 뽑는 대 수술을 해야 되는 것이고 그 돈을 수술비로 사용하므로 올곧은 마음으로, 진실 되고 참다운 마음씨로, 윤리적이고 순리적인 마음으로, 본연의 성품으로 탕감복귀 돼야 진정한 복, 올바른 복, 영원한 복을 챙길 수 있다는 진리의 말씀을 주신 것입니다.

죄의 정도 따라 탕감의 정도가 다르답니다

병의 정도에 따라 치료비도 다르고, 수술의 정도와 시간도 다르고, 약을 먹는 기간도 다르고, 회복 기간도 다르게 마련입니다. 우리는 자기 스스로의 죄보따리와 조상으로부터 물려받은 죄보따리의 질과 양이 다를 수밖에 없습니다. 그러므로 복귀의 인생, 섭리의 인생을 같은 시대에 살아가고 있습니다만, 누구는 아주 어렵게, 누구는 아주 쉽게, 누구는 별로 힘 안들이고, 누구는 아주 힘들게, 누구는 가볍게 섭리의 삶을 꾸려갑니다.

　분명한 것은 자기의 죄보따리와 물려받은 죄보따리를 내가 해결해야 할 '숙명적 보따리' 라고 하는 작은 메시아적 자의식을 분명하게 인식하고 책임져야할 '나의 탕감보따리' 인 연고로 '나의 복보따리' 인 것을 감사함으로 감당하겠다는 '신앙의 자각' 인 것입니다.

　그리고 죄의 근원은 거짓사랑입니다. 거짓사랑에서 갖가지의 타락성이 유발되어 인생을 거짓되게 만드는 것인즉, 거짓사랑을 탕감하여 참사랑으로 복귀하고, 창조본성을 한껏 발휘하여 참사랑의 이상이 꽃피고 열매되는 삶을 꾸며나가야 되겠습니다.

　이제 우리는 옷깃을 여미고, 마음을 가다듬고, 쓸모없는 거짓을 다 죽이는 노력, 대 수술의 지성으로 죽음을 이긴 자, 하늘의 값지고 빛나는 하나님의 사람으로 되살아난 모습, 하나님의 신성으로 사시기를 축원합니다.

소외 극복 신앙

천국은 마치 품꾼을 얻어 포도원에 들여보내려고 이른 아침에 나간 집 주인과 같으니, 저가 하루 한 데나리온씩 품꾼들과 약속하여 포도원에 들여보내고, 또 제 삼 시에 나가 보니 장터에 놀고 서 있는 사람들이 또 있는지라 저희에게 이르되, '너희도 포도원에 들어가라. 내가 너희에게 상당하게 주리라.' 하니 저희가 가고, 제 육 시와 제 구 시에 또 나가 그와 같이 하고, 제 십일 시에도 나가 보니 서 있는 사람들이 있는지라 가로되, '너희는 어찌하여 종일토록 놀고 여기 서 있느뇨?' 가로되, '우리를 품꾼으로 쓰는 이가 없음이니이다.' 가로되 '너희도 포도원에 들어가라.' 하니라.

저물매 포도원 주인이 청지기에게 이르되 '품꾼들을 불러 나중 온 자로부터 시작하여 먼저 온 자까지 삯을 주라.' 하니, 제 십일 시에 온 자들이 와서 한 데나리온씩을 받거늘, 먼저 온 자들이 와서 더 받을 줄 알았더니 저희도 한 데나리온씩만 받은지라. 받은 후 집 주인을 원망怨望하여 가로되, '나중 온 이 사람들은 한 시간만 일하였거늘 저희를 종일 수고와 더위를 견딘 우리와 같게 하였나이다.' 주인이 그 중

의 한 사람에게 대답하여 가로되, '친구여, 내가 네게 잘못한 것이 없
노라. 네가 나와 한 데나리온을 약속하지 않았느냐? 네 것이나 가지
고 가라, 나중 온 이 사람에게 너와 같이 주는 것이 내 뜻이니라. 내
것을 가지고 내 뜻대로 할 것이 아니냐, 내가 선하므로 네가 악하게
보느냐?' 하니, 이와 같이 나중 된 자로서 먼저 되고, 먼저 된 자로서
나중 되리라.

에덴동산에 창조의 동역 자는 천사였습니다

하나님의 창조 사역은 천사와 함께 하였습니다. 천사는 하나님과
상대할 수 있는 희로애락의 속성이 있었기에 하나님과 박자를 맞춰
서 우주를 창조 하는데 사환使喚의 역할을 하였던 것이지요. 그 때는
하나님이 상대할 수 있는 대상이 천사뿐이었기에 하나님의 사랑을
줄 수 있는 상대 또한 천사밖에 없었습니다.

만물 만상을 하나하나 만들 때마다 하나님의 있는 지성을 절대적으
로 투입하시며 천사의 지성 또한 절대적으로 협력하여 절대적인 완
성 작품들이 창조되었던 것입니다. 하나의 피조물이 창조될 때마다
통쾌한 감동을 실감한 것은 어쩌면 하나님보다도 천사가 더 많은 감
동을 먹었을지도 모릅니다.

하나님께서는 당신의 청사진에 있는 그림을 전개하는 것인 즉 청사
진과 실체의 비교적인 감동을 먹을 것이나, 천사는 상상도 못했던 새
로운 피조물이 나타나는 쾌감을 말로 글로 표현할 수 없는 감동 그 자
체였을 것입니다.

그러한 감동의 연속 속에서 창조의 사역과 더불어 하나님의 사랑을

총체적으로 느끼면서 은혜에 취해, 기쁨에 취해, 감동에 취해, 신비에 취해서 창조의 끝없는 재미로 세월이 가는지 오는지를 분간하기 어려운 경지에서 하나님과 동행同行, 동사同事, 동역同役, 동거同居하는 삶을 누리었던 것입니다. 창조 사역의 세월이 흐르고 쌓여 전 우주를 다 지으시고 총체적인 꽃 열매로 하나님을 닮은 인간을 창조하셨던 것입니다.

사랑의 소외, 감소감이 큰 일을 저질렀습니다

하나님과 창조의 동역자로서 사환의 역할을 했을 때는 하나님이자 천사요, 천사이자 우주로서 온 천지가 자기 것 같았는데, 하나님의 아들과 딸을 지으신 다음에는 하나님의 사랑이 천사보다도 자식을 더 사랑하는 것을 느끼게 됩니다.

그야 신분 차이에서 오는 자연스러운 사랑의 정도요, 현상인데 자기 분수를 모르고 천사는 왜 하나님의 사랑이 전과 다른가를 놓고 고민하게 됩니다. 그리고 상대적인 감소감, 상대적인 소외감, 상대적인 박탈감 등을 느끼게 되는 것입니다.

본문 말씀에 품삯의 계산에서, 일을 한 시간에 따라 품삯이 달라야 마땅한데 일을 많이 한 사람이나 적게 한 사람이나 품삯을 똑같이 주니까 당장에 상대적인 감소감, 상대적인 소외감, 상대적인 억울함을 토로하듯이, 주인과의 약속은 생각도 안하고 자기가 겪는 소외로 자기의 박탈감을 토로하는 것입니다.

주인이 잘못한 겁니까? 아니지요. 주인은 약속대로 한 데나리온씩을 정당하게 지급했습니다. 약속이 법이고, 법대로 지불했으니 불평할 게 없지요. 그런데 왜 불평불만이 유발되는 것인가요? 그것이 바로 비교의 능력이 있어 상대적 평가를 하는 지극히 보편적인 마음의 작용입니다.

그럴 때는 주인의 입장에서, 주인의 사랑으로, 주인의 정신으로, 전체를 위하는 사랑의 원만성, 모두의 화평을 위한 평화의 심정, 한 공동체적인 객체이자 전체인 유기체정신으로 얼마든지 소화하고 극복할 수 있는 것인데, 자기를 중심하게 되면 불평, 불만, 불화, 억울한 화禍의 싹만 키울 뿐입니다. 주워진 에너지를 창조성을 키우는데 사용해야 되는데, 그 소중한 에너지를 화를 키우는데 사용하게 되면 결국은 자기가 자기를 멸망시키는 독毒을 키우는 겪이 되고 마는 것입니다. 화禍는 자멸自滅의 독毒이기 때문입니다.

결국 에덴동산에서의 타락의 비극이 발생한 원인도 바로 천사장 누시엘이 상대적인 감소감, 상대적인 소외감, 상대적인 억울함을 극복하지 못하고 하늘의 법도, 사랑의 궤도를 탈선하여 파멸을 낳고 말았던 것입니다.

우리 주위에는 소외감에 시달리는 환자가 많습니다

소외 환자들의 공통적인 속성은 억울함, 박탈감, 서러움 등을 남의 탓으로 돌리고 있습니다. 꽃이 피니 벌, 나비 춤을 추고, 잎이 피니 싱싱한 소생의 산하가 마냥 아름다운 4월에, 난데없는 비극의 메아리가 전 세계를 슬프게 만들었습니다.

버지니아 대학생이 소외, 억울함, 박탈감을 너 때문으로 돌리고, 그 내면에서 화禍가 쌓이고 또 쌓여서 독毒이 폭발된 사건으로 자그마치 33명의 생명을 앗아간 비극이었습니다. 너 때문인가요? 나 때문인가요? 누구 때문인가요? 빗나간 생각 때문이지요.

이탈된 사고, 벗어난 판단, 타락한 마음에서는 갈등과 대립의 요소를 극복하기 어렵습니다. 본래의 마음으로 회복을 해야, 본연의 이목구비가 제대로 작동을 하고, 옳은 것이 옳게 보이고, 이치를 따르는 판단 능력이 발휘되고, 정의가 바로 세워지고, 온전한 삶의 자리가 정착되어 안정된 삶의 보금자리로 발전하는 것인데, 빗나간 생각은 정반대로 작동을 하기 때문에 탈선행위가 나오게 마련입니다.

마음먹기를 잘해야 소외의 병이 치유 되는 것입니다

음식 먹기를 잘해야 몸이 튼튼하게 됩니다. 공해적인 음식을 먹게 되면 몸이 병들고 건강을 잃게 됩니다. 그래서 많은 사람들이 유기농 식품을 선호하고, 웰빙 음식을 찾아서 섭취하는 것입니다.

우리의 속사람, 내적인 몸, 인생의 주인 역할을 하는 마음을 튼튼하게 하고, 건강한 마음을 만들기 위해서는 마음먹기를 잘해야 되는 것이지요. 마음의 공해와 같은 미움, 시기, 질투, 억지, 불평, 불만, 분노, 좌절 등을 먹게 되면 화를 만들고, 독을 만들게 됩니다. 공해적인 마음을 차단하고, 유기적인, 웰빙적인 마음을 잘 섭취하는 정성과 노력이 절대 필요한 것인데 이는 신앙적 차원의 인생연단에서 가능한 것입니다.

신앙이란 하나님을 전제로 한 '신인일체통일神人一體統된 삶'을 의미하는 것입니다. 즉, 하나님의 전체적 속성을 나의 속성으로 일체화하기 위한 전반적인 정성과 노력을 경주하는 삶의 총체적인 연단이 신앙인 것입니다.

하나님의 마음을 먹으려고 지극 정성을 다하고, 하나님의 신성을 먹기 위해서 혼신을 다하며, 하나님의 넓고 깊은 사랑을 먹기 위해서 희생하고 봉사하며, 하나님의 기쁨의 원리를 먹기 위하여 자기를 투입하는 '위하여 사는 삶'을 실행하므로 행복이 살아나고, 늘 기쁨으로 생동하는 삶의 자리가 됨으로 불만할 겨를이 없고, 불평할 겨를도 없으며, 공해적인 마음이 발붙일 수 없게 되는 것입니다.

그러므로 소외의 병을 치유하는 비결은 하나님을 삶의 중심에 모시고 하나님과 일체 통일된 삶을 영위하고자 절대노력을 경주하는데 있습니다.

신선한 마음을 먹기 위한 정성이 밥 먹는 것 보다 더 중요

사노라면 다양한 삶의 매체를 대하게 됩니다. 각양의 사람들, 영화, 잡지, 신문, 텔레비전, 라디오 등을 통하여 수없는 정보가 몸의 오관을 통하여 마음의 오관으로 밀려들어 옵니다. 어떻게 해야 신선한 마음의 양식으로 섭취할 수 있을까요?

'양심 여과장치'를 가동하여 사악하고 불의한 것을 걸러내고, 진리, 의로움, 정의, 밝고 빛나는 메시지를 섭취하는 참슬기, 참지혜, 참능력을 발휘해야 될 것입니다. 그러한 참잣대를 갈고 닦기 위하여 매일 아침 말씀을 읽고, 느끼고, 새기고, 깨닫고, 익히는 훈독생활을 철저히 관리하는 것입니다. 내 마음 속에 말씀이 채워질수록, 내 마음에 참사랑이 채워질수록, 내 마음에 심정이 깊어질수록 나를 중심한 사고방식은 줄어들고, 하나님을 중심한 인생철학으로 자리매김 되어감으로 소외를 극복하는 신앙의 알곡이 알차게 영글어가게 되리라 믿습니다. 아 - 주!

춤추는 나무

훈독말씀 : 하나님은 아버지시다

하나님은 인간의 아버지요, 인간은 하나님의 아들딸입니다. 하나님의 뼈 중의 뼈, 살 중의 살, 골수 중의 골수를 몽땅 투입하여 창조한 인간이기에 하나님을 끌면 끌려오지 않을 수 없습니다.

하나님은 사랑 때문에 창조했습니다. 사랑 때문에 창조했기 때문에 남자와 여자가 서로 사랑하는 것을 보는 것이 더 좋은 것입니다. 그렇기 때문에 하나님은 존재세계 앞에 나타날 때 사랑의 본질로 나타납니다.

자식은 어머니 아버지의 사랑의 실현체요, 투입체입니다. 어머니 아버지의 생명의 연장체입니다. 또한 어머니 아버지의 이상의 구현체입니다. 자식은 어머니 아버지의 사랑과 생명과 이상의 기반에서 태어나기 때문에 부모는 그 자식을 보면 볼수록 사랑스럽고, 보면 볼수록 생명이 약동하고, 보면 볼수록 이상적인 상대입니다.

천지를 창조하신 하나님은 어떠한 분이냐? 지극히 선한 분이요, 모든 만물의 근본이 되는 분이요, 사랑의 주체입니다. 그렇기 때문에 하나님은 천지만물을 창조한 후, 온 우주의 귀한 모든 것을 인간에게 주고 싶어했습니다.

하나님은 참으로 자신이 믿을 수 있고, 사랑할 수 있고, 모든 것을 맡길 수 있는 사람이 있으면 제일 귀한 것을 고스란히 넘겨주고 싶어 합니다. 하나님이 우리 아버지라면 아들딸을 짓는데 있어서 시시하게 만들고, 하나님만 못하게 만들고 싶지 않았을 것이 틀림없습니다.

하나님은 인간을 전지전능한 하나님과 같은 동위同位의 자리에 설 수 있게 만드셨기 때문에 우리의 양심은 최고의 것을 희망하는 것입니다.(53-216)

내가 눈물지을 때 하나님이 눈물짓고, 하나님이 눈물지을 때 내가 눈물짓는 그런 자리에서 순종하는 마음으로 하나님과 주고받을 수 있는 경지에 들어가야 합니다. 그러기 위해 기도를 해야 합니다. 뿌리가 있어야 합니다. 그 뿌리가 기도입니다.(31-290)

해마다 여름철이 되면 자연스럽게 찾아오는 단골손님들이 많이 있습니다. 갖가지 미물들의 아름다운 노래 가락, 마냥 푸르른 산하의 싱그러움, 무럭무럭 자라는 곡식들, 빼놓을 수 없는 장마비, 그리고 태풍이 찾아옵니다. 요즈음은 지구 온난화로 인한 이상기온이 지구를 괴롭혀서 몸살을 앓게 합니다.

그런데 여름철 단골손님과 더불어 기쁨과 슬픔이 엇갈리는 희비喜悲의 현상이 나타납니다. 특히나 태풍이 찾아오면 갖가지 파괴현상이 많이 나타납니다. 둑이 무너지고, 저수지가 터지고, 산사태가 나고, 해일이 밀려오고, 도로가 차단되고, 전봇대가 쓰러지고, 나무가 뿌리째 뽑히고 다양한 돌발현상들이 반갑지 않은 손님으로 찾아와서 우리들의 삶의 현장을 안타깝게 합니다.

뿌리가 튼튼한 나무는 태풍을 벗 삼아 춤을 즐긴 답니다

태풍이 비바람을 동반해서 밀려오면 상상을 뛰어넘는 현상들이 벌어집니다. 그런데 뿌리가 얕은 나무는 뽑히고, 꺾이고, 부러지고, 떠내려가고, 부딪치고, 결국은 만신창이가 되어 생명을 잃고 맙니다. 그런가 하면 뿌리가 깊고 튼튼한 나무는 태풍을 벗 삼아 너울춤을 추면서 자태를 뽐내며 대자연의 신비로움을 만끽하면서 오히려 태풍에게 춤추는 은혜를 제공해 주어서 감사하다고 합니다.

마찬가지로 뿌리가 얕은 인생은 어려운 시련이 부닥치면 그것을 이기지 못해서 울며불며 어쩔 줄을 모르고, 안절부절하면서 시련을 극복하지 못하여 손해를 보는 경우가 많습니다. 그러나 뿌리가 깊고 튼튼한 인생은 어떠한 시련이 밀려와도 그 시련을 벗 삼을 수 있는 아량과 도량이 있어서 도리어 콧노래를 부르며 이 시련을 통하여 하나님께서 주시려는 은혜가 무엇일까를 먼저 생각하며, 환란 중에 즐거워하는 신앙의 진수를 챙기는 여유가 있다는 것입니다.

하나님을 닮아서 창조된 인간은 하나님의 사랑이 몽땅 투입된 사랑의 실현체요, 하나님의 생명이 그대로 이어진 연장체이며, 하나님의 꿈이 이루어진 구현체로서 하나님의 뼈 중의 뼈요, 살 중의 살이며, 골수 중의 골수라고 했습니다.

원리의 뿌리가 튼튼해야 된다는 것입니다

인간은 하나님의 자식으로서 하나님의 뼈 중의 뼈라고 하였으니, 그 뼈가 바로 원리를 의미하는 것입니다. 인간의 원리는 도덕이요, 부부의 원리는 윤리이며, 가정의 원리는 가법家法이듯이, 사회의 원리는 기강과 질서이고, 나라의 원리는 헌법과 국법인 것입니다. 그리고 그 원리는 분야, 계층, 관계의 질서와 조화를 추구하는 것입니다. 하나님께서 원리로 우주를 창조하시고, 원리로 다스리시기 위해 원리의 실체로 인간을 창조하시고, 주관능력을 부여하신 것입니다.

그러므로 우주를 총합해 놓은 실체가 인간이고, 인간을 펼쳐 놓은 실체가 우주이기에 인간과 우주는 동질, 동 요소, 동 구조로 형성되었기에 하나의 유기체로 더불어 살 수 있는 주인과 대상의 관계인 주객관계主客關係라는 것입니다.

인간이 타락하지 않고 원리의 완성 실체가 되었다면, 우주와 자연의 이치와 법도를 따라서 순리적으로 자연스럽게 주관과 피 주관의 관계가 질서를 따라서 조화, 평화로운 화동의 꽃동산을 꾸미고 더불어 상생하는 생을 노래할 수 있었을 것입니다.

하나님의 뼈 중의 뼈로서 원리의 뿌리, 뼈대가 하나님 같이 튼튼하면 어떠한 시련이 몰려와도, 어떠한 불행의 비바람이 불어와도, 어떠한 환란 중에도 흔들리지 아니하고, 두려워하지 아니하며, 늠름한 원리의 인생을 한껏 찬양할 수 있다는 것입니다.

이제 우리는 깊고, 튼튼한 원리의 내 모습을 내가 창조해 나가는 나의 노력이 충실해야 되겠습니다. 그러므로 훈독 생활화의 삶이야말로 천일국의 주인다운 생을 찬미케 하는 곧은길이라는 사실을 새삼 깨닫게 됩니다.

사랑의 뿌리가 튼튼해야 되겠습니다

인간은 하나님의 살 중의 살이라고 하였습니다. 그 하나님의 살이 바로 사랑을 말하는 것입니다. 살과 피는 둘이 아니라 하나입니다. 한 생명이 어머니의 복중에서 성장함에 99.99%가 어머니의 피살로 만들어진다고 합니다. 그렇기에 자녀는 하나님과 부모의 사랑으로 꾸며진 실체이며, 하나님과 부모의 핏덩어리요, 행복과 기쁨의 거울이라는 것입니다. 그러므로 사랑의 기틀, 사랑의 뿌리, 사랑의 튼튼한 속성은 여러 관계를 통하여 만들어지는 것입니다.

그 첫째는 수직적, 종적인 사랑의 속성으로서 하나님과 부모와의 관계에서 만들어지는 것인즉, 위에서 내려주는 내리사랑과 아래에서 올리는 올리사랑, 즉 효도하는 노력으로서의 원만한 수수작용으로 만들어지는 것입니다.

둘째는 수평사랑, 즉 부부 또는 형제자매가 하나님으로부터 부모로부터 받은 사랑을 애정과 우애로 잘 주고 잘 받는 원만한 수수작용에서 튼튼한 사랑의 기틀이 만들어지는 것입니다. 원만한 사랑의 수수작용은 하나님과 부모와의 수직적 사랑관계가 원만해야 되는 것이고, 그 다음이 수평적 사랑으로 이어지는 것인즉, 늘 먼저 상대를 향한 관심개발에서 사랑의 싹이 나오는 것입니다.

심정의 뿌리가 튼튼해야 되겠습니다

인간은 하나님의 골수 중의 골수라고 했습니다. 그 골수는 바로 심정을 의미하는 것입니다. 뼈 속에 골수가 비면 다리에 맥이 빠지고, 걸을 수도 없고, 뼈의 구실을 할 수가 없어서 앉은뱅이 신세가 되고 맙니다.

참부모님께서는 하나님의 심정을 헤아리고 뼈가 우는 밤을 지새웠다고 하십니다. 그러니까 하나님의 심정이 살을 뚫고, 뼈에 닿아서 골수를 때리는 충격으로 통곡이 벌어지고 피눈물이 범벅된 기도를 하셨다는 것입니다.

예수님의 팔다리에 못을 박고, 가시면류관을 씌우고, 옆구리를 창으로 찌를 때 그 고통을 넘어서는 경지는 하나님의 골수를 꿰뚫으신 통한의 심정을 실감하고, 절감하여, 통감하였기에 하나님을 위로하는 기도를 하실 수가 있었던 것입니다.

참아버님께서 감옥에서 그 모진 고문을 당하시면서 하나님이 걱정하실 것을 더 먼저 생각하시며 기도를 하실 수가 없었다고 합니다. 참으로 진정한 효도의 신앙은 하나님의 심정이 나의 심정으로 헤아려지고, 느껴지고, 절감될 때 효심이 샘솟게 되는 것입니다. 실로 하나님의 복귀섭리는 피로 만들어 온 역사였습니다. 선지선열들이 바친 목숨, 순교자들이 바친 생명, 전도자들의 핍박과 서러움의 통곡들이 섭리의 맥을 이어왔습니다.

하나님의 사랑이상을 꽃피워 열매 만들어야 할 선택받은 하늘 자녀들의 삶의 자리에 어떠한 핍박의 칼바람이 불어 닥쳐도, 하나님을 위로해 드리며, 하늘의 영광을 찬양하는 멋진 자녀가 되기 위하여, 하나님의 뼈 중의 뼈 된 원리의 생명, 하나님의 살 중의 살 된 사랑의 실체, 골수 중의 골수인 절대효성을 한껏 발휘하며, 세상 풍파 속에서도 춤출 수 있는 하늘인생을 꾸며 나가시므로, 하나님께서 볼수록 사랑스런 자녀, 생명이 약동하는 자녀, 하나님의 이상이 한껏 피어나는 자녀가 됨으로 무엇이든 다 주고 싶은 하나님과 동위의 아들딸 된 생을 누리시기를 축원합니다.

제3장 바람직한 부부상夫婦像

일심一心의 자리

나와 너는 마음과 몸이 하나 된 같은 자리, 즉 부부일심, 부자일심이라고 하는 자리입니다. 일심은 하나는 위에 있고, 하나는 아래에 있는 상황에서는 될 수 없습니다. 아버지는 위에 계시고, 아들딸은 아래에 있다면 일심이 될 수 없습니다. 서로 동등한 입장에서 평면적으로 위치해 있어야 일심이 되는 것입니다.

내적 외적 관계가 평면선상의 자리에 서야만 일심이 된다는 것입니다. 부부도 마찬가지입니다. 횡적관계에서 안팎관계. 전후관계의 자리에 서야만 일심이 되는 것이지, 상하관계에서는 절대로 일심이 될 수 없다는 것입니다. (041-030 : 1971.02.12)

일심통일입니다. 눈이 일심돼야 되고, 코도 일심이고, 다 일심입니다. 몸과 마음도 일심이고, 여자와 남자도 일심입니다. 나라의 종족도 일심이고, 나라도 일심이 돼야합니다. 왕이 원하는 대로 일심 되어야 되고, 세계 대통령과 일심되고, 하나님과 일심되고, 천지의 대통령과 일심통일이 되면 세계는 한 나라가 되는 것입니다. 그 통일된 나라가 남의 나라가 아니고 바로 내 나라인 것입니다. (284-011 : 1997.04.15)

인류역사에 없었던 창조이상의 청사진이 밝혀지고, 지상천국과 천상천국이 구체적으로 실현되는 천일국이 출범한지도 벌써 7년째를 맞이하게 된 것입니다.

천일국을 창건해야 할 주역이요, 주인들이 바로 축복가정들이고 천일국의 모델이요, 전형적인 삶을 본보여 나가는 선구적인 하늘의 참백성들이라 하겠습니다.

그렇다면 천일국 주인으로서의 이상적인 자리는 '일심의 자리' 라는 것입니다.

본문에서 일심의 깊은 의미를 일깨워 주고 있습니다. 내적으로나, 외적으로나 관계가 평면선상의 자리에 서야만 일심이 될 수 있다는 것입니다.

일심 즉 한마음, 조화통일의 자리, 화합과 평화의 자리, 둘이 하나된 자리이기에 불평이 있을 수 없고, 불화가 있을 수 없고, 갈등이 없는 행복의 자리가 바로 일심의 자리인 것입니다.

하나님과 인간의 일심을 위한 평면선상

하나님은 인간을 당신의 성상, 형상대로 창조하였고, 모든 속성을 몽땅 부여하였으며, 부모와 자식의 관계, 즉 동위권, 동거권, 동행권, 동애권, 주관권 등 모든 권한을 다 허락하신 것입니다. 그런데 그 모든 권한을 소유하고, 행사하고, 향유하기 위해서는 인간책임분담으로, 자기 스스로 하나님을 닮아야 되는 것입니다. 그것이 바로 부여한 속성을 성장, 성숙해 나가는 교육과정, 생활과정, 연단과정이 절대 필요하다는 것입니다. 과정이 없는 결과는 없는 것입니다.

성장의 정도에 따라서 즉 성숙도에 따라 다양한 권한이 삶 속에 나타나게 마련입니다. 성숙도를 다른 말로 표현하면 닮음의 정도를 말하는 것입니다. 자식은 부모를 닮는 법입니다. 그러므로 하나님을 '닮기 위한 환경 조성'이 아주 중요한 것입니다. 그 환경의 기초는 가정이 돼야 된다는 것입니다.

하나님을 모시는 환경, 섬기는 환경, 더불어 사는 환경 등 우리의 삶의 자리가 교육과 연단, 닮음의 자리가 되는 것입니다. 나날은 똑같이 오고 가는 날이지만 배움, 닮음, 성장은 시간이란 나날을 통하여 성숙도를 높이고 넓혀 가는 것입니다.

부모와 자식의 일심을 이룸에는, 부모의 마음에 자식의 마음이, 자식의 마음에 부모의 마음이 참사랑으로 서로를 위하는 대 전제하에서 서로 상통하고, 이해하고, 공유하고, 심정과 사정이 그리고 바라는 바가 공감으로 가치와 행복을 만들 수 있을 때, 일심으로 조화통일의 자리를 향유하며 기쁨으로 이어지는 것입니다.

자식은 성장해 감에 따라 철이 들어 부모의 심정, 사정, 소원 등을 감지하고 깨닫고 부모의 심정과 동등한 자리로 발전됨에 따라서, 일심의 실체 모습으로 동거권이 형성되어 동고동락의 자리가 만들어지는 것이며 그럼으로 '일심된 삶의 자리'가 꾸며지는 것입니다.

몸과 마음의 일심을 위한 평면선상

마음과 몸은 함께 성장해 나갑니다. 하나님의 환경에서 성장하면 큰 문제는 없습니다. 참다운 사람들이, 참다운 사랑으로, 참다운 사회망社會網을 이루고 산다면 참사랑 관계망에서 하나님의 마음에 하나님의 몸으로 성숙해 나감으로 하나님의 몸과 마음으로 평면선상을 이루어 일심의 실체로 조화통일 된 기쁨의 대상이 될 것입니다.

그런데 마음의 법과 육신의 법이 충돌하고, 마음은 원하지만 육신이 약하여 갈등의 늪에서 허우적거리는, 이상과 현실이 다른 환경에서 고뇌하고, 자기와의 싸움, 극복을 위한 노력을 경주하며, 신앙의 연단을 쌓아가야 되는 모순의 현실을 극복해야 된다는 것입니다.

하늘의 이상으로 몸의 현실을 다스리고, 이끌어 창조하신 바대로 살아가기 위한 노력에서 일심의 행복을 향유할 수 있는 것입니다. 몸을 중심한 현실에 치우치면 마음을 중심한 이상과 차이가 벌어지므로 불화의 고충이 따르게 되는 것입니다.

그래서 신앙이 어려운 것이지요. 하늘의 법에 육의 법이 순응하면 양심과 본심이 기뻐하고, 육의 법에 하늘의 법이 끌려가면 양심이 괴로움을 느끼게 됩니다. 그러므로 마음의 법, 양심의 바램, 본심의 자리에 몸의 법, 육신의 소원이 박자를 맞추면 일심의 자리 평면선상에서 조화일치를 이루게 되는 것입니다.

부부의 일심을 위한 평면선상

어떻습니까? 부부일심은 잘 되고 있습니까? 잘될 것 같은데 잘 안 되는 것이 부부일심의 과제입니다. 남성과 여성은 부부가 되기 전에 수십 년을 서로 다른 가정에서 서로 다른 전통, 서로 다른 환경, 서로 다른 교육, 서로 다른 생활문화, 서로 다른 조상의 배경 등등의 차이를 갖고 부부의 인연을 맺은 것입니다.

그러므로 서로 다른 것을 바르게 이해하고, 서로를 끌어 주고, 밀어 주는, 협력의 아름다움을 발휘해야 서로의 장단점이 보충되고, 서로가 평면의 선상으로 변화 발전 될 수 있게 됨으로, 일심의 정도가 점점 더 높아지면서 절대일심의 자리로 성숙해 가는 것입니다. 그렇기에 부부는 참사랑을 중심하고 서로가 스승이 되고, 서로가 하나님이 되는 것입니다.

섭리의 일심을 위한 평면선상

섭리와 나는 숙명적인 관계입니다. 섭리의 인생을 성공적으로 잘 살기 위해서는 섭리와 내 인생이 한 마음으로 조화통일 되어 박자를 맞춰 나갈 때 섭리적인 감동과 보람이 영그는 섭리인생의 열매를 기대할 수 있는 것입니다.

섭리의 프로그램은 보통사람들의 생각을 뛰어넘어 미지의 세계를 개척해 나가는 것이기에, 일반적인 상식을 초월하고, 인간적인 생각도 뛰어 넘고, 현실적인 이해를 넘어서서 초월적인 하늘로부터 지상을 향하여 내리시는 하늘의 분부 천명天命이므로 하늘이 살고, 인류가 살고, 내가 행복해 지는 길이기에 절대 순종의 미덕으로 평면선상을 이루어 일심의 자리를 만들어 섭리의 역할을 수행해 나가는 것입니다.

종족과 일심을 위한 평면선상

축복가정에게 내리신 복 중의 영광의 타이틀은 종족메시아라고 하는 타이틀입니다. 이는 복귀섭리의 꽃이요, 열매요, 축복 중의 축복이요, 영원한 선의 조상이 될 수 있는 은총 중의 은총입니다.

지금도 기독교인들의 신앙은 구약이나 신약의 신앙 테두리 안에서 생활하고 있기에 신앙의 신분이 종 또는 양자인 것입니다. 그런데 축복가정들은 아들딸의 신분이요, 메시아의 역할 분담, 즉 종족의 구세주, 종족의 메시아, 종족의 참 부모, 종족의 평화 왕이라고 하였으니 참으로 놀라운 하늘의 천직을 부여 받은 것입니다.

하늘의 직분이 높고 귀한만큼, 종족을 하늘의 종족으로 평면 선상으로 인도하고, 교육하고, 일심의 종족을 만들기 까지 각고의 노력을 경주해야 되는 것입니다.

일심의 자리 평면선상을 만드는 교차 노력

세상에 존재하는 모든 것은 쌍쌍으로 되어 있습니다. 서로를 위하여 살라고 하는 약속의 관계구조인 것입니다. 그러므로 홀자서는 완전할 수가 없는 것입니다. 쌍방 간에 장점, 단점을 상호 보완하고, 보충함으로 서로가 완숙할 수 있도록 창조주의 반쪽을 닮아 태어난 것입니다.

그 반쪽이 합해서 완전한 실체가 될 수 있는 것인데 합하는 원자재, 원료가 참사랑입니다. 그래서 참사랑은 공익성을 띤 우주의 질서요, 상대를 위해서 희생하면서 기뻐하는 원동력인 것입니다.

그러므로 모두가 갈망하는 일심의 자리를 만드는 것은 서로의 입장을 바꿔서 생각하고, 서로의 처지를 내 처지로 바꿔서 이해하고, 서로의 과제를 공동으로 극복하고자 노력할 때 바로 교차 노력이 되는 것입니다.

우리의 삶의 현장에 참사랑이 중심이 되어서 교차적인 노력을 경주한다면 끝없는 조화, 화합, 평화, 통일의 아름다운 행복의 샘터가 될 것입니다.

일심의 자리는 하나 된 자리이기에 360도 화동의 자리요, 만유와 더불어 어우러지는 천주의 중심이 되는 자리입니다.

이제는 오늘의 메시지를 깊이 있게 자각하고, 하나님과 내가, 몸과 마음이, 부부가, 섭리와 내가, 종족과 종족 메시아가, 일심의 자리 평면선상을 만들기 위한 교차적인 노력을 다해서 우리들의 삶의 자리에 천일국 태평성대가 정착하고 안착하는 자리가 되시기를 축원합니다. 감사합니다.

영원한 참사랑의 파트너

인간은 하나님 사랑의 파트너로 창조

하나님의 창조과정이 과학에서 말하는 우주 생성과정과 일치하는 것을 보면 '하나님이 과학의 아버지' 라는 것을 쉽게 이해할 수 있습니다.

창조의 단계는 저급한 단계에서 고급 단계로, 간단한 단계에서 복잡한 단계로 창조를 전개하시고 하나님을 그대로 닮은 실체요, 하나님의 사랑을 주고받을 수 있는 상대자로써, '사랑의 파트너' 로 자식이란 신분으로서 인간을 창조하신 것입니다. 그러므로 인간은 하나님의 '화답의 실체' 로서 순수하고 아름답고, 선하고 진실 된 모습으로 창조한 것입니다.

참사랑은 경험을 통해서 알게 됨

참사랑은 주고 또 주고 잊어버리는 사랑으로서 부모가 자식을 위해서 평생을 희생 봉사하고 더 못 주워서 안달을 하는 그래서 간까지도 빼주려고 하는 온몸 마음을 몽땅 투입하는 사랑입니다. 본디 인간을 뼈 중의 뼈요, 살 중의 살이요, 피 중의 피로 창조하였기 때문입니다.

참사랑은 서로의 관계에서 줄 수 있을 때 그 대상을 통하여 느낌으로 알 수 있는 것입니다. 책을 보고, 소설책을 읽고, 그림을 그려 보고, 생각을 아무리 해도 상대가 없으면 그림의 떡인 것입니다. 그러므로 사랑을 줄 수 있는 대상 실체는 느낌을 만들고, 체휼과 체득으로 사랑을 알게 하고, 사랑이 사랑되게 만들어 주는 기쁨과 행복의 파트너가 되는 것입니다. 그렇기에 본연의 하나님 자녀인 인간은 '참사랑의 본체'가 되는 것입니다. 경험을 통하여 사랑을 알게 되는 것입니다.

참가정은 평화의 원화원圓和苑

하나님께서 우주를 창조하신 처음은 아기와 같은 모습으로 지으시고, 그 속에 씨를 주시고, 그 씨와 실체가 성장을 하면서 모든 속성이 성숙할 수 있는 성장기간을 두고 창조한 것입니다. 그러므로 사랑의 속성도 아기 때의 사랑의 감성을 시작으로 해서 유년기, 소년기, 청년기를 거쳐서 부부가 될 때 비로소 사랑이 실현되는 것입니다. 가정이라고 하는 곳은 4대 사랑이 어우러져 조화, 화합, 평화의 원화원圓和苑을 만들어 주는 행복과 기쁨의 요람이 되는 것입니다.

또한 수직, 종적으로는 3대가 소생, 장성, 완성의 뼈대를 갖추게 되고, 수평, 횡적으로는 동서남북의 터전을 마련하여 가족의 구성원들이 4대 사랑을 주고받는 수수의 활동이 원형의 운동을 하게 되고 그 원형운동이 구형운동으로 전개 되면서 끝없는 변화무쌍한 오묘와 기묘의 신비를 창출하는 것입니다. 그러므로 하나님의 참사랑이 참가정을 이루게 되면 영원하고 무한한 황홀경을 이루고 살 수 있는 행복과 기쁨의 왕궁이 되는 것입니다.

인간의 가장 아름다운 핵심은 참다운 정情

모든 존재는 쌍쌍으로 생존하고, 그 쌍쌍이 상대기준을 이루고 상대기대를 이루면서 그 속에 존재의 핵심인 정이 오고가면 사람의 오관이 하나님의 신비를 노래하는 악기로 활용되어 무한대의 아름다움을 유발케 합니다. 그래서 정다운 형제, 정겨운 연인, 정다운 친구, 정다운 부부는 아름다움을 창조하는 서로가 되는 것입니다.

정다운 쌍쌍은 마냥 희망으로 부풀고, 하나님의 이상이 꽃향기로 피어나고, 그 아름다운 정이 사랑을 영글게 하는 축이 됩니다. 그렇기에 정다운 사람과의 여행길은 지루함이 없고, 정다운 시간은 영원을 속삭이는 영속성이 있으며, 그래서 영생의 축이 되는 것입니다. 그 정이 바로 하나님과의 관계에서 유발되는 원초적인 핵이 되어 갖가지의 미를 창출하는 것입니다. 이러한 아름다운 정의 미학은 하나님으로 말미암을 때 영원성과 영생의 가치를 지니게 됩니다.

거짓된 정은 사탄으로부터 유발됨

인간 조상의 실수가 사랑의 실수였습니다. 현대적인 용어로 말한다

면 성폭행을 당한 것입니다. 그래서 본연의 사랑의 궤도를 이탈하게
된 것이요, 탈선된 사랑을 일컬어 거짓사랑, 가짜사랑, 그럴듯한데 그
런 것이 아닌 사랑, 사탄으로 말미암은 사랑을 말하는 것입니다. 그로
부터 가짜 정, 가짜 사랑, 가짜 혈통이 작동을 하게 되어 인류 역사는
가짜 역사로 슬픔과 비극으로 점철된 역사가 된 것입니다.

거짓사랑은 하나님의 참사랑을 떠난 사랑이기에 영적인, 본질적인,
뿌리사랑을 부정하고, 육을 중심한 육정으로 얽혀진 사랑이 되어 많
은 타락성을 유발하면서 인간을 타락의 비극으로 전락시키는 것입니
다.

가짜사랑은 미움, 시기, 질투, 교만, 자기, 욕심을 유발하며 몸을 위
주로 한 인생을 만들어 가게 하는 것입니다. 그래서 육이 제일 좋아하
는 물질 즉 돈의 가치를 앞장 세워서 갖가지 경쟁, 투쟁을 전개하여
돈으로 권력을 매수하려 하기도 하고, 돈으로 명예를 짓밟기도 하고,
돈 때문에 철창신세를 지기도 하고, 갖가지의 범죄를 유발하는 욕심
의 도구가 되고 있는 것입니다. 그 주범이 바로 거짓사랑인 것입니다.

가짜사랑으로 말미암은 가짜인생은 미움과 마음이 시시각각으로
작용하고, 시기질투의 눈빛으로 번뜩이고, 교만이라는 비수를 가슴
에 숨긴 채, 자기만을 주장하고 이기심을 앞장 세워, 서로가 패망하는
결과를 초래하고 맙니다.

거짓된 정은 아름다움으로 영생의 꽃향기로 피어나는 것이 아니라,
아름다운 것인 양, 참다운 것인 양, 진실 된 것인 양, 겉은 정다운 정인
것 같은데 속은 음흉한 거짓이 작용을 하여서 정을 도구 삼아 함정으

로 끌고 가는 것입니다.

말세의 천지개벽 섭리는 거짓의 고리를 끊고, 참사랑을 접목하는 것

거짓사랑은 이탈사랑이요, 탈선된 사랑이기에 그 탈선사랑의 고리를 끊고, 본연의 사랑으로 접목하는 것이 모든 종교의 궁극적인 핵이 되는 것입니다.

그러므로 인간교육, 인성교육의 그 핵도 사랑 윤리, 인간의 도리, 천리의 법도, 즉 속사람을 먼저 가꾸고 성숙하게 만들어서, 겉 사람을 사랑 윤리로, 조화의 법도로, 행복과 기쁨의 원리로 다스려 가면 안팎이 박자를 맞춰 입체적인 보람과 행복으로 꽃 열매를 만들게 되는 것입니다.

이제 말세에는 거짓의 주범인 거짓사랑의 고리를 끊고, 하나님의 본연의 참사랑을 접목해 주는 천지개벽의 섭리가 하루속히 이루어져야 된다고 하는 것이 모든 종교 및 인류의 갈망입니다. 그래서 인류 역사는 새 하늘, 새 땅을 만들고 온 인류가 화평을 노래하며, 기쁨과 환희에 찬 새 세상을 만들어 줄 새 주인공, 즉 재림의 주인을 학수고대하고 있는 것입니다.

하나님의 나라는 참사랑, 참가정으로부터 시작됨

지금까지 모든 종교의 가르침의 대상은 개인이었습니다. 개인완성을 위해서 종교교육의 프로그램이 맞춰져 있습니다. 신앙의 목적도 개인 구원에 있습니다. 그럴 수밖에 없는 것이 인류역사를 이끌어온 4대 종교 또는 9대 종교가 참가정을 이루지 못했습니다. 기독교 종주이신 예수님도 가정을 이루지 못했고, 불교의 종주이신 석가모니도 참가정을 이루지 못했으며, 이슬람의 마호멧도 참가정을 이루지 못했지요, 유교의 공자도 참가정을 이루지 못했습니다. 그뿐 아니라 많은 종교의 경전에 참가정의 청사진이 없습니다.

거짓사랑이 어떻게 발생했는지를 모르는데 어떻게 가짜사랑의 고리를 끊을 수 있으며, 하나님의 참사랑을 모르는데 접목의 사역을 할 수 있겠습니까? 이토록 가장 중요한 종교의 핵심을 접근하지 못하고 있는 것이 오늘날 종교의 태생적인 한계상황이라 볼 수 있습니다.

이제 재림시대 천지개벽의 섭리를 만 천하에 알려 주고, 긴긴 세월 인류를 슬픔의 구렁텅이로 내몰았던 거짓의 주범을 이 지구성에서 근멸시키기 위해서 참사랑 참 가정섭리를 땅 끝까지 만민의 가슴속에 접목해야할 역사적인 개벽의 은총을 끝없이 베풀어 나가야 되겠습니다.

파트너다운 파트너의 속성과 역할

하나님의 영원한 파트너다운 파트너가 되기 위해서는 서로의 공명, 공감, 공유의 제반 요소가 원만하게 잘 갖춰져야 이상적인 상대가 될 수 있고 영원한 관계를 맺어나갈 수 있는 것입니다. 그렇다면 먼저 하나님의 원천적 속성이 절대성, 유일성, 영원성, 불변성이라는 것과 이 성성상으로 계시기에 상대성을 띠면서 참사랑이 작용하여 끝없이 위하는 참사랑의 실행으로 영원한 행복의 파트너가 된는 것입니다.

그런데 파트너의 속성에 타락성의 찌꺼기가 있다면, 미움이나 시기 질투가 있다면, 교만의 비수가 도사리고 있다면, 이기심이 자기위주로 작용하여 배타심을 유발한다면, 결코 하나님의 파트너가 되기는 힘들 것입니다. 하나님이 기대하시는 영원한 참사랑의 파트너가 되기 위하여 미움을 사랑으로, 시기 질투를 온유함으로, 교만을 겸손으로 재창조하는 신앙의 연단노력이 지극해야 된다는 것입니다.

우리가 하나님의 절대적인 파트너, 유일한 파트너, 영원한 파트너, 불변의 파트너가 되려는 자기훈련을 하나님의 거울 앞에서 열심히 하다보면 진정한 파트너다운 파트너로 발전되어 영원한 기쁨과 행복의 파트너 된 인생이 아름다운 향기로 빛날 것입니다.

우리 모두는 참사랑의 영원한 파트너 된 삶을 이웃으로, 종족으로, 사회로, 나라와 세계로 펼쳐서 사랑문화 심정문화의 현장으로 가꾸면 하늘과 땅, 역사와 인류, 삼라만상이 더불어 안식하는 보금자리가 되고도 남을 것입니다. 하나님의 영원한 참사랑의 파트너 된 속성을 가꾸며, 그 역할을 다하려는 연단의 삶터에 하나님의 크신 사랑이 충만하시기를 기원하겠습니다. 감사합니다.

부부의 거울

훈독말씀 : 이상적 부부생활이 중요

남자는 하나님의 양성적 형상을 지닌 존재요, 여자는 하나님의 음성적 형상을 지닌 존재입니다. 부부는 천하를 한 보자기에 싼 것과 같습니다. 고로 부부는 하나님의 이상적인 사랑의 심정을 느낄 수 있습니다.(13-67)

남자와 여자가 축복을 받아서 완전한 사랑을 주고받으며 기쁨을 누릴 때, 그것은 하나님이 보시기에 지상에 핀 꽃과 같다는 것입니다. 또 그들의 사랑으로 이루어지는 모든 조화만상은 하나님에게는 향취와 같은 것입니다. 이와 같은 아름다운 향취 속에 하나님은 살고 싶어 찾아오신다는 것입니다. 하나님의 사랑이 찾아올 수 있는 터전이 곧 부부의 사랑 자리입니다. 그 자리는 만물과 우주가 화동하는 자리가 되는 것입니다.(축복과 이상가정.645)

이상적 부부란 어떠한 부부냐?

최고의 예술을 실체로 전개시킬 수 있는 부부, 최고의 문학을 전개시킬 수 있는 부부인 것입니다. 최고의 이상, 최고의 문화세계를 접하기 전에 최고의 사랑으로 부부가 주고받는 달콤한 사랑이 세계 최고

의 예술작품이 되어야 하는 것입니다. 부부생활 자체가 최고의 문학
작품이요, 그 자체가 문학의 실체가 되어야 하는 것입니다.(22-270)

남편과 아내는 서로의 입체적인 거울입니다

사람의 일상생활에 빼놓을 수 없는 삶의 매체가 거울입니다. 아마
모르면 몰라도 하루에 수십 번은 거울을 보고 그림을 그리기도 하고,
눈웃음을 주고받기도 하고, 눈빛에 얼굴색을 마주쳐 보기도 하고, 얼
굴에 티가 묻지는 않았는지, 그림이 그대로 잘 유지되고 있는지, 미모
는 제대로 살아서 빛나고 있는지 등 수시로 시간만 있으면 거울을 거
울삼아 삶의 반사효과를 추구할 것입니다.

그런데 뒤통수에 아니면 등 뒤에 오물이 묻어 있으면 보통 거울로
는 확인이나, 반사효과를 기대하기 힘들고, 누군가가 봐 줘야만 알 수
가 있게 됩니다. 그러니까 일반 거울로 볼 수 없는 부분까지 볼 수 있
는 거울, 입체적인 거울이 바로 남편과 아내인 것입니다.
뿐만 아니라 형이하학으로는 보이지 않는 형이상학 즉, 내면적인
마음을 보고, 느끼고, 주고받기를 하면서 거울 인생의 반사효과, 조명
효과, 성찰효과는 서로의 입체거울을 통하여 행복과 보람을 창작하
고, 공유하며 끝없는 꽃향기로 피어나는 것입니다.

부부는 참사랑의 거울입니다

만유를 창조하시고, 만유를 다스리시는 하나님은 만유의 원천자요,

만유의 주인이십니다. 만유를 다스리시는 통치원리가 참사랑 원리로써, 참사랑의 본체로 계시는 하나님께서는 그 참사랑을 실현하시기 위한 이성원리로 천주를 창조하신 것이지요.

그렇기에 모든 존재는 쌍쌍제도로 되어 있고, 쌍쌍의 목적은 하나님의 사랑을 실현하기 위한 조건으로, 사랑을 완성하기 위한 사랑의 파트너로 지으신 것입니다.

그러므로 부부를 창조하심에 하나님의 양면을 양쪽으로 나누어서 남편은 양성적 형상으로, 부인은 음성적 형상으로 지으시고 서로가 만나서 합덕을 해야 만족을 이루도록 서로의 그리움, 서로의 애정, 서로를 위하여 살도록, 합덕의 핵으로 참사랑을 주신 것입니다. 때문에 하나님의 참사랑을 보고, 듣고, 느끼고, 맛볼 수 있는 체휼의 파트너는 바로 참사랑의 대상, 참사랑의 실체, 참사랑의 입체적 거울인 부부가 되는 것입니다. 부부가 참사랑으로 어우러져 조화만상을 꽃피우고 향기 드높이는 그 자리에 하나님이 찾아오시고, 함께 사시고 싶은 자리가 된다는 것입니다.

부부는 참인생의 거울입니다

사람은 누구나 양심의 갈망을 따라 자유롭고, 행복하고, 기쁘고, 평화로운 참 인생을 살고자 온갖 지성과 노력을 경주합니다. 그러나 세상살이가 원하는 대로, 뜻대로, 제대로, 기대만큼 안 이루어지는 것이 현실적인 고충입니다. 그럴 때마다 서로를 격려하고, 위로하며, 힘을 북돋아주는 역할자가 부부지요.

바람이 불면 서로가 바람막이가 되어 주고, 차디찬 겨울 칼바람이 세포를 파고 들 때는 따사로운 솜옷 역할을 해주고, 넘어지면 일으켜 주고, 슬픔도 내 슬픔으로 여기며, 행복은 그대에게 먼저 돌리는 미덕을 발휘하며, 삶의 희로애락을 공유하는 생명일체, 사랑일체, 생활일체로 '부부불이夫婦不二의 삶'을 가꾸고 다듬는 서로의 참사랑 거울 된 자리에 끝없는 조화만상調和萬象의 행복이 피어나는 것입니다.

그러므로 해서 남편의 참사랑 완성은 아내가 해 주는 것이고, 아내의 참사랑 완성은 남편이 해 주는 것이며, 남편의 멋과 맛은 아내가 챙겨주는 것이고, 아내의 아름다움은 남편이 창조해 주는 것입니다. 그러므로 말미암아 참인생의 거울로서의 역할을 다해 주고자 지극정성을 다할 때 우주가 화답하고, 하나님이 역사하심으로 끝없는 기쁨으로 피어나는 꽃보다 아름답고, 향기보다 감미로운 참부부의 모습으로 빛나는 참 인생이 창작 되는 것입니다.

몸의 거울보다 마음의 거울이 더 소중한 것입니다

몸의 거울에 비춰지는 서로의 모습은 일상생활 속에서 만들어집니다. 그러나 마음의 거울에 내재해 있는 심오한 요소들은 많은 차이가 있게 마련입니다. 서로의 생활 스타일, 서로의 독특한 특성, 서로의 문화적인 성향 등이 서로의 차이로 나타납니다. 서로의 차이를 서로의 부족분을 보충해주는 상보원리相補原理로 이해하고, 서로의 성숙을 위해, 서로의 특성과 개성을 베푸는 위타심爲他心을 앞세우면 마음의 거울이 아름답게 빛나리라 봅니다.

그런데 마음에도 세파의 물결이 자기도 모르게 침투해서 아름다움을 해치고, 빛을 흐리게 합니다. 자기의 마음 거울에 불결한 요소가 침범하는 것을 스스로 알 수 있는 데는 어려움도 있고, 한계도 있어서, 서로의 거울로 관찰, 조명, 성찰의 효과, 상보相補의 효과를 기대할 수 있는 것입니다.

행복의 거울을 만드는 지혜가 생동하여야 합니다

마음의 거울을 밝고 빛나게 만들어 가는 서로의 노력이 사랑으로 만날 때, 행복의 꽃이 피어나고, 기쁨의 향내가 가슴에 차고 넘쳐, 온 우주가 화답, 화동하는 조화의 중심으로의 보람을 향유하게 되는 것입니다.

행복의 거울을 만드는 지혜 중의 하나가 행복의 비타민을 서로 챙겨줘야 된다는 것입니다. 그 행복 비타민의 이름이 TELIP(텔립)이라고 합니다.

비타민 T(Talking)는 부부대화를 말하는 것입니다.

사람은 세파에 휩싸여 살다보면 일에 지치게 마련입니다. 그럴 때 청량제와 같은 비타민의 효과를 만들어 내는 것이 바로 대화이지요. '여보! 피곤하지? 1분이라도 숨 좀 돌리고 하자구! 우리 여보 억만세!' 라고 대화를 하면 기분이 아주 상쾌하지요. '당신 정말 우리가 정의 주춧돌, 기둥, 석가래 역할을 다하시느라 노고가 많아요. 정말 고맙고 감사해요. 아이들도 존경하고 있어요.' 라고 한 마디를 들려주면 피곤은 사라지고 생기가 솟아오르는 감동을 먹게 마련입니다.

비타민 T는 서로가 주는 선물 중의 선물입니다. 그 선물은 돈 들어

140

가는 것이 아니고 아주 작은 관심과 배려의 입으로 줄 수 있는 선물입니다. 비타민 T를 챙겨주는 정성에 행복은 영글어 간답니다.

비타민 E(Embrace)는 서로의 포옹을 말합니다.

마음의 5관이 포옹하고, 몸의 5관이 부딪치고 포옹하는 데서 부부의 정감은 유발되고 애틋한 사랑이 오고가며, 지친 마음과 몸에 활력의 에너지가 생산됩니다. 플러스 전기와 마이너스 전기가 접촉되면 스파크가 되게 마련이고, 불빛이 마음과 삶의 광영을 창출한답니다.

비타민 L(Love)은 참사랑을 의미합니다.

사랑의 4대 요소는 관용, 관심, 책임, 봉사라고 합니다. 부부 사이에 이 네 가지 사랑의 요소가 생동한다면 눈 빛 속에 서로가 깃드는 화합과 조화가 무지개 빛으로 피어납니다. 부부의 사랑 그 속에서는 일곱 가지 속성, 즉 남편에 내재한 7속성(할아버지, 아버지, 남편, 연인, 형, 남동생, 아들)이 내재해 있고, 아내에 내재한 7속성(할머니, 어머니, 부인, 연인, 누나, 여동생, 딸)이 서로의 14속성이 어우러져 주고받으면 무한대의 사랑 빛으로 생성되어 끝없는 행복으로 피어나는 것이기에 부부가 사랑 비타민을 섭취하면 영생의 기쁨으로 이어지는 것입니다.

비타민 I(Interest)는 관심을 말합니다.

부부는 늘 상 관심의 눈길을 주고받아야 합니다. 그리고 늘 관심을 개발하고, 연구하여 신선한 관심을 만들어 줄 때 행복과 기쁨이 신선하고 박진감이 넘치는 것이지요.

비타민 P(Praise)는 칭찬과 격려를 말합니다.

사지백체 오장육부를 춤추게 만드는 촉진제가 바로 칭찬과 격려입니다. 우리는 칭찬과 격려의 효과를 알면서도 실행하는 데는 너무도 인색합니다. 늘 칭찬꺼리를 발굴하는데 정성을 기우려야 될 줄 압니다.

행복 비타민을 필요에 따라 섭취하여 늘 기쁘고 행복하고, 즐거운 금실지락琴瑟之樂의 부부가 되시기를 축원합니다.

원만圓滿한 사랑실체

영계에는 없는 것이 없어서 그리울 것이 없지만 가장 그리운 것이 있다면 참된 사람입니다. 그렇기에 참된 사람을 양육하기 위해 공을 들인 그 공신은 천상세계에서 당연히 영광의 아들딸이 되는 것입니다. 그러기에 자랑할 것은 전도밖에 없다는 것입니다.(30-146)

사람을 끌어 오는 방법은 그 사람을 '섬기는 정신'입니다. 인간에게는 자신에게 이익이 되는 것이 있을 때는 언제든지 그 쪽으로 나아가고자 하는 본성이 있습니다. 사람을 찾기 위해서 봄 절기와 같은, 여름 절기와 같은, 가을 절기와 같은, 겨울 절기와 같은 지방에 가서 눈물과 피땀을 흘리겠다고 생각해야 됩니다.

'내가 봄 절기의 사람, 여름 절기의 사람, 가을 절기의 사람, 겨울 절기의 사람, 춘하추동의 사람을 사랑하고 가겠다' 해야 합니다. 그러고야 자기 상대를 사랑할 수 있는 것입니다. 그것이 복귀 과정의 사랑입니다.(96-152)

하나님을 사랑하는데 얼마만큼의 정성을 통하여 사랑하고, 인간을

사랑하는데 있어 얼마만큼의 정성을 통해 사랑하느냐가 문제인 것입
니다. 이것이 영계에 가서 인격이 되는 것이요, 영광의 터전이 된다는
것입니다.(42-228)

끝없이 추구하는 행복의 욕구가 첨단과학 문명사회를 이루고, 나름
대로의 안락한 삶을 누리고 있습니다만, 심각한 역기능의 현상은 사
회를 불안과 공포로 만들고 있습니다. 삶을 함께 나누는 생명의 공동
체로서의 너와 내가 되어야 할 이웃사촌이 강도로 돌변하고, 외적인
물질문명이 정신문명을 짓밟는 현상으로, 돈 때문에, 보험금을 노리
고, 부모를 살해하는 몰염치하고, 파렴치한 사건이 우리의 주위에서
발생하고 있습니다.

21세기를 사는 우리의 현실에 왜 이런 행태가 나타나는 것인가요?
그 근본 원인이 어디에 있는 것인가요? 이 질문에 대한 대답이 애매
하게 되면 불안과 공포에서 자유로울 수 없고, 진정으로 행복한 삶의
현장이 될 수 없다는 것입니다.

사람다운 사람이 주인노릇 해야 된다는 것입니다

사람 인人 자를 다섯 자 써 놓고서 해석을 하라고 하면 '사람人이라
고 다 사람人인가? 사람人다운 사람人이 사람人이지' 라고 해석을 합
니다. 사람은 많은데 사람다운 사람이 없어서 금수禽獸 같은 세상이
되고 있다는 것입니다.
　'사람 낳고 돈 낳지, 돈 낳고 사람 낳나' 라고 하면서 사람이 과학

을 발달시키고, 사람이 돈을 만들고, 사람이 만물을 다스리는 법이므로, 사람다운 사람이 과학을 다스려야 과학다운 과학이 되는 법이고, 사람다운 사람이 돈을 다스려야 돈다운 돈이 되어 행복의 도구로 활용될 수 있는 법이며, 사람다운 사람이 만물을 다스려야 만물다운 만물로서 조화, 화합, 통일, 평화의 현장을 만들 수 있다는 것입니다.

사람다운 사람은 하나님을 닮은 사람으로 하나님의 신성 실체, 하나님의 사랑실체, 하나님의 인격실체로서 몸을 쓴 하나님, 실체로서의 하나님, 하나님의 마음에 하나님의 몸이 이상과 사랑으로 조화, 화합, 통일, 평화를 이룬 사람이 신인일체의 사람神人一體人으로서, 사람다운 사람, 행복과 기쁨의 주인다운 참사람이 될 수 있다는 것입니다.

진리의 실체가 되어야 올바른 주인역할을 할 수가 있습니다

진리를 알지니 진리가 너희를 자유롭게 하리라 했고, 진리가 육신이 되면 영광 가운데 빛나는 삶을 산다 하였으며, 진리는 조화의 원리요, 자유의 원리, 평화의 원리, 행복과 기쁨의 원리라고 했습니다. 그러므로 진리의 실체가 되면 부족함이 없는 만족한 삶의 자리를 꾸밀 수 있는 것이요, 진리의 사람으로 꾸며지는 가정, 사회는 원만한 행복의 세상으로 만들어 갈 수 있다는 것입니다.

오늘 우리가 살고 있는 21세기 삶의 현 주소가 사납고 두려운 흉흉洶洶한 세상이 된 것은 진리가 없는 연고요, 그 진리를 실행해야 할 진리의 실체가 없는 안타까운 현상입니다. 법이 있고, 원칙이 있어도 그것을 실행하지 않으면 죽은 법, 무의미한 원칙이 되는 것입니다. 그렇기에 법의 실체, 원칙의 실체가 되어 실천으로 옮겨 질 때 그 법과 원칙이 효과를 나타나게 되는 것입니다. 그리고 법과 원칙의 그 위에 진리가 있습니다. 진리는 법과 원칙의 모체요, 뿌리의 역할을 하는 것입니다.

그러므로 진리를 알고 진리의 실체된 진리의 사람이 되면 삶의 자리는 물론이고, 세상을 밝고 빛나고 아름답게 만들어 갈 수 있는 주인 역할을 할 수 있다는 것입니다. 그렇다면 진리의 실체는 어떻게 만들어 질 수 있는 것인가요? 그것은 살아있는 진리의 연단을 해야 가능하다는 것입니다.

진리를 배우고, 익히고, 느끼고, 삶으로 옮겨, 인생의 뼈대를 꾸미고, 인생의 세포로 형성되어 일거수일투족이 진리화眞理化된 삶이 되어야 된다는 것입니다. 인류의 참부모님, 만유의 참부모님께서는 우주와 하늘에 숨겨졌던 비밀의 진리 즉, 근본 원리를 다 가르쳐 주었다고 했습니다. 이제는 원리의 연단, 진리의 연단은 스스로가 해야 되는 스스로의 몫입니다.

참사랑의 실체가 되어야 평화의 왕국을 꾸밀 수가 있습니다

참사랑이란 하나님의 사랑을 말합니다. 하나님의 사랑이 본래의 사랑이요, 뿌리 사랑이며, 만유의 근원 사랑입니다. 하나님의 사랑이 있었기에 생명의 상속과 번창이 있을 수 있었으며, 오늘 우리의 생명이 있을 수 있었던 것입니다.

본디 하나님의 창조이상이 이루어졌더라면 사랑 그 자체가 하나님의 사랑이요, 참사랑인데 타락을 전제로 한 하나님의 본연의 사랑을 호칭하자니 참 자를 더해서 참사랑이라고 명료하게 부르는 것이지요. 뜻이 이루어지면, 하나님의 사랑이상이 실현되면, 하나님의 나라에서 부르는 하나님의 사랑은 '사랑' 으로 통할 것입니다.

타락으로 말미암아 거짓사랑, 거짓부모, 거짓부부, 거짓자녀, 거짓가정, 거짓종족, 사회, 국가, 세계가 나타났으니 복귀로 말미암아 참사랑, 참부모, 참부부, 참자녀, 참가정, 참종족, 사회, 국가, 세계가 다시 만들어져야 되는 것은 지극히 당연한 논리입니다. 하나님의 복귀섭리 역사 이래, 인류 역사 이래, 타락 이래 최초로 참부모님께서 사탄의 사슬을 끊으시고 사탄이가 빼앗아 간 하나님의 사랑을 되찾아 오심으로 비로소, 드디어 참사랑의 새 역사가 출범하게 되었고, 참사랑, 참생명, 참혈통으로 이어지는 축복가정의 역사는 새 하늘, 새 땅, 하나님의 이상세계가 점진적으로 가정에서 세계로 뻗어 나온 것입니다.

이제 우리는 하나님의 참사랑의 실체로 온전한 실체, 성숙한 실체, 원만한 실체로 만들어서 하나님과 인류의 소원인 평화이상왕국을 이 지구성에 실현하는 데 있습니다. 그 평화왕국은 나로부터, 내 가정으로부터 시작이 되는 것이요, 천주, 하나님의 왕국으로 결실을 맺게 되는 것입니다.

원만한 사랑의 실체는 각양각색의 사랑체험으로 만들어 진답니다

한 하나님 아래, 한 형제자매로 이루어진 인류는 오색의 형제자매로 구성되어 있고, 춘하추동의 사계절이 있듯이 춘하추동의 형제자매, 동서남북의 형제자매 다양한 유형으로 구성되어 있는 지구 한 마당, 지구 한 가족, 지구 한 울타리의 삶을 영위하고 있는 것입니다. 그래서 원만한 사랑의 실체를 만들기 위해서는 각양각색의 다양한 유형의 형제자매를 사랑 해 보고, 체험해 봐야 된다는 것입니다.

사랑이란 나의 것을 나누어 주는 것이요, 베푸는 것이며, 내 몸 같이 상대를 섬기는 것이라 했습니다. 그래서 사랑을 실행하는 삶의 철학이 '위하여 사는 인생' 입니다.

현실적으로 오색의 형제자매를 사랑해 보고, 체험하기란 그리 쉬운 일은 아니지만 기도의 정성으로, 세계 사랑의 헌금으로, 선교에 동참해 보는 다양한 방법이 있을 것입니다. 실로 원만한 사랑실체 형성은 오색의 사랑, 춘하추동의 사랑, 동서남북의 사랑이 잘 어우러져 가꿔질 때 오색찬란한 사랑의 실체가 되겠지요. 이는 하나님의 자녀들에게 내리시는 사랑의 축복이 아닐 수 없습니다.

보통 사람들의 사랑의식에는 사랑의 범위가 그리 넓고, 깊고, 높지 않습니다. 그러니 우리는 늘 이 고귀한 사랑의 정수를 일깨워 주신 참부모님께 깊은 감사를 드리고, 보답하는 실체로서 원만한 사랑실체를 가꾸는 데 각별한 정성을 다해야 될 것입니다.

참된 사람을 양육하는 공은 영광의 터를 닦는 것이랍니다

이제 우리는 참부모님의 가르침을 통하여 하나님의 소원, 섭리의 소원, 인류의 소원, 역사의 소원이 하늘의 참사람들로 꾸며지는 지상천국, 천상천국을 완성, 완결하는 것임을 알았습니다. 그렇기에 참사람, 천국 백성을 양육하는 정성이야말로 전무후무前無後無, 유일무이唯一無二, 지고지대至高至大한 공로요, 영광의 터를 닦는 지름길이라는 것입니다.

이제 우리 스스로가 옷깃을 여미고, 심정을 가다듬고, 진리의 실체, 사랑의 실체, 원만한 사랑의 주역이 되어 '참사람을 양육하는 지성'으로 영원히 빛나고, 영광스러운 발판을 닦아 나가는 '참사랑 전도사역이 충실한 삶' 되시고, 하나님을 사랑하는 정성에 인류를 사랑하는 지성이 차고 넘치는 영광의 아들딸 된 삶을 온전히 꾸며 가시는 나날 되시기를 축원합니다.

리 모델Remodel의 은혜에 걸맞는 삶

훈독말씀 : 육신 쓰고 지은 죄는 지상에서 탕감해야

지상에서 매인 것은 지상에서 풀어야 됩니다. 그냥 그대로 영계에 갔다가는 큰일 납니다. 자기 자신이 자극을 통해 거기서 빠져 나와야 됩니다. 그렇지 않으면 영원히 지옥으로 떨어집니다. (229-27)

우리들은 좋든 싫든 간에 지금부터 죽어도 탕감의 고개를 넘어가야 할 운명적인 타락의 후손들입니다. 그것을 부정할 수 없습니다. 이 길을 넘어가야 됩니다. 그것을 자기 일생에 있어서 넘지 않고 영계에 간다면, 몇 백 만년이 걸릴지 모른다는 겁니다.

저 영계에는 탕감이 없습니다. 그곳은 해방된 완성권이기 때문에 사랑의 물결로 충만한 곳입니다. 탕감이나 재창조는 없습니다. 재생산도 없습니다. 그러한 자극이 없기 때문에, 한 번 고착되면 그것으로서 끝나는 겁니다. 큰일이라는 겁니다. 그래서 하나님은 그런 것을 아시기 때문에 이 지상에 메시아를 보내신 것입니다. (229-243)

뱀이 허물을 벗으면 벗을수록 커져요, 작아져요? 하루에 열 번을 벗을 수 있으면 열 번 벗으라는 겁니다. 영계에 가서는 그러한 자극이 없습니다. 그런 장치가 없습니다. 다시 땅 위에 찾아와 가지고 그것을 해원성사할 수 있기를 아무리 바라더라도 그게 불가능 합니다. 한번 갔으면 마음대로 올 수 없는 것입니다. (242-295)

저 나라 영계에는 사랑의 자극적인 요소는 있지만 죄악을 벗겨줄 수 있는 탕감적인 요소가 없기 때문에 수많은 세월이 걸린다는 것입니다. 그런 걸 알았기 때문에 선생님은 40년 동안에 다 닦아 치운 것입니다. 밤낮을 잊어버리고 살았습니다. 하루에 저녁 한 끼 먹고, 아침 한 끼 먹는 생활이 보통이었습니다. 그렇게 살았습니다. (243-177)

3단계 완성적 인류 재창조섭리 대 행진

인류의 메시아 참부모님 가족이 소생, 장성, 완성적인 인류 재창조의 섭리를 전개하셨습니다. 태초에 하나님께서 우주를 말씀으로 창조하시고 그 속에 사랑을 주심으로 끝없는 번성으로 영존케 하는 축복을 허락하신 것입니다.

이제 천주 재창조의 주인으로 오신 참부모님께서 하나님의 평화이상왕국을 이 지구성에 건설하시기 위해 천주평화연합을 창설하시고, 지구를 한 바퀴 순회하시며, 재창조의 청사진인 하늘의 비밀을 밝히 가르쳐 주시고, 참사랑을 전수 해주시는 '특별 전수은사' 로 성주를 베풀어 주심으로 해방과 석방의 은총을 내려주셨습니다.

이어서 어머님과 자녀가 하나 된, 모자 협조 일체이상으로 참어머님과 2세 참자녀분들이 2단계 장성적 섭리로 다시 지구를 한 바퀴 돌아 재창조의 대행진을 강행하신 것이었습니다. 정말이지 목숨을 내놓고 죽음을 뛰어 넘어 인류를 다시 낳는 산고의 고통을 감당하신 것입니다. 아기를 낳아본 엄마들이 한 생명을 탄생시킬 때의 배앓이의 고통을 경험해서 아시듯이 생명을 바꾸는 고통을 거쳐서 새 생명을 탄생시키는 것입니다.

하늘이 섭리하시는 경륜 프로그램은 촌음을 다투며 심각하게 진행되고 있는 것입니다. 참부모님 가족의 3세 4쌍을 성혼축복 하시고, 아름다운 신혼여행 대신 3단계 완성적 섭리를 천명하심으로 이번에는 3대가 하나 되어, 인류를 재창조하는 산고의 노정을 걷게 하신 것입니다. 이에 절대순종, 절대복종, 절대동행으로 3대가 일체이상으로 하나 되어 전 세계 480개 도시에서 재창조의 대역사를 진행했던 것입니다.

이러한 섭리의 경륜에 박자 맞춰 전 축복 가정들이 하나 되어 인류 재창조 사역에 동참자가 되고, 승리를 공유하고, 영광의 실체들로 하나님과 참부모님과 역사 앞에 자랑스러운 축복가정의 모습으로 존경받아야 마땅하겠습니다만, 안타깝고 아쉬운 부분이 많이 있어서 씁쓸한 자신을 감출 길이 없습니다.

그럼에도 불구하고 '리모델Remodel의 은혜'를 베풀어 주셨습니다

축복가정 새 출발 수련의 은혜는 리모델Remodel의 은혜를 베풀어 주신 것입니다. 바다 같이 넓디넓고 깊고 깊은 참부모님의 사랑으로 낡고, 찌들고, 늙고, 때 묻고, 얼룩덜룩하여 빛을 잃은 모든 것을 새롭게 단장을 할 수 있는 리모델링의 축복을 허락하신 것입니다. 이 축복을 내리실 수 있는 것은 인류를 재창조하시는 세계 순회를 3차에 걸쳐 산고의 고난을 승리하신 그 대가로 그 크신 축복을 내려 주신 것입니다. 새 출발의 조건으로 성화식을 하고, 성주식을 하였습니다. 이제 중요한 것은 회개의 양量의 조건에 따른 질質적인 리모델링이 제대로, 바르게, 온전하게, 본연의 빛나는 자기 신분으로 변화되었는가, 아니면 변화되고 있는가 하는 것입니다.

세파에 밀려서 자기도 모르게, 본의 아니게, 원치 않는 속세의 풍조가 내 안에 들어와서 자리 잡은 속성들, 하나님과 참부모님께서 바라보실 때, 기쁠 수 없는 요소와 속성들, 하늘의 조상들과 우주의 삼라만상이 바라볼 때 찡그릴 수밖에 없는 요인들, 내 가족이나 나 자신이 나를 원망할 수 있는 요소와 속성들을 진정으로 올바르게 리모델링 되었는지? 되고 있는지? 되려고 안간 힘을 다 쓰고 있는지? 정말로 이제부터의 세월을 하늘과 땅과 역사와 인류가 기뻐하고 찬미할 인생으로 가꿔 갈 각오와 맹세가 뚜렷하게 뼈대를 갖추었는지를 스스로 매일같이 점검해 볼 필요가 있다고 생각됩니다.

이러한 지성어린 노력이 바로 리모델의 은혜를 주심에 보답하는 정성이요, 노력이라고 볼 수 있습니다.

이 땅에서 탕감의 고개를 다 넘어야 된다고 강조하십니다

저 나라에서는 탕감을 할 수가 없고, 고착된 틀에서 벗어날 수도 없고, 이 지상을 찾아와서 해결을 해야 되는데 그 또한 마음대로 올 수가 없다고 합니다.

그런 영계의 사실을 다 아시는 선생님께서는 40년 동안 탕감의 고개를 다 넘기 위해 의, 식, 주를 뛰어 넘고, 죽음을 뛰어 넘어 승리하셨다고 하십니다.

우리들도 선생님께서 40년 노정을 승리하심같이 탕감의 고개를 다 넘기 위해서는 의, 식, 주를 뛰어 넘고, 죽음을 뛰어 넘겠다고 하는 무서운 각오와 맹세가 절대일념으로, 고난의 고개 탕감의 고개를 다 넘을 때까지 일구월심, 일편단심, 절대불변으로 묵묵히 한 고개 한 고개를 넘어야 됩니다.

축복가정들은 정말로 위대한 선의 조상이 되고 있는 것입니다. 나의 죄보따리뿐만 아니라 조상으로부터 물려받은 죄보따리까지 책임지고 하나님과 참부모님, 그리고 홍진 님 대모 님의 지극정성에 우리들은 작은 조건의 정성으로, 조상 대대로 내려온 불행의 보따리를 청산하고 행복의 보따리로 복귀시켜주고, 천국 가족으로 원상회복을 시켜주고 있으니 참으로 놀랍고 위대한 새 역사의 새 조상이 되고 있는 것입니다.

그러니까 우리가 리모델의 은혜를 받아 리모델링 됨으로 우리 조상들도 더불어 리모델의 은혜를 힘입고 춤을 추며 기뻐하며 행복을 노래하는 것입니다.

그렇기에 이제부터는 리모델의 은혜에 걸맞는 삶을 어떻게 살아야 되는가 하는 현실적인 과제가 있는 것입니다.

그것은 하나님과의 두 관계를 균형과 조화가 원만한 삶의 자리를 꾸미는 데 있습니다. 그 두 관계가 수직관계, 즉 종적인 관계를 직단거리로 맞춰야 되는 것입니다. 마치 집을 지을 때 보면 중심추를 이용하여 직선으로 수직의 기둥을 세우듯이 하나님과 나와의 수직관계가 똑바르게 서야 되는 것입니다. 한 쪽으로 치우치면 그 집이 기우러져 늘 불안한 것입니다. 그렇습니다. 하나님과의 관계도 수직 관계인데 똑바르고 올곧은 관계가 되면 늘 샘솟는 천국의 삶터가 되는데, 한쪽으로 기울면 왠지 마음도 생활도 편치 않습니다.

사람과 사람과의 횡적인 수평관계도 균형이 잘 맞아야 조화롭고 평화로운 즐거운 삶의 터가 되는 것이요, 관계가 불균형이 되면 기우뚱하게 불안하고 불편한 삶의 터가 되는 것입니다. 그 균형을 이루는 추가 바로 참사랑입니다. 하나님의 사랑이 임하는 곳에는 균형의 질서가 있고, 화평과 기쁨이 있게 마련입니다.

이제 우리는 삶의 현장에서 늘 균형적인 삶인가를 점검하면서 하나님도 오시고 싶어서 찾아오시고, 만민들도 더불어 화동하는 천국 삶터, 곧 우리의 생활무대가 돼야 되겠습니다. 그러면서 세상을 향해 참사랑의 횃불을 밝혀 나가야 되겠습니다.

균형이 깨진 병病, 불감병과 경화병을 치유해야 할 우리의 과제

축복가정의 정체적인 가치관은 천국의 기초된 가정을 만들어서 이 세상에 천국모델로 귀감이 되는 데 있습니다. 그래서 현대인들의 병 중의 병인 불감병不感病과 경화병硬化病을 치유하는 천국병원의 역할을 해야 할 위대한 책임이 있는 것입니다.

불감병은 왜 발생합니까? 무관심과 무책임에서 사람의 감각기관이 무능해지는 것입니다. 사람의 심리적 3기능이 지적기능과 정적기능, 의지적인 기능인데 이 3기능이 균형 조화를 이루지 못하고, 그 기능을 제대로 발휘하지 못하면 무감각, 무관심, 무책임, 무감병자가 되는 것입니다.

무관심, 무책임의 원인자는 이기심을 바탕으로 한 이기주의 인생관에 있습니다. 자기밖에 모르는 사람들이 많으면 많을 수록에 사회는 찬바람이 돌고 감각 기관에 장애가 발생해서 사회적인 병리현상으로 불감병에 얽매이고 시달리게 됩니다.

자기의 틀, 이기심의 틀, 욕심의 틀을 깨야만 더 큰 사람이 보이고, 이웃이 보이고, 사회를 걱정할 수 있고, 자기를 넓은 인생의 바다로 인도할 수 있게 되는 것입니다.

그 고착된 틀을 깨는 비결은 하나님과 우주와 행복의 이치를 올바로 이해하고, 자각하는 데 있습니다. 하나님께서 창조의 목적을 기쁨에 두셨고, 기쁨은 상대를 통해서 성립 되는 것이고, 기쁨을 성사하기 위해서는 상대를 위하여 베풀고, 자기를 투입하는 희생과 노력의 대개에 비례해서 보람이 발생한다는 것을 터득해야 이기주의에서 해방되고, 불감병을 고치고, 본연의 정상적인 인생을 영위할 수 있다는 사실을 축복가정들이 말씀으로, 행동으로, 생활로 본보여 나가야 된다는 것입니다.

또한 위함의 희생 봉사의 원천이 하나님사랑인 참사랑입니다.

경화병 역시 균형을 잃고 막히고 터져서 생명을 잃어버리는 무서운 병입니다. 몸을 다스리는 주인이 마음입니다. 마음의 흐름, 즉 심정과 사랑과 감성 등이 원활하고, 일방통행이 아니고 쌍방 통행으로서 잘 주고 잘 받으면 힘이 생산되고, 기쁨과 보람이 생산되고, 행복과 즐거움이 넘치는 평화로운 삶이 영위될 수 있겠습니다만, 여기에도 이기주의가 작용하고, 욕심이 앞장서게 되면, 일방통행으로 사고가 발생하게 마련인즉 불행을 자초하게 되는 것입니다.

주고받는 것은 생존의 기본이요, 발전과 번창, 창조와 생산의 기본 원리입니다. 이 원리를 무시하면 경화병에 걸려서 고통을 겪게 되는 것입니다. 잘 주고 잘 받을 수 있는 원동력 또한 하나님의 참사랑입니다.

그러므로 하나님과 인간은 부모와 자녀의 생명관계, 사랑관계, 혈통관계로 둘이 아닌 하나의 개념으로 일체이상적인 삶을 영위해야 만사가 형통되는 것입니다.

하나님의 말씀과 사랑으로 양육된 축복가정들은 참사랑을 바탕으로, 이타주의 인생관으로, 위하여 사는 인생철학을 실행함으로 천국 모델의 본보기로써 세상 앞에 나타날 때 우리가 바로 새 역사를 만들어가는 천일국의 주인이란 자긍 적 보람을 소중하게 챙겨 나갈 뿐만 아니라, 저들 앞에 희망의 등불로 나타나야 된다는 것입니다.

공익성을 추구하는 삶의 자리에 모델 인생의 보람이 있답니다

우리 축복가정은 가정맹세 2절에서 효자, 충신, 성인, 성자의 인생을 살겠노라고 늘 맹세하며 살아가고 있는 아주 고귀한 생을 꾸미고 있는 것입니다. 하나님의 아들이라 딸이라 부를 수 있는 인생은 늘 공익성을 추구하는 인생입니다. 나보다도 가정, 가정보다도 민족, 민족보다도 국가, 국가보다도 세계, 세계보다도 천주, 천주보다도 하나님을 위하여 살겠다고 늘 다짐하고 맹세하며 사는 삶인 것입니다. 이러한 공익성을 앞세우면 천운이 보호하고, 우주가 찬양하며, 세계와 국가가 행복의 울타리가 되어서 전체와 더불어 삶을 공유하게 되는 것입니다.

하늘이 원하시고 우리의 본심과 양심이 원하는 모델인생이란 전체이자 개체요, 개체이자 전체로 어우러져 참 사랑을 중심한 원화의 꽃동산을 꾸미고 사는 인생을 말하는 것입니다.

이제는 리모델의 은혜에 걸맞고, 후천개벽시대에 걸 맞는 새 삶의 자리를 우리들의 자극과 자각으로 아름답고 빛나는 생으로 창조해 나가야 되겠습니다.

오늘 주시는 메시지를 가슴 깊이 아로새기어 모두가 기뻐하는 리모델의 인생을 분명하게 가꾸어 나가겠다는 결심과 맹세 위에 모델의 축복이 함께하시기를 축원합니다. 감사합니다.

제4장 **바람직한 영생상**永生像

영계의 영원한 소유권

그 동안 여러분은 통일교회에 들어와서 한 일이 뭐예요? 그거 심각한 문제지요? 오십이 넘도록 몇 년 동안 통일교회서 일했나? 그때부터 몇 사람 전도했나? 1년에 몇 사람이나 했어? 그거 심각한 문제입니다. 앞으로 영계에 가서는 자기 소유권이 뭐냐 하면 하늘나라 백성을 얼마나 데리고 들어갔느냐 하는 것입니다. 그게 자기의 영원한 재산입니다. 이제부터는 그걸 따져야 할 때가 왔습니다.

이제는 뭐 하루에 몇 백만이 전도될 때가 옵니다. 통일교에 그런 굉장한 내용이 있는 것입니다. 세상을 보라구요. 지금 죽느니 사느니, 인생이 무엇이니, 공중에 떠돌아 다녀가지고 자리를 못 잡고 미친 듯이 돌아가다가 자살하는 사람이 얼마나 많아요? (218-227)

영계에 가면 사랑의 품이 클수록 그 품에 들어가려고 줄을 서 있는 것입니다. 그 사람은 저 나라에서 존경받을 사람이다 이겁니다. 천사람 만 사람에게 둘러싸여 가지고 '아! 나 이 사람과 같이 살고 싶다.' 하는 소리를 듣게 되면 그 사람은 그만큼 영토가 큰 부자가 되는 것입니다. 사랑의 마음을 많이 심어준 사람이 저 나라의 인격기준이 되고,

사랑을 중심삼고 관계 되어 있는 그 무대가 저 나라의 소유권이 되는 것입니다. 저 나라의 부자가 별것 아닙니다. 그만큼 사랑을 위해 투입한 사람이 부자입니다.

여러분이 복 받을 수 있게 해주는 무리가 서울에만 해도 1천 2백만이 기다리고 있는데 왜 못 사귑니까. 가서 전부 다 복 빌어 주겠다고 하고 찾아야 되는 겁니다. 영계에 가서 12진주 문을 거쳐 가기 위해서는 지상에서 얼마만큼 하늘의 백성을 사탄으로부터 다시 찾아 가지고 함께 들어오느냐 하는 것이 문제입니다.

그러기 위해서는 눈물과 피땀을 흘려야 됩니다. 재창조의 참사랑의 심정을 중심삼고 사탄의 부모이상, 사탄의 남편, 아내, 아들, 딸 이상의 심정을 투입해서 눈물과 더불어 피땀과 더불어 교차되는 그 과정을 거치지 않고는 하늘나라의 자기 백성을 소유할 수 없습니다. 이 수의 비례에 따라서 저 나라의 영광의 자리에 하나님 앞에 가까이 가는 모든 조건이 성립 되는 것입니다. (211-252)

세월을 그냥 보내지 말아야합니다. 청춘시대에 아들딸을 낳아 길러야만 후대에 자랑할 수 있는 기반을 남기는 것과 마찬가지입니다. 또 자식들이 훌륭한 사람이 되어야만 역사에 자랑할 수 있는 것입니다. 그런 역사에 대해서 자랑할 수 있는 실적이 없게 되면, 자기 동네에서는 축에 끼워 주지만 나라에는 못 끼는 것입니다.

나라에 끼기 위해서는 역사의 전통에 남을 수 있는 실적이 있어야 됩니다. 그렇기 때문에 어느 누구나 다 나라에 무엇을 남기기를 바라고, 세계에, 하늘땅에 무엇을 남기기를 바라는 것입니다.

마찬가지 이치입니다. 그러므로 자기 소유 판도를 어떻게 확정하느냐 하는 문제가 필생의 목적이라는 관념을 확실히 가져야 됩니다. 그렇기 때문에 뜻 길에서 자기가 싫으면 그만두겠다는 생각은 할 수가 없습니다.

사람은 다양한 욕구를 추구하며 '욕구충족' 을 위해서 부단한 노력을 경주하는 것입니다. 생존욕구가 있어서 의, 식, 주의 안락을 추구하고, 소속의 욕구가 있어서 더불어 살기를 바라며, 애정의 욕구가 있어서 사랑과 심정을 주고받을 대상을 찾게 마련이고, 자아실현 욕구가 있어서 영원히 기념되는 기록을 남기기를 바라며, 자존욕구가 있어서 존경받는 인격자가 되기를 바라면서, '욕구충족' 을 위해서 부단한 생존경쟁, 생활경쟁을 하는 것입니다.

또한 사람은 넉넉하고 풍족한 삶을 위해 끝없는 소유욕을 추구합니다. 그런데 그 누구도 빼앗아 갈 수 없는 소유, 두고두고 행복을 노래하며 살 수 있는 기쁨의 재산, 영원무궁한 영광의 소유권을 갖기를 바라는 마음이 있으니 그것이 바로 육신을 초월한 영계에서 영원한 삶을 누려야 할 영인체의 '영생소유권' 을 말하는 것입니다.

사람은 누구나 부자 되기를 원합니다

아기가 태어날 때 손을 꼭 쥐고 있는 것은 선천적으로 소유욕구가 있음을 증거하는 것이라고 합니다. 사람이 삶을 영위함에 있어서 다양한 관계를 맺고, 다양한 활동을 하고, 다양한 행복을 창출함에 절대 필요한 것이 관계매체입니다.

그 관계매체가 서로가 소유욕을 충족하는 요소들로써 갖가지 매체 상품들이 있습니다. 그것을 소유하는 소유매체가 화폐인 것입니다. 옛날에는 물물교환, 물문교환, 노동교환, 정신노동의 교환 등 교환매체가 다양했습니다만 현대사회는 화폐가 총체적인 교환매체가 되고 있습니다. 그래서 뭐니 뭐니 해도 머니Money가 최고라고 하는 것입니다.

그래서 돈만 있으면 안 되는 게 없다고 하면서, 돈으로 돈을 소유하려고, 불법인 줄 알면서 로비를 해서라도 돈을 많이 벌면 된다는 사회 풍조가 거꾸로 가는 세상을 만들고 있습니다.

도박의 대명사 바다 이야기가 바로 그 한 예가 되는 것입니다. 일반 서민들의 주머니를 노리고, 도박의 심리를 이용하여 돈 따는 재미를 부추켜 돈 잃는 함정으로 빠뜨리는 것입니다.

도박에 중독 되면 눈을 똥그랗게 뜨고도 뻔히 돈을 잃는 줄 알면서도 빠져드는 것입니다. 그러나 부정한 돈은 불행을 만드는 법이지 결코 행복의 매체가 될 수 없습니다. 나라의 법 이전에 양심의 법에 걸려서 고통을 겪는 것입니다.

그런가 하면 어떤 사람은 돈벼락을 맞아서 수천 억을 가지고 자랑을 합니다만 이 세상의 인생을 마무리하고 저 나라로 갈 때는 한 푼도 못 가지고 갑니다. 육신은 흙속으로 가고, '영인체' 만이 영원한 하늘 나라로 가는 것입니다. 그 어마어마한 돈을 한 푼도 못 가지고 갈 때 얼마나 허황, 절망일까요?

영계의 영원한 소유권은 '참사랑의 소유권' 이랍니다

갖가지의 욕구가 다양한 활동을 추구하면서 행복을 소유하고자 최선을 다하는 노력들이 가정을 발전시키고, 사회를 튼튼하게 만들며, 우리들의 삶의 환경을 풍요롭게 합니다.

이 지상 생활에서 부족함이 없는 삶을 누렸을 때, 저 영계에서의 삶도 부족함이 없는 영생을 누릴 수 있다는 것이 우리가 원리에서 공부하고 익히고 있는 지상천국의 삶을 살아야 천상천국의 삶을 살게 된다는 '영생법칙' 입니다.

여기에서 아주 중요한 핵심은 삶의 갖가지 매체가 '참사랑의 매체' 가 돼야 된다는 것입니다. 참사랑이 동기가 되고, 참사랑이 과정이 되고, 참사랑이 결과로 나타날 때, 참사랑의 소유권을 향유함으로 영원한 소유의 권한, 영생의 소유권을 갖게 되는데, 이 영원한 권한을 지상에서 '참사랑의 알파와 오메가 된 삶' 으로 영원한 소유권을 소유할 수 있다는 것입니다.

이는 참으로 놀라운 영생의 이치로서 통일원리로서만이 설명이 되고, 통일원리로서만이 가능한 영원한 행복권, 영원한 보람 권, 영원한 영광을 약속해 주는 '보물법칙' 입니다. 그 참사랑의 원천자가 바로 만유의 원천자 되시는 하나님이고, 그 하나님이 바로 우리의 원초적 참부모요, 참사랑의 참주인이신 것입니다.

그 참사랑의 주인과 우리는 부모와 자식의 관계로 설명한 통일원리는 참으로 놀라운 근본원리인 것입니다. 이제 우리는 참사랑의 원천자이신 원초적 참부모님과 부자의 관계를 맺고 끝없이 참사랑을 주고받으면 영생의 소유욕구가 충족되고 이 땅의 참삶이 영생의 참 삶으로 이어지게 되므로 인생승리 만세를 외칠 수 있게 되는 것입니다. '참사랑의 실체 대상자'를 많이 만드는 복귀의 삶은 참으로 영광의 지름길이라 하겠습니다.

천일국에서 자랑할 자료가 '영생 보람의 재산'이 된다

자아실현 욕구는 삶의 시간, 삶의 내용, 삶의 질과 양, 삶의 가치를 통하여 후손 앞에, 역사 앞에, 자기 스스로의 인생 앞에 무엇인가를 남길 수 있는 '자기 작품화'의 욕구입니다. 우리는 천일국의 주인이요, 하나님의 자녀요, 유일무이한 개성을 부여 받은 개성진리체입니다.

자동차의 여러 가지 부속품들의 갖가지 기능이 모아져서 달리는 기능을 발휘하듯, 역사라고 하는 거대한 유기체도 각각의 개성들의 기능이 모아져서 역사의 생명이 존속되듯이, 섭리라고 하는 하나님의 유기체도 우리들의 각각의 개성들이 저마다의 특성을 실현함으로 창조목적의 역사가 만들어지고 있는 것입니다.

이에 천일국 창건의 역사에 자랑할 자료를 많이 만드는 것은 영원히 찬양할 보람의 재산이 되는 것이겠지요. 우리가 자랑할 섭리인생의 자료는 '섭리적 삶'을 알뜰하게 챙기므로 만들어 지는 것입니다.

지상에서 '12 진주문 통과의 실적'을 갖춰야 되겠습니다

원리에서 창조목적은 4위기대 완성이요, 4위기대는 삼대상 목적을 완성해야 되고, 삼대상목적은 12대상 실체의 완성이라고 했습니다. 그러므로 12수는 창조목적을 완성하는 완성 수를 말하는 것입니다. 그렇기에 복귀섭리를 담당한 중심 가정은 12수를 중심한 섭리를 해 왔습니다.

야곱가정의 12자녀, 모세의 12지파, 예수의 12제자, 참부모님가족의 12자녀, 우리들도 12명의 믿음의 자녀를 거느리고 12형의 개성체들과 어우러지는 둥글둥글한 인격체를 만드는 것은 12진주문을 통과하는 자격과 실적을 갖추는 것이라 하겠습니다.

12수 곱하기 12수하면 144수가 됩니다. 종족메시아의 성공의 기준이 720가정이요, 부부로 계산하면 1440수를 갖추는 것이니, '입체적인 12수의 실체'가 되는 것입니다. 우리 모두 12진주문을 통과하여 영원한 참사랑의 왕국에서 영생을 노래하며 살 주인들이 되시기를 축원 드립니다. 아주 감사합니다.

영원한 성공자

영계에 가면 안 통하는 데가 없습니다. 영계의 움직임을 막을 물건이 아무것도 없기 때문입니다. 하늘의 본성품의 존재성인데 그걸 막게 안 돼 있습니다. 다 통하게 돼 있습니다.

시공을 초월해 있으니까 몇 억 년 전에 있던 사람이 지금도 있습니다. 그 사람들도 자기가 원하는 연령으로 나타난다는 것입니다. 그렇기 때문에 그런 사람을 얼마든지 만날 수 있습니다.

그러니까 설명이 필요 없고, 변명이 필요 없습니다. 척 벌써 알게 돼 있습니다. 저 사람이 내 아래인지, 옆인지, 높은 자리인지, 아는 것입니다. 몇 억 사랑의 위계位階를 안다는 것입니다. 그 위계는 절대적입니다. 그 위계가 높은 사람은 자연히 그 위계를 맞춰서 자기가 설 자리에 서 있습니다. 지상세계하고 다릅니다. 모략중상해 출세하고, 그러는 사람은 거꾸로 되는 것입니다. 그래서 정도正道를 봐라, 정도를 보라는 것입니다. (194-133)

천법이 정해 놓은 생명의 프로그램

하나님의 씨의 프로그램 섭리는 참으로 오묘하고 신비로운 것입니다. 부부가 결혼을 하면 사랑을 실현하게 되는데 그 때 하나님께서 자녀번창의 축복으로 씨와 밭을 주셨음에 생명의 섭리가 진행되는데 그 씨가 밭에 심어지면 신비로운 사람 모습이 하나하나 만들어지고, 어머니 복중, 물속에서 10개월을 살게 되고, 기간이 채워지면 자동적으로 그 다음의 세계로 탈바꿈하게 되는 것입니다.

이제 10개월 동안 준비한 이목구비 오장육부를 가동시켜 지상 공기 속에서의 새로운 생의 역사가 펼쳐지는 것입니다. 마치 애벌레에서 탈바꿈한 나비가 삼라만상을 풍미하듯, 사람의 생명도 태 주머니에서 탈바꿈하여 우주를 삶의 무대로 삼고, 무한대의 신비를 풍미하게 되는 것이지요.

그러나 인생행로의 종착점이 지상생활이 아니라 영원한 하늘나라, 영생불멸의 영계, 시공을 초월한 무형실체세계, 영원한 마음의 고향인 하나님의 마을로 영생의 삶을 꾸미러 가게 된다는 것입니다.

영생의 삶을 준비하는 지상생활은 순간에 불과한 삶

10개월이 100년을, 100년이 영원을 준비하는 시간적 개념이 있습니다만 시간을 넘어 시공을 초원한 영계는 시간적 개념도 아니고, 공간적 개념도 아니요, 영생의 개념으로서 사랑으로 다스려지는 무형세계인 것입니다.

어머니 복중 기간 10개월은 지상생활 100년에 비하면 120분의 1이라고 하는 계산이 됩니다만 지상생활 100년은 천년 만년 억만년을 넘어서 영원한 세계이기에 영원에 비하면 100년은 순간에 불과한 것인데, 순간과도 같은 100년을 통하여 영원한 하늘의 인생을 준비하게 되는 것입니다.

그러므로 영원한 하늘 인생의 운명은 지상의 100년 기간에서 판가름이 난다는 것입니다. 그러므로 영계와 연계된 지상생활은 순간이 영원이요, 영원이 순간이라고 하는 영생적 시간개념, 영원한 공간 개념으로 나날의 삶을 영위하는 하늘의 인생을 꾸며야 된다는 것이지요.

지상에서 정리, 해결, 청산의 성공적인 삶을 운영하는 지혜

생활을 하다 보면 크고 작은 일들이 꼬이기도 하고, 맺히기도 하고, 얽히기도 합니다. 마음에나, 몸에 인생의 껄끄러운 요소가 내재해 있으면 편할 수가 없습니다. 일을 하다가 눈에 보이지 않는 작은 가시가 박혀도 온 몸 전체가 안절부절 하듯이 크고 작은 모순의 요소들을 제거해야 편안한 삶의 자리가 되겠지요.

그런데 알고 보니 자의보다도 타의로 말미암은 사연곡절이 조상 대대로부터 우리에게 연결선상에서 내재해 있기에 탕감의 운명적 존재라는 것입니다. 탕감이 없이는 해결할 수 없는 절대 절명의 숙명적 존재가 오늘의 내 인생이라는 자각을 얻게 된 것입니다. 이는 참부모님께서 우리에게 내려주신 엄청난 '앎의 은총' 인 것이지요.

그렇기에 환자가 병을 고치기 위하여 수술, 쓴 약, 고통을 기쁜 마음으로 감내하듯이 탕감의 신앙 길을 가는 우리들은 감사와 기쁨을 앞세워서 십자가의 고난 길을 감내하며, '탕감 축복'을 노래하며 가야 된다는 것입니다. 그리하므로 우리들의 몸과 마음에 걸림의 요소, 어둠의 요소, 막힘의 요소를 송두리째 근멸하는 청산신앙의 성공자가 될 때 영원한 성공자가 될 수 있다고 하는 탕감복귀 원리를 가르쳐 주셨습니다.

그 영원한 성공의 인생은 몸을 쓰고 있는 지상에서, 오늘의 현장에서, 지금의 순간에서, 촌음을 다투며 자기와의 경쟁, 자책의 용기로 스스로를 수술해야 가능하다고 일깨워 주고 있습니다.

갖춘 만큼의 호흡, 교류, 관계, 행복을 노래하는 영생의 인생

하나님은 생명의 부모요, 인간은 부모의 자녀이기에 복중 원리와 씨의 원리를 따라 한 생명이 탄생되어 살아가게 됩니다. 봄 동산을 거닐다 보면 아카시아 향기가 코를 흥분케 합니다. 논 가를 거닐면 개구리 노래 소리, 풀벌레들은 저마다의 악기가 되어 자연 오케스트라를 연주합니다. 만물의 주인인 인간과 자연이 속삭일 수 있는 동요소同要素, 동속성同屬性이 있기에 하모니를 이루는 것이지요.

하나님과 인간, 인간과 만물이 속성과 속성, 요소와 요소, 내용과 내용을 나누면서 관계를 맺고, 호흡을 하며, 속삭이는 멋과 맛으로 생을 찬미하는 것입니다.

그런데 하나님의 성품이 아니고 타락의 성품, 타락의 속성, 타락의 요소, 타락의 내용들로 구성되어 있다면 하나님과의 호흡이나 교류, 관계를 맺기 이전에 사탄 악마가 내 짝꿍이라고, 내 속성에 요소를 소유한 내 자식, 내 친구라고 주장하게 된다는 것입니다.

그러나 양심은 말합니다. 또 본심도 애원합니다. 타락의 속성을 갖게 되면 천법, 천도에 어긋나서 이탈된 생명으로 호흡인 듯 하나 단절이요, 교류인 듯하나 막힘이며, 관계인 듯하나 두절되는 고통이 있을 뿐이라고 울부짖습니다.

그렇기에 갈등과 불안, 대립과 혼란, 불화와 슬픔, 무질서로 뒤범벅되어, 악취로 얼룩진 어둠의 늪에서 허우적거리는 그 곳이 바로 종교에서 지적하고 있는 지옥인생이라는 것입니다.

인생의 멋과 맛은 간데 온데 없고 고통의 연속으로 이어지는 불만족의 인생은 하루가 천년같이 괴롭다는 것입니다.

양심을 속일 수 있나요? 본심의 순수함을 왜곡할 수 있나요? 하나님이 부여하신 위대한 참 삶의 바로미터요, 나침판이 영원불멸로 작용하고 있음을 어찌할 수 없는 것이지요. 그러므로 이 시간 우리가 타락의 요소를 깡그리 청산 해야겠다는 지상명제를 목숨을 걸고 맹세하고, 청산승리의 삶을 운영해 가는 자아주관적인 신앙을 다스려 나가야 되겠습니다.

그리하여 하나님의 성품을 완비하므로 영원히 하나님과 생을 속삭이며, 무한대의 행복과 보람으로 영생을 노래할 모든 속성을 이 지상생활에서 재창조하는 제2의 하나님 실체가 되시기를 간구합니다.

영원한 위계, 만족의 위계는 지상에서 스스로 만드는 것

영원한 영계의 위계는 돈의 위계도 아니요, 권력의 위계도 아니며, 직위의 위계도 아니고, 명예의 위계도 아니랍니다. 하늘의 위계는 인격의 위계, 사랑의 위계, 심정의 위계라고 합니다.

그런데 대개의 많은 사람들은 돈이면 다 되는 양, 돈에 목을 걸고 시간을 다투고, 정렬을 투입하며, 온갖 기술 능력을 총체적으로 투자하고 있습니다. 여기에 아주 중요한 것은 수단과 목적의 올바른 이해가 있어야 된다는 것입니다.

돈은 목적이 아니고 수단이란 사실을 똑바로 인식하는 지혜가 있어야 한다는 것이지요. 돈이 목적이 되면 돈의 노예가 된다는 것입니다. 돈이 몸을 근사하게 꾸밀지 모르지만 그 몸은 100년으로 막을 내리고, 영생의 영계생활로 접어들면 빈 털털이가 될 수 있다는 경고의 메시지입니다.

그리고 돈에도 이목구비가 있어서 올바르게 사용되는지, 보다 값지게 사용되는지, 보다 행복하게 쓰여 지는지, 보다 높고 귀하게 투입되는지, 하나님께 칭찬 받고 사랑받는 공금으로 봉헌되는지 등등을 소상이 알고, 느끼며 함께의 인생매체로 사용되는 것이지요. 그렇기에 돈은 행복의 수단이요, 기쁨의 매체가 돼야 돈의 본질적 목적에 부합되는 삶의 매체가 된다는 것입니다.

이제 우리는 하늘의 법도를 따라서, 하늘의 정도를 따라서, 영원한 만족의 자리, 기쁨과 행복이 만끽된 자리, 부러움이 없는 하나님이 계신 단계에서 하나님과 더불어 영생을 노래하며 천국의 삶을 꾸밀 수 있는 그 자리를 이 지상생활 100년 세월에서 가꾸고, 다듬고, 준비해야 된다고 하는 사실을 확실히 자각해야 되는 줄 압니다.

이제 우리는 눈을 들어 저 높은 하늘나라를 바라보며, 발을 땅에 딛고 시공을 초월한 영생불멸의 하늘 인생, 영생의 터를 이 땅에서 갈고 닦는 데에 지극정성을 다해야 되겠습니다. 이는 참사랑의 실천인 '위하여 사는 실적' 을 쌓는데 눈에 불을 켜고, 시간을 다투고, 기회를 챙기며, 경쟁하는 삶이 될 때 많은 이득을 기대할 수 있고, 영원한 하늘의 위계를 높여나갈 수 있는 것입니다.

부디 하나님께서 바라시는 영생의 위계를 가꾸시는 사랑실천 위에 하늘이 함께 하시어 영원한 성공자 되시기를 축원 드립니다.

늘 자문자답하는 삶

훈독말씀 : 너는 어디로 가느냐?

인간은 누구를 막론하고 수중생활 십 개월, 지상생활 백 년, 그리고 영계에서 영생, 이렇게 삼 단계의 생을 살게 되어 있는 것입니다. 이 것은 우리가 선택한 것이 아니고, 하늘이 우리에게 주신 축복이요, 은 사입니다. 이보다 더 큰 축복과 은사가 또 어디에 있겠습니까?

따라서 영계를 잘 안다는 말은 막연히 영계의 실존만을 믿고 살라 는 뜻이 아니고, 좋건 싫건 영원히 살아야 할 영계에서의 생을 위해 지상세계에서 어떤 준비를 해야 하는가를 알고 철저히 준비를 해야 한다는 것입니다.

태내에서 문제가 있는 어린애는, 태어나서도 평생을 불구의 인생을 살 수밖에 없듯이, 우리가 짧은 지상계의 삶 속에서 하늘의 뜻을 제대 로 알지 못하여 죄를 짓거나 악을 행하면 결국 '인과응보' 의 우주법 칙에 따라 영계에 가서 그 대가를 치르게 되는 것이며, 영인체가 형언 할 수 없는 고통과 탕감을 치러야 합니다.

일단 육신을 벗고 나면 늦습니다. 육신은 죽으면 한줌의 흙으로 돌 아가고 말지만 우리의 생명, 우리의 마음, 우리의 심정, 그리고 우리의 소망까지 묻히고 마는 것인가요? 절대로 그렇지 않다는 것입니다. 우리의 백 년 동안의 일생생활의 모든 것이 하나님께서 인간 속에 설치해 놓은 '영인체' 라고 하는 대형 컴퓨터에 어김없이 낱낱이 기록, 촬영되어 자동적으로 평가가 된다는 것입니다.

그렇기에 지상세계에서 생을 영위하는 동안 가는 걸음을 붙잡아 놓고, 움직이는 마음과 기울어지는 심정을 부추기며 '너는 어디로 가느냐?' 고 수없이 자문자답 하는 삶을 살아야 된다는 것입니다.(협회창립 50주년 기념사 중)

인생의 행로는 삼 세계로 진행된다는 것입니다

하늘이 우리 인간에게 주신 축복과 은사가 수중생활 십 개월, 지상생활 백 년, 그리고 영계에서 영원히 살 수 있도록 즉, 삼 세계의 생을 살게 해 주신 것이라고 하였습니다.

그 첫 세계의 삶이 바로 어머니 태내에서 양수로 사는 수중생활입니다. 태내에서의 수중생활은 다음 세계의 삶인 지상생활을 준비하는 기간입니다. 때가 되면 어머니의 태내생활을 청산하고, 지상의 생을 시작하게 되어 있는 것입니다. 본인이 원하건 원치 않건 우주의 법칙을 따라 수중생활 한 평생이 끝나고 지상생활 한 평생이 시작되는 것입니다.

상상도 못했고, 꿈도 못 꾸었던 광대무변한 새로운 세계가 펼쳐지는 것입니다. 그야말로 변화무쌍한 삼라만상과 더불어 신비로운 생을 살게 되는 것입니다. 이러한 지상생활 백 년은 다음 단계의 세계인 영계 즉, 사후의 세계를 준비하는 것입니다. 복중생활에서 상상을 할수 없었던 지상세계가 있었듯이, 상상을 할 수 없는 또 다른 세계가 있다는 것입니다.

한정된 지상 백 년간의 삶이 시간과 공간을 초월한 영원한 세계로 탈바꿈하는 것이라고 했습니다.

태내에서는 탯줄을 통해 모체로부터 영양공급을 받고 살다가, 지상생활 기간은 공기, 물, 빛의 기본 삼 요소를 중심하고 삶을 영위하다가, 영계의 삶은 사랑을 호흡하면서 영원히 살게 된다는 것입니다. 그렇기에 무형세계인 영계로 탈바꿈 하는 것이 '인생필연지도人生必然之道' 라고 하는 것입니다.

지상에서의 육신생활이 아주 중요합니다

본문 말씀에 태내에서 문제가 있는 어린이는 태어나서도 평생을 불구로 살아갈 수밖에 없다고 했습니다. 저는 요 며칠 전 TV를 통해 장애인체육대회를 보면서 나도 모르게 눈물이 자꾸만 쏟아져서 할 수 없이 채널을 바꾸고 말았습니다. 부모의 마음이나, 본인의 심정이나, 형제들의 마음, 옆에서 보는 우리들도 마음이 아픈 것은 인지상정인 것입니다.

하나님과 타락한 인간의 관계도 고통과 눈물의 부자지관계父子之關係임을 깨닫게 해주는 것입니다.

그렇기에 지상생활 백 년의 생은 바로 영원한 영계생활을 온전히 준비해야 된다는 것을 새삼 절감케 됩니다. 그리고 인간에게는 '영인체' 라고 하는 슈퍼컴퓨터가 있어서 우리 일생의 모든 것이 낱낱이 기록 되다고 했고, 죄를 짓거나 악을 행하면 '인과응보因果應報의 법칙'을 따라 고통과 탕감을 치러야 한다고 했습니다.

더욱이 창조원리에서 그 '영인체'의 내용, 속성, 기준에 따라서 영계의 위치와 기준과 삶의 양상이 결정 된다고 했습니다.

본문 말씀에 영계는 사랑으로 호흡하는 세계라 하였고, 말씀선집 116권 172쪽에 완전한 참사랑의 인격을 이루지 못하면 왔다 갔다 하는 길이 제한 받고, 사방을 통하지 못하기 때문에…… 춘하추동 어디서나 맞추어 살 수 있는 완전한 사랑의 인격을 지상생활에서 준비해야 된다고 했습니다.

늘 자문자답하는 삶을 알뜰히 챙겨야 된다고 하십니다

하나님의 창조목적은 기쁨을 이루기 위함이요, 기쁨은 사랑을 중심한 상대적 관계에서 만들어 진다고 했습니다. 말씀 선집 125권 65쪽에 인생은 사랑으로 말미암아 태어나서, 사랑을 위하여 살다가, 사랑의 목적지로 가는 것이라고 했습니다.

우리 인생의 스승이요, 선의 부모 역할을 하고 있는 양심은 생의 총체적 질문을 세 가지로 요약해서 묻고 있습니다. 첫째는 하나님을 얼마나 사랑하느냐?, 둘째는 인류를 얼마나 사랑하느냐?, 그 다음엔 만물을 얼마나 사랑하느냐? 라고 어제도 물어보고, 오늘도 물어보고, 또 내일도 물어보고, 삶 전체를 통해서 늘 자문자답해 보며 살라고 하십니다. 이제 우리는 어떻게 살아야 지상생활이 성공적인 삶이 되는가를 좀더 자세히 살펴보겠습니다.

하나님을 사랑하는 삶을 온전히 살아야 된다는 것입니다.

하나님은 우리의 사랑과 생명과 혈통의 주인이요, 우리의 참부모님
이십니다. 그렇기에 우리에게 있어서 하나님은 우리의 생명보다 귀
하고, 우리의 사랑보다 귀하고, 우리의 핏줄보다 더 귀하신 분입니다.
모든 것이 하나님으로 말미암아 지은바 되었기에 하나님은 인생이나
삶의 질서에서 첫 자리, 으뜸의 자리에 계시는 것입니다.

성경 말씀 마태복음 22장에 마음을 다하고, 목숨을 다하고, 뜻을 다
하여 하나님을 사랑하는 것이 첫째 계명이라고 했습니다. 하나님을
사랑하는 것은 양심의 첫째 도리요, 인생이 인생 되는 기본이며, 자유
와 평화, 행복과 기쁨, 가치의 기틀이 되는 것입니다. 참다운 사랑이
란 상대를 위하여 모든 것을 희생하는 것입니다. 상대를 먼저 생각하
고, 먼저 아끼고, 먼저 베풀고, 먼저 섬기고, 먼저 주는 것이 참사랑이
라는 것입니다. 사랑의 중요함은 행함에 있습니다. 행함이 없는 사랑
은 죽은 사랑이라고 했습니다.

이제 우리는 자나 깨나, 앉으나 서나, 오나가나, 일거수일투족의 총
체적인 삶 속에서 하나님을 온전히 모시고, 동고동락하며 하나님을
사랑하는 사랑생활을 온전히 꾸며가야 되는 줄 알게 되었습니다. 한
걸음 더 나아가, 하나님을 사랑한다는 것은 하나님의 심정과 사정과
소원에 하나 된 삶을 살아 드리는 것입니다. 즉 부자일체父子一體의 삶
으로 하나님의 이상세계인 평화왕국을 만들어 드리는 재창조의 사역
에 지성에 혼신을 다해야 된다는 것입니다.

이제 자식의 이름으로 하나님과 역사와 인류가 '영원히 안식할 보

금자리인 하나님의 나라'를 이루어 드리는 사랑의 도리, 사랑의 책임, 사랑의 자녀다운 삶이 제대로 실행되고 있는가를 늘 자문자답 하는 삶을 순수하고 진솔하게 가꾸어가야 되리라 봅니다. 효도하는 자식, 사랑하는 자식에게는 간까지 빼주고 싶으신 것이 부모의 심정, 하나님의 심정이시랍니다.

인류를 사랑하는 삶을 충실히 살아야 된다는 것입니다

하나님은 인류의 부모요, 인류는 하나님의 자녀요, 형제자매입니다. 마치 인체의 각양각색의 기능과 세포가 하나의 유기체로 한몸을 이루고 있듯이, 인류는 하나님의 한몸과 같은 하나의 유기체라고 볼 수 있습니다. 성경 말씀 고린도 전서 12장 26절에 '한 지체가 고통을 받으면 모든 지체도 함께 고통을 받고, 한 지체가 영광을 얻으면 모든 지체도 함께 즐거워 하니라.' 라고 했습니다. 이는 바로 '너는 나요, 나는 너다' 라고 하는 한몸 사상이요, 한 하나님 아래 한 형제자매라고 하는 한 가족사상입니다.

그리고 인류를 대별하면 남자와 여자로 대표되는 것입니다. 그러므로 인류사랑의 첫걸음은 부부사랑으로 시작 됩니다. 말씀 선집 173권 205쪽에 남자는 여자 때문에, 여자는 남자 때문에 태어났으며, 사랑을 위해서 살게 되어 있다고 했습니다.

사랑은 기쁨, 행복, 영화의 원천이요, 화합과 평화의 원동력, 위하여 사는 원동력이 곧 사랑입니다. 그렇기에 이타주의利他主義와 위타주의爲他主義의 삶을 실천궁행할 때 우리의 삶의 자리는 자유, 행복,

평화, 기쁨의 왕국이 되는 것입니다.

이와 같이 종적으로는 하나님을 사랑하고, 횡적인 부부 사랑으로 하나 되어 종·횡의 입체사랑이 형제자매로, 이웃으로, 마을로, 사회로, 국가로, 세계로, 천주로 전개되어 나갈 때 하나님의 나라, 평화의 왕국은 우리들의 삶의 자리에 꽃 피고 열매되리라 믿습니다.

그리고 하나님을 사랑하기에 미치고, 인류 사랑에 미쳐 살면 죄가 틈탈 겨를이 없고, 악과는 상관이 없는 천국의 삶이 아름답게 진행되리라 믿습니다.

이제 우리 매일 매일의 생활 속에 하나님 사랑, 부부사랑, 형제사랑, 이웃사랑이 살아 있는가를 늘 자문자답 하면서 평화 왕국을 가꾸는 '사랑의 사도' 가 되시기를 축원합니다.

만물을 사랑하므로 만물의 주인다운 삶을 영위할 수 있습니다

만물은 제3의 하나님이요, 제2의 나요, 우리 생명의 모체라고 합니다. 만물 없는 지상생활은 단 하루도 지탱할 수가 없습니다. 만물은 인간의 기쁨을 위한 실체대상이기도 합니다.

그러므로 인간이 갖고 있는 기능, 소성, 요소를 갖고 있어서 상대관계를 맺을 수 있고, 주고받는 관계 속에서 인생의 멋과 맛을 안겨 주며, 끝없는 행복과 사랑을 노래하게 하는 기쁨의 교재인 것입니다.

그런데 로마서 8장 19절에 피조물은 하나님의 아들들이 나타나 썩어짐의 종노릇에서 해방되어, 영광의 자유에 이르기를 학수고대하고 있다는 것입니다.

인간은 만물의 주인입니다. 참사랑으로 만물을 내 몸같이, 내 자식

같이 사랑해야 참주인이 될 수 있는 것입니다.

그렇습니다. 이제 우리는 물을 마시거나, 공기를 마시거나, 밥을 먹거나, 만물을 사랑과 기쁨의 동반자로 서로 섬기는 삶이 될 때 만물의 주인다운 참주인이 될 수 있다는 것을 새삼 명심하게 됩니다.

오늘 우리는 본문 말씀을 통하여 삼 세계의 인생을 보다 자세하게 알게 되었고, 영계의 삶을 준비하는 지상생활을 하나님 사랑, 인류사랑, 만물사랑에 초점 맞춰 늘 자문자답하는 삶을 알뜰히 해야 됨도 새롭게 자각하게 되었습니다.

하나님께서는 인간을 사랑의 대상자로 지었기에 하나님과 인간이 부모와 자식, 주체와 대상으로 사랑관계를 맺으면 영생을 할 수 있다는 것입니다. 그렇기에 종적으로 내 마음을 다하고, 뜻을 다하고, 성품을 다하고, 생명을 다하여 사무치도록 하나님을 사랑하고, 횡적으로는 하나님을 사랑하듯 우리의 형제자매, 우리의 이웃, 우리의 마을, 우리의 공동체, 온 인류를 미치도록 사랑하고, 만물과 더불어 사랑을 끝없이 주고받아 사랑이 사랑을 낳고, 기쁨이 기쁨을 낳고, 행복이 행복으로 번창하여 하나님의 이상동산, 지구성 에덴궁을 가꿔가는 사랑의 왕자왕녀 되시기를 기원합니다.

뜻 길 161쪽에 죽을 적에 후회와 미련을 남길까 걱정하라고 하셨습니다. 우리는 오늘의 메시지의 핵심을 가슴 깊이 새기고, 세 가지 사랑행실에 늘 자문자답하는 삶을 알뜰히 챙기면서 사랑의 성공자 되어 하늘나라에 갈 때는 사랑 만세, 인생 만세를 외치며, 춤추고 노래하며 영계를 갈 수 있는 오늘의 삶이되시기를 축원합니다.

감사합니다.

참사랑의 피안彼岸

훈독말씀 : 인간이 가야 할 사랑의 피안

내가 오대양 육대주를 헤매면서 절절히 외쳐댄 것은 바로 사랑의 길이었습니다.

사랑이 없고 사막과 같은 인류 앞에 사랑의 빛을 비추어 주고자 했던 것입니다. 인간이 궁극적으로 가야할 길이 사랑의 피안이라고 한다면 인류 앞에 무엇보다 중요한 것은 사랑의 등대가 아닐 수 없습니다. 바로 그 사랑의 등대만이 인간을 본향 땅에 인도해 줄 수 있는 것입니다.(천성경 326)

사막과 같은 세상

영화나 텔레비전에서 보는 사막은 참으로 삭막한 광야입니다. 끝없는 모래벌판에 휘몰아치는 모래바람은 많은 공해를 유발합니다.

저는 사막을 체험한 경험이 있습니다. 멕시코 선교사로 파송되어 선교활동을 하는 가운데 선교임지에 뼈를 묻을 각오로 지성을 다했습니다. 멕시코는 남한의 23배가 되는 큰 나라이기에 파악하기도 힘들고 감을 잡을 수가 없어서 31개주, 128개 도시를 전도순회 활동을 전개했습니다. 전형적인 개척자로 텐트를 치고 다니며 유목생활을 하면서 전도활동을 하게 되었는데, 북쪽 지방은 황망한 사막지대였습니다. 그 사막에서 개척자의 심정을 가다듬는 시 한 편을 추억으로 남겼습니다. 시의 제목은 〈사막의 참부모님〉이었습니다.

그 내용을 옮겨 보겠습니다.

쓸쓸하고 삭막한 사막의 한복판
찬바람이 휘젓고 도망치는 바람결
생명의 꽃향기 앗아가버리고
사랑도, 생명도, 샘도 모래가 집어삼킨
사막의 비참함을 무엇이라 말하리오.
목마른 나무들 비틀어지고
마른 가시만이 앙상한 죽은 생명의 애처러움
개척전도 발걸음 사막의 한복판에
복귀의 쇠구루마 세우고
참부모님 존영을 모시고 경배 올리는 심정은
재창조의 비장한 결심, 맹세의 눈물이 두 뺨에 흐르네.
사랑의 샘을 파고, 땀방울을 모아서 바람막이를 만들고
참생명나무를 길러서 활기 넘치는 싱그러운 들판 꾸며
모래들이 춤추는 한 마당,
참부모님 안식의 보금자리 만들어 드리오리다.
사막 복귀의 열정 눈물의 열정,
목숨 다하는 정성으로 사막 개척의 왕자 되오리다.

참으로 고귀한 사막의 추억을 되새기노라면 자력갱생의 심정이 꿈틀거립니다.

사막이란 물이 없는 것이고, 생명이 중단된 것이며, 생명의 색깔이 멈춰있는 것입니다. 무수無水, 무생無生, 무색無色 삼무三無의 땅, 사막은 죽은 땅이 되는 것입니다. 있으나 없는 것이요, 살았으나 죽은 것이 사막의 처량한 신세이듯이, 우리의 현실을 일컬어 사막의 인류라 함은 사람의 샘물과 같은 사랑이 있으나 거짓사랑이기에 없느니만 못한 것이요,

살았다는 이름은 있으나 속으로는, 내면세계가 갈등과 불행으로 가득 차 있으니 죽은 것과 같은 '사막의 인생살이' 라는 것입니다.

사막을 살리는 비결은 물을 투입하면 됩니다. 물이 있으면 생명이 되살아 날 것이요, 저마다의 생명체들이 저마다의 빛깔을 발휘해서 빛나는 삶의 보금자리를 만들 것입니다.

사막의 인생살이를 하며 괴로워하는 오늘의 인류를 재창조하는 비결은 생명의 원천인 참 사랑을 투입하면 본연의 참생명이 되살아나고, 저마다의 개성이 특유한 빛을 발휘하며 밝고, 즐겁고, 행복한 기쁨의 참사랑 왕국을 꾸미게 될 것입니다.

궁극적인 안착지는 참사랑의 피안彼岸

피안이란 명사는 불교적인 용어로 파라밀다婆羅蜜多, 도피안到彼岸의 준말로서, 모든 번뇌에 얽매인 고통의 세계인 생사고해를 건너서 이상경理想境에 도달하는 것을 의미하는 것입니다.

그러므로 피안의 자리는 고통과는 상관이 없는 자리요, 갈등이나 혼란, 불화나 불행이 없고, 슬픔과 대립이 없으며, 시기함도 질투도 없고, 상극의 요소나 속성이 없어서, 네가 나요, 내가 당신으로 상통하며, 상생으로 하나 되어, 한 생명유기체, 하나의 공동운명체, 한 몸과 같이 어우러져 자유와 행복과 평화를 노래하는 이상동산 사랑의 왕국을 꾸미고 사는 곳이 '참사랑의 피안' 인 것입니다. 인류 역사 이전에 우주와 인간을 창조하신 하나님이 설계하신 이상의 자리가 바로 '참사랑의 피안' 이었던 것입니다.

그런데 그 세계는 하나님과 인간이 합작으로 만들어야 했었는데, 인간이 책임 역할을 다하지 못해서, 역사적인 인류의 과제로 남았던 것입니다. 그리고 그 궁극적인 안착지 피안의 자리는 어느 시간과 공간적인 개념보다는 자신의 마음자리에, 자신의 삶의 자리에, 자신과의 이웃관계에서 우리들의 지성으로 만들어야 할 지상과제라 하겠습니다. 이 지상과제를 성취하기 위해서 다시 한 번 참사랑의 본질을 알아보겠습니다.

'참' 의 기원은 곧 하나님입니다. 이 천지간에 참된 분은 절대자, 한 분밖에 없는 주인, 즉 하나님인 것입니다. 그러므로 참의 기원은 반드시 절대자 하나님이 개재해야 하는 것입니다. 우주의 근원인 하나님은 만유의 부모요, 그 중에 인간이 자녀가 되는 것으로 부자관계父子關係가 우주의 핵이요, 축이 되는 것입니다.

관계를 맺는 참의 원기原器가 참사랑인 것입니다. 그리고 참사랑의 근본 속성은 절대, 유일, 영원, 불변성입니다. 그러므로 참사랑은 우주의 근원적 원동력으로서 하나님의 사랑을 의미합니다. 우주의 중심 핵, 우주의 원천, 공익성을 띤 무형의 질서, 평화 행복의 요체가 참사랑입니다. 우주의 근본은 인간이고, 인간의 근본은 생명이고, 생명의 근본은 사랑이며, 사랑의 근본은 하나님입니다.

그 하나님의 사랑이 나타나는 자리에 따라서 그 사랑의 이름은 다르게 표현되는 것입니다. 하나님의 사랑이 부부에게 나타나면 부부애가 되는 것이며, 형제에게 나타나면 형제애, 부모와 자식에게 나타나면 부모 사랑, 이웃에게 나타나면 이웃사랑, 민족에 나타나면 민족애, 국가애, 인류애, 천주애로 넓혀 나가는 것입니다.

그러므로 인류의 참부모 되시는 하나님을 내 마음속에, 부부 속에, 가족 속에, 이웃 속에, 종족 속에, 민족 속에, 국가 속에, 세계 속에, 천주 속에 생명의 중심으로 모심으로 하나 되어 살아갈 때 그 자리가 바로 영원한 참사랑의 피안이요, 안착의 자리가 된다는 말씀입니다.

참사랑의 등대

바닷가, 섬, 방파제 같은 곳에는 연안을 항해하는 선박에게 육지의 원근 소재, 뱃길이 위험한 곳, 항구의 위치 등을 알려 주는 등대가 있습니다. 즉 진로나 길잡이의 역할을 해 주는 것이 등대입니다.

캄캄한 밤에 성난 파도가 휘몰아치면 아주 위험합니다. 재빠르게 육지로 들어와야 되는데 등대가 없다면 어떻게 될까요? 방향 감각을 잃고, 불안에 휩싸이고, 몸부림을 치건만 더 헤매이면서 파도를 이기지 못하고 큰 위험에 빠지게 됩니다. 저는 등대의 고마움을 뼈저리게 느껴 본 경험이 있습니다.

판타날 40일 낚시수련을 하는데, 참부모님께서 정해주신 섭리적인 고기는 여간해서 안 잡힙니다. 그리고 고기는 이른 아침과 저녁에 해가 넘어갈 무렵이 비교적 잘 잡힙니다. 그래서 한 마리라도 더 잡으려고 갖은 노력을 하다보니 서산에 해가 떨어졌습니다. 어둡기 시작하더니 천지가 캄캄하여 방향을 분간할 수가 없고, 여기가 거기 같고, 저기가 여기 같고, 대 혼란에 빠졌습니다.

마침 그 때 저 멀리에 등대 불빛이 눈에 들어오는 것이었습니다. 얼마나 반가웠겠어요? 그 불빛을 향하여 배를 운전하여 도착을 할 수 있었습니다. 생명보다 더 고마운 등대였음을 잊을 수가 없습니다.

그렇습니다. 지금 이 시간에도 갈등의 늪에서 갈 길을 찾지 못해 헤매이는 이들이 너무나 많다는 것입니다. 괴로움의 바다에서 돈, 권력, 명예, 직위, 출세라고 하는 몸부림을 경주하고 있습니다만 그 괴로움의 바다 안에서 무슨 승산이 있겠습니까?

그러므로 참사랑의 등대를 만나야 돈의 피안, 권력의 피안, 명예의 피안, 직위의 피안을 기대할 수 있다는 것이고, 그 피안에 참사랑이 개재되지 않으면 영원과는 상관이 없는 순간에 불과하다는 것을 자각해야 되는 줄 압니다.

사막의 정황에 묶여서 살았다 하는 이름은 가졌으되 죽은 사막의 인생살이에서 해방, 석방을 받고 영원한 정착의 자리인 참사랑의 피안 영원한 행복의 보금자리, 만만세세에 길이 빛날 참인생을 만끽하는 성공자가 되기를 누구나가 원하고 있습니다. 이에 먼저 된 자, 참사랑을 먼저 받은 자, 축복가정들이 어두운 세상을 향해 참사랑의 등대 역할을 충실하게 봉사할 때, 해방 받은 자가 증가됨에 비례하여 피

안의 무리와 더불어 봉사의 아름다움이 백 배, 천 배로 상승되는 보람
이 있을 것입니다.

이제 우리는 사막에서 들려오는 죽은 목소리를 귀담아 듣고, 생명
으로 안내하는 길잡이 역할 자, 참사랑의 등대역할을 다하겠노라고
하나님과 우주 앞에 맹세하십시다. 그 맹세 위에 하늘의 놀라운 축복
이 함께하시리라 믿습니다. 감사합니다.

하나님의 심정으로 사는 삶

훈독 말씀 : 하나님의 심정

하나님의 심정은 창조와 복귀섭리의 과정을 통하여 세 가지의 형태로 표현되었습니다. 즉 소망의 심정, 슬픔의 심정, 고통의 심정으로 표현되었습니다.

소망의 심정이란 우주 창조에 있어서의 하나님의 심정으로서, 무한한 사랑을 베풀 수 있는 가장 사랑하는 최초의 자녀, 아담과 해와를 얻는다는 기대와 소망에 찬 기쁨의 감정을 말합니다. 이 소망의 심정이 달성되었을 때 말할 수 없는 만족에 찬 기쁨을 느끼는 것입니다.

실제로 아담과 해와가 태어났을 때 하나님의 기쁨은 표현키 어려운 만족의 경지에 취하였던 것입니다. 최근 물리학에 의하면, 150~200억 년이라는 오랜 기간 전에 우주가 생성되기 시작했다고 합니다. 이것은 통일원리로 볼 때 150~200억 년 전에 우주가 창조되기 시작했음을 뜻합니다.

하나님이 이렇게 오랜 기간을 두고 우주를 창조하신 이유가 무엇일까요? 그것은 가장 사랑하는 자녀인 아담과 해와를 창조하시기 위함이었습니다. 그 한 자녀를 얻기 위한 한 때를 바라보면서 하나님은 온갖 어려움을 무릅쓰고 그와 같은 오랜 기간을 걸쳐서 우주를 창조하신 것이었습니다.

희망에 찬 하나님은 우주창조의 과정이 아무리 길고 어렵더라도 그것이 길다거나 괴롭다고는 느끼지 않았을 것입니다.

이러한 사실은 우리가 경험을 통해서도 알 수 있습니다. 즉 기쁜 결과를 바라보면서 일을 준비할 때는 그 일이 아무리 어려운 것같이 예견되더라도 실제로 부딪쳐보면 그렇게 괴로움을 느끼지 않을 뿐만 아니라 그 시간은 속히 흘러갑니다. 그것은 머지않아 기쁨이 다가온다는 소망이 있기 때문입니다.

기쁨의 결과에 대한 하나님의 기대는 우리 인간들이 경험하는 기쁨과는 비교가 안 될 정도로 훨씬 큰 것이었습니다. 그리고 실제로 아담과 해와가 태어났을 때, 하나님의 기쁨은 비할 바 없이 크고 깊은 것이었습니다.

슬픔의 심정이란? 아담과 해와가 타락하여 사탄이 지배하는 사망권내에 떨어졌을 때의 하나님의 감정을 말하는 것입니다. 자식을 잃고 슬퍼하는 부모의 감정과 같은 하나님의 감정을 뜻합니다.

초창기 때, 선생님의 설교 말씀에 아담과 해와가 타락할 때, 하나님의 심정을 소개하면서 통곡하시는 일이 많았습니다. 타락 이후에 하늘과는 상관없이 사탄과 짝하여 퇴폐와 불륜의 슬픈 인생길을 가는 모습을 바라보시며 슬퍼하고 탄식하셨던 것입니다. 그렇기에 복귀섭리를 역사해 오신 하나님은 슬픔의 하나님, 한恨의 하나님이 되셨던 것입니다. 즉 창조할 때의 기대와 소망이 너무 컸기 때문에 타락으로 말미암은 하나님의 실망과 슬픔은 그 만큼 더 컸던 것입니다.

고통의 심정이란? 복귀섭리를 추진하는 과정에서, 섭리역사의 중심인물들이 사탄과 그 앞잡이들로부터 박해를 당하면서 고통을 겪는 것을 보시면서 하나님께서 가슴 아파하신 것을 말합니다. 즉 타락한 인간을 버리지 아니 하시고, 되살리기 위해서 선지선열과 성현들을 보냈는데도 불구하고 그들의 가르침을 따르기는커녕 도리어 그들을 박해하고 때로는 학살까지 하는 광경을 바라보실 때마다 하나님의 가슴에는 못이 박히고 창에 찔리는 아픔을 감내해 오신 것입니다.

그럼에도 불구하고 타락인간들을 기어이 살리시기 위하여 시대 시대마다 섭리의 중심인물을 세워서 탕감에 탕감을 거듭하시면서 재창조의 섭리를 펼쳐 오신 것입니다. 그렇기에 복귀섭리 역사의 하나님은 고통의 심정을 수천 수 만 번 겪으시면 서도 일편단심 절대사랑으로 복귀의 고통을 감내해 오신 것입니다.

하나님의 심정을 책임져야 될 선택받은 주님의 나라

뼈 중의 뼈요, 살 중의 살이요, 피 중의 피로 이어진 부모와 자녀의 관계로 창조된 하나님과 인간의 관계는 영원한 관계로 지으셨기에 실수한 자녀를 찾아 복귀의 역사를 펼쳐 오신 하나님의 손발된 선택의 무리들이 걸어온 역사는 하나님의 심정을 대신한 삶이셨기에 고난의 삶, 슬픔의 삶, 눈물의 삶이었습니다.

그러므로 선택받은 민족의 역사도 고난의 역사로 점철 되어 왔습니

다. 아브라함의 후손들로 이어진 이스라엘의 역사가 고난으로 점철
되었고, 예수님을 불신한 이스라엘 민족이나, 섭리의 바통을 이어받
은 기독교의 역사도 순교의 핏자국으로 점철 된 역사였습니다.

또한 제3이스라엘로 선택받은 우리나라도 고난의 슬픔으로 얼룩진
나라입니다. 이러한 섭리와 연결된 고난의 복귀역사를 한 몸에 끌어
안으시고 섭리의 총체적인 책임을 맡으신 참부모님의 노정도 가시밭
길 피로 물들인 노정이셨습니다.

실로 하나님의 섭리를 맡은 세계선교사와 공직자들의 노정도 하나
님과 박자를 맞추며 탕감길을 기쁨과 감사로 감내해 왔습니다. 선교
를 하다가 총살을 당한 선교사도 있습니다. 실로 섭리의 역사는 사랑
의 십자가를 지고 탕감의 고난을 통하여 만들어지는 거듭 낳는 산고
의 연속이었습니다.

하나님의 심정을 책임져야할 축복가정

우리는 모래알 같이 많은 사람 가운데서 특별히 선택받았고, 양육
의 은총 입어 축복받은 하늘의 심정을 대신한 하늘의 황족의 반열에
오를 작은 메시아들입니다.

우리에게 주어진 직무는 역사적인 축복을 상속해 주시기 위한 직분
으로서, 하늘나라 황족의 반열에 동참케 해 주시고저, 너무나도 고귀
한 종족의 메시아라고 하는 직분을 축복해 주신 것입니다.

그렇기에 참부모님께서 천주의 메시아로서 온 천주를 가슴에 품고
재창조의 감격을 노래하시듯이 우리는 종족을 가슴에 품고 재창조의
감격을 노래하는 삶을 살아야 되는 것이지요. 상속이란 심정과 사정

과 소원의 일치된 자리에서 그리고 사탄의 참소가 없어야 되므로 사탄도 감탄하는 고난의 십자가 위에서 이루어진다고 하십니다.

우리는 하나님의 몸으로서, 하나님의 섭리도구로서, 하나님의 손발로서, 심정에 사무쳐 살면 하늘이 우리의 삶을 일일이 주관해 주심으로 하늘의 인생을 가꾸는 행복이 있게 되는 것입니다. 세상 사람들이 사는 모습을 뜯어보노라면 모순의 굴레 속에서, 사탄의 지배 아래, 아귀다툼을 하는데, 그 답은 허무로 끝나는 비통이 있습니다. 왜 그럴까요? 하나님과의 부자지인연父子之因緣이 아니고 사탄의 굴레에서 허덕이다가 사탄의 인연으로 사탄의 결과를 초래하기 때문이지요.

심정의 재산은 영원한 보화입니다

우리는 원리에서 인격완성, 사랑완성, 심정완성 이 3대 완성을 이루는 것이 지상생활의 궁극적 목표요, 마치 나무와 열매와의 관계와 마찬가지로 나무와 같은 지상의 육신을 갖고 있을 때, 3대 완성의 열매된 속사람을 잘 영글게 해서 알차게 만들어야 인생승리를 말할 수 있다고 했습니다. 그렇기에 우리의 삶의 자리는 하나님의 심정을 실현하는 자리가 되어야 된다는 것입니다.

우리는 복귀섭리의 인생이므로 하나님의 고통의 심정을 많이 체휼하고, 고통 속에 게시는 하나님과 깊은 속삭임 속에서 하나님의 자녀로서의 본질을 알차게 꾸미게 된다는 것이지요. 더불어서 슬픔을 나의 슬픔에서 멈추지 않고 하나님과 함께의 슬픔이 될 때, 그 슬픔은 슬픔이 아니라 영원한 보화의 추억이 되고, 하늘과 뗄래야 뗄 수 없는, 뼈 살로 맺어지는 골수에 사무친 부모와 자녀가 되는 것입니다.

실인 즉 섭리역사 속에서 뜻을 위해 고생을 많이 한 식구는 골수에 사무치는 향기가 술술 납니다. 자동적으로 고개가 숙여지고 존경의 심정이 우러나옵니다. 선배님들의 간증을 들어보면 고생을 많이 한 것이 얼마나 큰 자랑인가를 알 수 있습니다.

하늘나라에는 심정의 계수에 따라서 그 위치와 기준과 자리가 자동적으로 결정된다지요. 양심이나 영인체가 자동적인 대형 자동컴퓨터이므로 자동적으로 답이 나온답니다. 그런데 똑같은 자리에서 똑같은 일을 하더라도 심정을 챙기는 사람이 있는가 하면 심정을 까먹는 사람이 있습니다. 그렇기에 강조하고 또 강조하는 신앙의 자세는 절대 신앙, 절대복종입니다.

성별되고, 분별된 생활이 대단히 중요합니다

우리가 살고 있는 환경은 세속의 문화 환경입니다. 조금만 소홀히 해도 오염되기 쉽습니다. 마치 먼지가 우리세포에 침투하듯이 부정적인 요소들이 우리의 정신세포에 끼어듭니다. 그러므로 늘 분별되고, 성별된 신앙생활을 운영하는 신앙의 철학이 반듯하게 서 있어야 됩니다.

그러니 매일 알파와 오메가를 잘 관리해야 됩니다. 아침의 첫 시간을 하나님께 예의를 잘 갖추고, 말씀을 영의 양식으로 섭취하고, 하나님과 속삭이는 기도의 시간을 갖고, 하늘의 인생다운 삶을 살 것을 맹세하고, 저녁에 잠자리에 들기 전에 하루를 정리해보고 하나님께 보고하고, 일기를 쓰면 더 확실한 정리가 됩니다. 그리하여 우리의 삶이

하나님의 심정으로의 삶인 것을 늘 수시로 확인하며, 어디에서나 심
정을 챙기는 삶을 운영할 때, 하루가 천년보다 더 귀한 영생의 인생을
알뜰하게 꾸며 가리라 믿습니다. 감사합니다.

예물 보따리

여러분은 천국 갈 때에 예물로 가져갈 것이 있습니까? 영계에 가면 순교당한 공신들이 앞에 죽 늘어 서 있는데, 그들 앞에 여러분들이 가지고 간 보따리를 펼쳐 놓을 수 있을 것 같습니까? 통일교회가 무슨 고생을 했으며, 여러분이 무슨 고생을 했느냐? 그만한 고생도 안 하고 어떻게 나라를 위하고 세계를 위한다고 하겠습니까? 고생을 하긴 했지만 나는 고생했다고 생각 안 합니다. 그래야 당연한 것입니다. 아직도 갈 길이 남아 있습니다.

영계에 가서 보따리를 풀어 놓고, '이것은 일생 동안 제가 장만한 선물이오니 받으시옵소서!' 할 수 있어야 하는 것입니다. 여자들이 시집 갈 때 한 보따리씩 해 가면서 천국 갈 때는 달랑달랑 몸만 갈 수 있습니까?

영계에도 세계가 있고, 나라가 있고, 종족이 있고, 가정이 있고, 개인이 있습니다. 개인을 중심삼고 볼 때 거기에서 절대적으로 필요한 존재라고 할 수 있는 자주성이 없이는 못 들어가는 곳이 천국입니다. 가정을 중심 삼고 볼 때도, 종족을 중심 삼고 볼 때도, 역시 내가 절대

적으로 필요하다 할 수 있는 그런 자주성이 있어야 합니다. 거기에서
내가 절대적으로 필요하다는 자주성이 있어야 갈 수 있는 곳이 천국
입니다. (32-71, 19-45)

신랑 신부는 무슨 예물을 준비 하는가요?

나라마다 결혼 문화에 따라 신랑 신부가 준비하는 예물 문화도 다
양합니다. 어떤 나라에서는 남자가 결혼을 하려면 소나 말, 또는 쌀
등 그 나라의 수준에 따라서 소 30두, 혹은 말 20필, 또는 쌀 30가마
등으로 '신랑 되기 위한 예물준비'를 합니다. 그래서 적당한 준비가
되면 신부 집에 예물을 주고 신부를 데리고 와서 결혼을 하고 가정을
꾸미게 되는 것입니다.

또 어떤 나라는 신부가 신랑보다 더 많은 예물을 준비하기도 합니
다. 아파트 열쇠, 자동차 열쇠 등 분수에 넘게 준비를 하는 허황된 예
비신부도 있지요, 예물지수가 행복 지수라고 믿는 것 같은데, 그 반대
인 경우가 더 많아서 마음의 예물과 몸의 예물이 엇박자가 되어 달콤
한 신혼의 기대감이 불행을 자초하는 경우가 왕왕 발생합니다.

대부분의 사람들이 물질적 가치로 예물을 준비합니다만 정신적인
예물, 즉 아름다운 마음과 성숙한 인격 그리고 순결한 사랑과 심정,
하나님의 영적 오관과 육적 오관, 모든 속성과 요소가 어우러짐의 박
자를 맞추어 살아갈 수 있는 진리와 원리의 실력을 준비하는 내면적
이고 '본질적인 예물'이 영원한 행복과 기쁨의 예물이 될 것입니다.
사실인 즉 아파트 열쇠보다 더 값지고 아름답고 위대한 예물은 '하나

님의 거룩한 성전 된 인격의 아파트' 를 만드는 것이요, 자동차 열쇠보다 더 고귀한 예물은 하나님께서 주신 신성과 속성으로 '행복 자동차, 참사랑의 자동차' 를 만드는 데 있습니다. 다이어 몬드보다 더 고귀한 예물은 절대, 유일, 불변, 영원한 하나님의 속성을 상속, 전수, 닮아서 또 하나의 하나님과 똑 같은 '복사판적인 보물실체' 로 만드는 데 있습니다.

실은 질서와 순서를 따진다면 마음의 예물이 먼저요, 몸의 예물은 다음인 것이며, 마음이 주체요, 몸은 대상이기에 중심축中心軸을 이루는 주체적인 마음의 예물을 우선하고, 더 중요시하고, 더 귀하게 준비를 해야 되는 것이고, 몸의 예물은 격식을 갖춰 분수를 따라서 준비하면 좋은 것이지요.

참부모님께서 봉정하신 영광의 예물은 '하나님 왕권, 왕관' 이었습니다

참아버님께서는 꽃다운 16세 소년 때, 묘두산 기슭에서 하늘의 천명을 받고, 하늘과 우주와 인류의 근원을 찾아 고난의 탕감 길을 몸소 감내하시며, 죄악의 골 골짜기를 헤매이시며, 억만 사탄과 혈전고투하시어 급기야는 사탄의 사슬을 끊고 하나님을 찾으셨습니다. 참아버님께서 만난 하나님은 억만 사탄의 늪에서 헤어나지 못하시는 고난의 하나님, 한恨의 하나님, 눈물의 하나님이셨습니다.

그래서 영광의 만남이 아니라 통곡의 만남, 눈물의 만남, 억울함에 복바치는 부자의 상봉이었다고 하십니다. 하나님을 찾으시고 만나서 결심한 것이 '하나님해방과 인류 해방' 을 위한 탕감승리를 결단하시

고, '죽으면 죽으리라' 맹세하시고 탕감복귀의 길을 개척해 나오셨다
는 것입니다.

　얼키설키 '뒤범벅 죄' 로 찌든 세상을 하나하나 정리하시고, 청산하
시고, 승리의 결실을 이루시는 탕감복귀의 섭리를 시간을 다투시며
펼쳐 나오셨습니다. 그리하여 새 천년을 맞아 2001년 1월 13일 천주
가 감탄하는 하나님왕권을 수립하시게 되었던 것입니다.
　'하나님 왕권수립 승리' 는 아무리 외치고 또 외쳐도 감동 그 자체
인 것입니다.

　하나님께서 죄악의 늪에서 해방 되어, 본연의 그 자리인 천주의 대
왕 자리에 오르시어 참사랑의 왕권 왕위를 수립하시게 되었으니 온
천주는 이제야 중심을 바로 세우게 되었고, 중심을 중심 삼고 새 하
늘, 새 땅이 활짝 열리게 된 천주 개벽 승리의 영광이었습니다. 하나
님의 왕권을 찾아 드리고 왕관을 봉정하신 참부모님의 생애, 그 왕관
에 어리어 있는 피, 땀, 눈물, 탕감의 우여곡절을 그 무엇으로 표현할
수 있겠습니까? 역사에 없었던 그 '위대한 예물' 을 만드시기까지의
탕감복귀의 삶은 노심초사, 눈물범벅, 고난의 십자가, 새우잠으로 일
관된 절대효성의 생애, 절대 충신의 생애, 절대 성인 성자의 생애, 절
대 일심의 생애셨습니다.

　하나님께 봉정한 예물 중의 예물은 '천정궁 예물' 일 것입니다.
　온 천주를 창조하시고, 주관 주재하시는 하나님께서 시간과 공간
속에 안식하실 보금자리가 없어서 떠돌이 신세로 섭리를 펼쳐 오셨

으니, 나그네 되신 하나님의 고통이 인류의 고통이요, 역사의 고통이
었습니다. 인류의 부모 되시는 하나님이 저택이 없어서 안절부절 하
시니, 자식 된 인류는 죄송하여 몸 둘 바를 모르고 가시방석의 인생을
살 수밖에 없었던 것입니다.

역사적인 천일국 6년 6월 6일부터 천정궁 입궁 및 대관식의 대행진
이 시작되어, 6월 13일 천정궁 입궁과 대관식을 갖게 되었으니 온 누
리 온 천주, 온 인류, 온 영계가 입을 모아 외치는 영광의 함성이 하늘
땅에 차고 넘쳤습니다. 하나님께서 참부모님 안에 계시어, 종적인 하
나님과 횡적인 하나님이 시간과 공간적인 새 하늘, 새 땅, 새 왕궁에
안주하시게 되었으니 이제야 하나님의 하늘, 하나님의 땅, 하나님의
세상이 임하시게 된 것입니다.

하옵기에 하나님께 올린 예물 중의 예물이 천정궁 예물이요, 그 예
물을 준비하는데 식구들을 동참케 한 것은 전무후무한 영광의 기회,
영광의 축복을 허락해 주신 것이었습니다.

천국에 가지고 갈 '예물 보따리'를 준비하는 생활

하나님께서 정해 주신 인생의 코스를 따라 사람은 누구나 지상생활
을 마치게 되면 영계로 가게 되는 것입니다. 갈 때 빈손으로 가느냐?
예물을 준비해서 갖고 가느냐? 하는 과제를 오늘 이 시간 하늘의 메
시지로 우리들을 일깨워 주고 있습니다.

우리는 늘 선택 받은 축복가정임을 고귀하게 여기며, 축복가정의
도리와 책임을 다하려고 혼신의 힘을 쏟고 있습니다. 우리의 시간은
유일무이한 것이어서 우리의 일생일대에 오직 한 번밖에 없는 시간

들인데, 그 주어진 시간을 축복의 시간, 영광의 시간으로 요리하고 소유할 수 있는 섭리적 인생관에 시간적 개념을 가치적 인생으로 올바르게 챙겨야 보람과 행복으로 영글게 된다는 것입니다.

천국에 가지고 갈 예물 보따리 안에는 항목별 작은 보따리들이 모아져서 예물 보따리를 준비하게 되는 것이지요. 작은 보따리들을 살펴보면, 영적인 호흡생활인 기도, 부자의 관계를 보다 돈독하게 만드는 경배, 하늘을 사모하는 명상의 시간을 갖는 것 등으로 꾸며지는 정성 보따리, 하늘의 선택 받은 백성의 기본도리인 십일조 생활, 특별정성을 드리는 특별헌금, 경축헌금, 선교헌금 등으로 가꿔지는 헌금 보따리, 하늘의 뜻을 알리고 원리를 가르치고 새 생명으로 접목하는 구원 활동으로 가꿔지는 전도 보따리, 우리의 손길을 필요로 하는 곳에 사랑의 손길을 베푸는 봉사활동으로 만들어지는 봉사 보따리, 섭리적인 프로그램에 동참하므로 때를 따라 상속의 은총을 전수 받는 행사의 주역이 되어 만드는 행사 보따리, 섭리적인 승리의 결실로 이루어진 기념일을 경축하는 지성으로 꾸며지는 경축 보따리, 말씀을 육신 만들고 생활을 꾸미는 훈독생활이 모아져서 만들어지는 훈독 보따리, 심정 보따리, 눈물 보따리, 선교 보따리 등이 모아져서 '위하여 산 보따리'를 만들게 되는 것으로서, 어쩌면 일생의 삶의 이모저모가 영원한 추억 보따리를 만들어 천국에 가서 보고할 보고 자료가 곧 예물 보따리가 되는 것입니다.

하나님과 참부모님 그리고 인류와 역사가 찬양할 예물 보따리를 장만케 하는 뜻의 인생, 섭리의 인생이 너무나 고귀한 것이며, 영생으로 이어지는 복된 시간과 삶이기에 '순간이 영원이요, 오늘이 영생' 이라는 생활 관념을 정립시켜주는 것입니다. 천국 예물을 준비하는 삶이야말로 우리를 소중한 삶으로 인도하는 길잡이요, 푯대 역할을 다할 수 있도록 해 주는 원동력이 되는 것입니다.

하늘에 계신 4대성인을 비롯한 역사적인 순교자들, 그리고 애국지사, 충신열사, 효자, 열남 열녀 등 많은 분들 앞에 떳떳이 펴 놓고 자랑할 천국의 예물 보따리를 오늘의 시간에서 섭리의 과제와 더불어 알뜰히 준비하는 나날의 삶의 자리가 되시기를 기원 드립니다.

정성을 다하는 삶의 이모저모에 놀라운 축복이 함께하시기를 축원합니다

너 뭘 하다 왔느냐?

훈독말씀 : 사람을 사랑해야

영계에서는 하나님의 사랑이 없으면 먹지 못합니다. 먹을 자격이 없다는 것입니다. 지옥은 보면서도 먹을 수 없는 곳이요, 알면서도 행할 수 없는 곳입니다.

그렇기에 하나님의 사랑을 중심삼고 영계와 육계가 하나 될 수 있는 가치적인 중심을 세워놓고, 하나님의 사랑을 중심삼고 지상에서 영육이 하나 된 천국생활을 한 사람 외에는 영원한 이상적 세계를 가질 수 없는 것이요, 하늘나라를 소유할 수 없습니다.(91-173)

영계에 가서 자랑할 것이 무엇이냐? 선생님이 영계에 갔는데, 너 지상에서 뭘 하다 왔느냐? 하고 하나님이 묻게 되면, 돈을 많이 쓰고 왔습니다. 하는 것이 자랑이 아닙니다. 얼마만큼 사람을 그리워하고 사랑하며 살았느냐 하는 것이 자랑입니다.(187-310)

저 나라에서 필요한 것은 다른 게 아닙니다. 세계보다도, 자기 나라보다도, 자기 아내보다도, 자기 아들딸보다도, 하나님을 더 사랑해야 됩니다. 그게 원칙입니다.

저 나라에 가면 돈벌이를 하겠습니까, 억만년 잠을 자겠습니까? 억만년 잠자는 것도, 돈벌이도 필요 없습니다. 자기 정도에 따라서 먹을 것은 언제나 먹을 수 있습니다. (126-142)

사랑의 순서는 하나님 사랑으로부터 시작됩니다

누구보다도, 무엇보다도, 하나님을 더 사랑해야 된다고 하시는데, 하나님이 욕심쟁이라 그러시는가요? 그럴 리가 있겠어요. 모두가 하나님으로 말미암아 창조되었고, 하나님으로 말미암아 질서가 세워졌고, 하나님이 중심이요, 핵으로 우주가 운행되는 것이기에 하나님이 첫째요, 하나님이 먼저요, 하나님이 시작이요, 하나님이 계심에 우리가 있기에 하나님을 여타의 모든 것을 넘어서 먼저 사랑, 더 사랑해야 되는 것이 당연한 이치, 당연한 논리, 당연한 순서지요.

그런데 사실인 즉 머리로는 하나님을 먼저 사랑, 더 사랑해야 되는 것을 알고, 그리하려고 노력을 경주하는 데도 잘 안 되는 것은 참으로 안타까운 삶의 모습이요, 실상임을 자각할 때마다 정신을 차리고 또 차립니다만 왜 그런지 발전과 향상이 오르락내리락하는 것은 아직도 하나님과 나와의 질서정립, 관계정립, 전통 문화생활 정립이 제대로 안 되었다는 증거일 것입니다.

참부모님께서는 하나님 배우로서의 인생을 사시기 때문에 내 맘대로 하는 것은 하나도 없다고 하십니다. 정말인 즉 배우는 감독이 하라는 대로 하는 것이지요. 우리의 창조주요, 섭리의 감독자이신 하나님이 원하시는 대로, 하라는 대로 살아 드리면 완벽한 충효의 배우가 될

206

것입니다.

사람을 사랑하는 것이 하나님을 사랑하는 것입니다

하나님은 무형의 실체입니다. 마치 우리의 마음과 같은 실체지요. 마음은 육안으로는 보이지 않지만 영안으로 보이고 몸의 오관과 똑같은 오관이 있어서 오관끼리의 관계와 작용을 하고 있는 양면의 실체가 있기에 인간이 인간으로서의 생을 누릴 수가 있게 되는 것입니다. 그래서 몸을 쓴 하나님이 인간이요, 인간의 마음 같은 분이 하나님이십니다.

사람의 목숨이 끊어지면, 즉 마음이 떠나간 사람, 몸과 마음이 분리되어 마음이 없는 몸은 사지백체, 오장육부의 기능이 중단되고, 역할도 중단되고, 존재의 의미, 지상의 생이 끝나게 되는 것입니다.

사람은 하나님의 형상이요, 성상입니다. 사람의 신분은 하나님의 자녀입니다. 그래서 사인여천事人如天이라 하여 사람을 하나님과 같이 사랑하고, 존중하라고 했습니다. 또한 인내천人乃天이라 하여 사람이 곧 하늘이라고 한 것입니다. 그러므로 사람을 사랑하는 것이 곧 하나님을 사랑하는 것입니다.

그렇다면 사람을 하나님같이 사랑하는 우리의 사랑생활이 제대로 잘 되고 있는가를, 스스로 자문자답하시며 사랑의 정도 여부를 체크해 보시기 바랍니다.

사람을 사랑하는 것이 만물을 사랑하는 것입니다

하나님께서는 당신의 성상, 형상을 닮아서 자식인 인간을 지으시기 이전에 자식이 먹고, 마시고, 즐길 수 있는 모든 삶의 환경을 다 지으시매, 하나님의 속성과 요소를 닮아서 인간을 지었듯이, 만물도 인간이 관계를 맺고 끝없는 기쁨을 찬양할 수 있는 동일한 속성과 요소로 지었습니다. 그 차원과 질과 양을 달리하면서도 총체적인 종합실체로서 자식을 창조하신 것입니다.

그렇기에 사람을 펼쳐 놓으면 우주가 되고 우주를 축소하면 인간이 되는 것입니다. 그러므로 사람을 사랑하는 것은 자연을 사랑하는 것이요, 자연을 사랑하는 것이 사람을 사랑하는 상관관계 속에서의 사람과 자연, 자연과 인간의 공생관계, 공존관계, 공영관계로 친환경적인 우주 관리와 사람관리를 하나님의 사랑으로 함께, 더불어 인간사랑, 만물사랑을 동일한 사랑으로 실행하게 되는 것입니다.

도인들이 자기를 죽이는 연단을 많이 하고, 하나님의 속성으로 바꾸기 위해 몸과 마음을 갈고닦는 수도생활을 깊이 하노라면 자연과 속삭이는 경지에 이르게 된다고 합니다. 자연 속에 깃든 신비로움, 그 오묘하고 기묘함을 느끼고 속삭이게 되면 사람이 자연이고, 자연이 사람임을 절감하며 사람과 자연은 둘이 아닌 하나요, 서로를 위한 상생의 일체이상실체—一體理想實體임을 자각하게 된다는 것입니다.

그러므로 사람을 사랑하는 것이 곧 자연을 사랑하는 것이요, 만물을 사랑하는 것이기에 사람과의 관계가 사랑으로 깊어지면 하나님, 인간, 만물이 하나로 어우러지는 신비경神秘境에서 살아가게 된다는 것입니다.

사람을 사랑하는 것이 섭리를 사랑하는 것입니다

하나님이 타락한 인간을 복귀해 나오신 섭리의 핵은 사랑의 십자가를 감내하는 가시밭길이었습니다. 원수와 짝한 사탄의 무리가 되어 하나님을 배반하고, 핍박하고, 반대하는 입장에서 섭리를 방해해 왔습니다. 그럼에도 불구하고 끝없는 사랑을 베풀어 왔던 것이 탕감사랑, 복귀사랑, 섭리의 사랑이었습니다. 그렇기에 하나님의 진솔한 사랑의 체험 자리는 지옥의 밑창이라고 하셨습니다.

참아버님께서 지옥의 밑창과 같은 흥남감옥에서 동료를 사랑한 체험담은 너무나 위대한 실담입니다. 죽어가는 동료의 입 안에 있는 음식을 서로 빼앗아 먹으려고 아귀다툼하는 지옥의 밑창, 사람을 생으로 죽이기 위한 강제노동의 현장에서 주먹밥을 반만 잡수시고 반을 동료에게 베푸신 사랑은 하나님도 사탄도 탄복한 사랑성공, 사랑승리의 본보기였습니다.

실로 사람을 사랑하되 핍박자를 사랑하고, 방해자를 사랑하고, 원수를 사랑하는 그 참사랑으로만이 원수를 자연굴복 시킬 수 있는 탕감사랑이 되고, 복귀사랑이 되고, 승리사랑이 된다는 것입니다.

좋아하는 사람을 사랑하는 것은 누구나가 할 수 있습니다. 그런데 원수를 사랑하는 경지는 하나님의 절대사랑, 그럼에도 불구하고의 사랑, 탕감을 위한 사랑의 경지에 도달하지 않고서는 어려운 것입니다. 복귀의 원리가 탕감을 통한 원리임을 알면서도 정작 원수를 사랑하는 것이 생각보다 그리 쉽지 않은 것이지요. 하나님의 사랑이 몸과 마음에, 세포 세포에, 차고 넘쳐야 가능한 것입니다. 그렇기에 핍박 자를 사랑하고, 방해자를 사랑하며, 원수를 사랑하는, 사람 사랑의 연 단은 섭리의 꽃 열매를 만드는 본질적인 연단이 되는 것입니다.

사랑의 실적으로 하늘나라의 만족한 주인이 되시기 바랍니다

천국은 사랑으로 말미암은 세상이라고 합니다. 지옥은 사랑이 없는 연고로 사랑하고 싶어도 사랑을 할 수가 없고, 먹고 싶어도 먹을 수가 없고, 사랑이 없는 연고로 사지백체가 무용지물이 된 세상이라고 합 니다.

그러나 사랑이 완숙한 영인체는 부족함이 없는 자유가 있고, 부족 함이 없는 즐거움이 있으며, 부족함이 없는 행복에, 부족함이 없는 평 화로운 삶으로 만족의 경지에서 산다는 것입니다.

그러므로 지상에서 백년인생의 궁극적인 목적은 영원한 하늘나라 에서 만족한 생을 찬미할 수 있는 만반의 준비를 하는데 있습니다. 그 준비의 핵심이 바로 사람을 그리워하고, 사람을 사랑하고, 사람을 복 귀하기 위해서 지옥의 밑창을 자진해서 찾아가, 원수를 사랑하는 실 천에 있다는 것입니다.

실천이 없는 사랑은 메아리에 불과합니다. 행함이 없는 사랑 또한 그림의 떡에 불과합니다. 사랑이 없는 믿음은 울리는 꽹과리요, 알맹 이 없는 쭉정이에 불과합니다. 사람을 복귀하여 하늘의 생명을 탄생 하는데 지극정성을 다하시기 바랍니다. 우리는 누구나 예외 없이 언젠가는 영계에 가게 됩니다. 하늘나라에 갔을 때 하나님께서 또는 조상들이 '너 지상에서 뭘 하다가 왔느냐' 고 물으실 때, 사람사랑의 승리자가 되기 위해 살다가 왔다고 답할 수 있는 식구님들이 되시기를 축원 드립니다.

사랑의 권력이 만년 권력

훈독말씀 : 영계의 권력은 사랑의 권력이다

영계에 가게 되면 천상세계에, 무한한 세계에 수백 억 인류가 살고 있습니다. 거기에 가면 안 만나는 사람이 없습니다. 거기서 누구 보고 싶다 해서 누구를 불러내게 될 때, 그를 '사랑하는 척도' 가 있어 가지고 불러야 나타나지, 내가 욕심을 가지고, '그 사람이 훌륭한 박사이기 때문에 지식을 찾기 위해서 내가 만나겠다.' 라고 생각하면 절대 안 나타납니다. 못 만난다는 겁니다. 사랑이 있어야 됩니다. 그가 그렇게 유명한 사람이 되기까지 과거에 고생했던 그 수고의 대가를 알아주고 그를 사랑하는 마음으로 부르면 동서 사방에 어느 누구라도 다 대할 수 있습니다. (233-140)

사랑으로 얼마나 인류를 사랑하고, 하나님이 사랑을 중심삼고 지어준 피조물을 대할 때 하나님 같이 어떻게 사랑 하느냐 하는 그것이 전부다 '측정기준' 입니다.

대번에 알 수 있습니다. 컴퓨터 이상입니다. 시집간 여자들이 자기 남편이 얼마나 사랑하느냐는 것을 두고 자랑하지요? 저 나라에는 하나님의 사랑을 중심삼고, 하나님의 사랑을 얼마만큼 받은 사람이냐

하는 것이 자랑입니다. 본연의 참사랑, 이것이 높은 급수의 사랑입니다. 이것으로부터 급수가 결정 되는 것입니다.(216-171)

하나님은 사랑 때문에 창조했습니다. 하나님께 무엇을 좋아하느냐고 물어 보면 어떻게 대답하겠어요? 하나님은 좋아하는 것이 없습니다. 돈도, 지식도, 권력도 필요 없습니다. 사랑 가운데는 돈도 있고, 지식도 있고, 권력도 있습니다. 사랑의 권력이 만년 권력입니다. 진짜 사랑을 아는 사람은 천상세계에 가서 배울 것이 없습니다. 그런 사람은 언제든지 하나님의 마음속을 들락날락합니다.(202-86)

사랑 때문에 창조한 천주입니다

사랑은 홀로의 명사가 아니라 상대적인 명사라는 것입니다. 사랑이란 대상을 통하여 성사되는 박자의 명사요, 짝꿍의 명사이며, 서로의 명사로 가능한 것입니다.

그러므로 사랑의 본체요, 사랑의 원천으로 계시는 하나님께서는 사랑을 성사하기 위해서 사랑의 대상으로, 박자의 대상으로, 짝꿍으로, 서로의 대상으로 우주와 인간을 창조하신 것입니다. 그 대상을 좀더 구체적으로 살펴보면 내적인 대상으로 하나님과 똑같은 무형의 실체인 인간의 영인체를 창조하셨고, 영인체의 대상으로 유형의 실체인 육체를 창조하셨고, 육체의 대상으로 삼라만상을 창조하심으로 종국적으로 천주를 창조하신 것입니다. 그리고 모든 존재를 쌍쌍제도로 창조하심도 사랑을 위함이요, 기쁨을 위함이며, 행복과 보람을 위하여 주체와 대상으로 창조하였다는 오묘한 이치와 원리를 알게 되었습니다. 그렇기에 이 원리를 삶의 원리로 박자를 맞춰 살 때, 그 자리에 사랑이 피어나고, 행복과 기쁨이 박자를 맞춘다는 것입니다.

만유를 사랑으로 다스리라 하였습니다

하나님은 온 천주를 다 창조하시고, 천주의 주인으로 당신을 빼닮은 자식으로 인간을 창조하였습니다. 그리고 천주를 다스리고 살 권한을 부여해 주었습니다. 창조의 동기가 사랑이요, 창조된 만유를 다스림도 사랑으로 주관하므로 온 천주가 사랑으로 어우러진 사랑의 꽃향기가 가득한 사랑의 왕국을 이루고 영원한 기쁨을 노래하며 사랑의 삶을 영위하기 위한 것이 동기요, 결과였던 것입니다.

물론 원리로 다스리는 것이 이치와 법도에 의한 공동체적 조직원리가 됩니다만 그 원리는 사랑의 도구요, 사랑을 위한 원리이기에 원리와 사랑은 동전의 양면이요, 손의 손바닥과 손등과 같은 관계로서 다스림의 양면이라 할 수 있는 것입니다.

삼라만상은 그야말로 원리의 천태만상이요, 각양각색으로 저마다의 독특한 특성에 개성을 뽐내며, 저마다의 사랑의 빛깔을 뿜어내는 것입니다. 그토록 많은 헤아릴 수 없는 존재의 자태들이 주인인 인간과 더불어 저마다의 특성, 저마다의 개성, 저마다의 빛깔, 저마다의 원리와 사랑을 주고받으며 사랑의 관계망을 꾸미고 그 사랑이 원형으로 구형으로 각도를 달리하며 돌아가는 그 오묘함이 사람의 마음을 채워주고 있으니, 정말인즉 무한대의 사랑으로 끝없는 행복과 기쁨으로 지상생활을 누리다가 그대로 영계로 이어지는 것이 하나님께

214

서 천주와 인간을 사랑 때문에 창조하신 사랑의 궁극적 동기와 목적임을 새삼 되새겨 봅니다.

그러므로 본연의 이상세계 생활문화는 사랑으로 시작해서 사랑으로 끝나는 세계요, 사랑으로 다스려지는 사랑의 세계이므로 오직 조화, 기쁨, 행복, 영광, 만끽으로 뒤덮인 사랑의 왕궁에서 사랑의 꽃으로 파묻혀 사는 삶 이었을 것입니다.

참사랑은 위함의 원동력입니다

하나님의 사랑인 참사랑은 주고자 하는 힘, 중심으로부터 내려 주는 힘, 베푸는 힘, 위하는 에너지가 바로 참사랑의 본질입니다. 그 대표적인 사랑이 부모의 사랑입니다. 부모가 자식을 대하여 피보다 더, 살보다 더, 땀보다 더 아끼고 마냥 주지 못해서 안달을 하는 그 힘이 참사랑의 힘인 것입니다. 그러므로 참사랑의 작용은 위함을 통하여 끝없이 번창되어 나가는 것입니다.

그런데 여기에서 주의할 것은 위함이 감사로 응답될 때, 또 하나의 위함으로 진전되는 것인데, 감사함을 모를 때 위함의 에너지는 죽어가는 아픔이 있다는 것입니다. 위함과 감사함이 주거니 받거니 할 때 사랑이 사랑되는 것이고, 그 가운데 생의 희열을 갖게 되고 생동하는 삶을 영위할 수 있다는 것입니다.

그러나 사탄이가 왕 노릇하는 거짓 된 세상에 거짓사랑은 이기심을 유발하므로 갖가지 불행을 낳습니다. 사탄이 된 동기가 하늘의 공도를 어기고 자기를 위주로 한 잘못 판단에서 공도의 궤도를 이탈한 것이기에 사탄을 중심한 무리들의 사고방식은 위하는 이타심보다, 자기 욕심을 앞세우는 이기심으로 많은 부작용을 초래합니다.

어느 깊은 산골 작은 연못에 예쁜 붕어 두 마리가 살고 있었답니다. 그런데 어느 날 한 마리 붕어가 연못을 다 차지하고 편히 살겠다는 욕심으로 다른 한 마리의 붕어를 죽이고 말았답니다. 그런데 날이 갈수록 죽은 붕어가 썩어 들어가 연못마저 썩게 하고, 그 한 마리의 붕어는 썩은 물에 오염되어 죽고 말았답니다.

이기심이 서로를 죽이는 공멸의 비극을 초래하게 된 것입니다. 우리가 사는 세상에 이기심으로 이기는 방법이 앞서게 되면, 상생과 공생은 도망을 가고, 사람 사는 마당에 여유가 없고, 씁쓸하고, 삭막한 세상이 된다는 것입니다.

주는 것이 받는 것이요, 서로 더불어 베푸는 것이 행복을 공유하는 이치이며, 희생과 봉사가 보람과 행복의 비결이라는 것을 실행하는 삶의 터가 될 때, 인간의 미덕, 인간의 멋, 인간의 가치, 생의 보람, 인간다움의 멋과 맛이 제대로 살아나 밝고 빛나는 영광의 삶을 찬미할 수 있다는 것입니다. 참사랑의 실천 생활이야말로 행복의 등불이 된다는 사실을 행함으로 빛내야 되겠습니다.

삼애三愛의 정도가 사랑의 측정기준이 된답니다

삼 애는 하나님사랑愛天, 인류사랑愛人, 만물사랑愛物을 말합니다. 하나님을 사랑함에 마음을 다하고, 뜻을 다하고, 영혼을 다하여 사랑하라 하였습니다. 우리는 하나님을 모시고 사는 시의신앙侍義信仰을 고귀한 생의 중심덕목中心德目으로 여기는데 실제로 '시의신앙의 생활화'에는 많은 차질이 있다는 것입니다. 하나님을 섬기는 것은 창조의 은총을 받은 자식으로서의 첫째 도리요, 책임인데 하나님을 외면하기도 하고, 뒷방신세로 취급하기도 하고, 쓰다 남은 것으로 대접하기도 하는데 그것은 진정으로 위하는 것이 아니요, 사랑의 도리도 못 하는 것입니다. 하나님 사랑의 측정 기준이 제대로 높고, 깊고, 넓기 위해서는 온전한 모심의 생활이 돼야 될 것입니다.

인류사랑, 이웃사랑, 종족사랑, 만민사랑도 하늘이 바라시는 만큼 잘되고 있는가를 반문하게 된다는 것입니다. 슬픔과 고통의 늪에서 허덕이는 중생들을 행복과 기쁨으로 구제해 주는 구세주의 사랑이야말로 천하를 주고도 바꿀 수 없는 보람이요, 행복이 되는 것입니다. 비원리에서 허덕이는 인생을 원리의 인생으로, 거짓사랑에 얽매여 있는 인생을 참사랑으로, 혼란 속에서 갈팡질팡하는 인생을 올바른 가치의 곧은 길로, 무지의 인간을 앎의 인간으로 인도하고, 가르치고, 사랑 해주는 구세의 행위야말로 영원한 사랑의 권위를 높이고, 넓히는 첩경이라 하겠습니다.

또한 그토록 참주인을 학수고대하는 만물을 대하여 하나님 본연의 참사랑과 원리로 다스리게 될 때, 만유의 사랑실체가 되고, 만유의 진정한 주인이 되므로 하나님의 영광을 만유와 더불어 찬양하게 될 것입니다.

요즈음 권력다툼에 사활을 건 대선 주자들의 모습들을 보니 측은하기까지 합니다. 그 권력이 영원한 권력이 될 수 없기에 그렇습니다.

우리는 영원한 권력, 참사랑의 권력이 만년 권력이라는 말씀을 뼛골 깊이 새기며 사랑을 실행하기 위해 온몸과 마음을 다 투입하는 사랑 실천의 왕자왕녀가 되시기를 축원 드립니다.

황족의 영광

훈독말씀 : 우리를 굽어보는 조상들

여러분들이 영계에 간다면 조상들이 나타나겠습니까? 안 나타나겠습니까?

우리 손자손녀들이 통일교회에 들어가 문 선생님을 만났대! 하는데서 하늘나라의 궁전宮殿, 황족皇族이 시작되는 것입니다. 지금까지는 하늘나라에는 궁이 없었습니다.

참부모가 가르쳐 주는 대로, 그저 우둔해서 하라는 대로 하는 손자하고, 자기 생각대로 뱀장어처럼 살살 빠져나가는 손녀를 영계에서 조상들이 볼 때 누구를 칭찬하겠습니까? 토끼같이 하는 손녀를 칭찬할까요, 거북이같이 하는 손자를 칭찬하겠습니까? 거북이같이 하는 사람을 칭찬하는 것입니다.

거북이같이 해야 되는 것입니다. 하라면 하고, 밤이 오나 낮이 오나, 세월이 가나, 그저 춘하추동을 잊어버리고 부지런히 가는 사람은 다 환영합니다.

저 나라의 모든 조상들이 여러분의 삶을 다 보고 있습니다. 어디 숨

길 데가 없습니다. 조상들이 전부 다 보고 있다는 것입니다. 영계에 가게 되면 바람벽도 다 통하는 것입니다. 지구덩이도 다 통한다는 것입니다. 그런 세계에 가서 영원히 살아야 됩니다.

하나님의 사랑의 대상으로 지은 인간이기 때문에 하나님의 영원하신 사랑의 대상이 되는 존재도 영원히 필요하다는 것입니다. 하나님이 영원하신 것같이 우리도 영원하다는 것입니다. 사랑의 상대가 안 되어 가지고는 영생이 없습니다.

저 나라에서는 어떤 사람이 제일 높은 자리에 가느냐? 천년만년 내가 또다시 태어나 하나님같이 인류를 위하고, 하나님을 동정하고, 하나님을 위로할 수 있는 내가 되겠다고 하는 사람이 하나님 앞에 제일 가까이 갑니다. 좋은 것이 있으면 전부 다 인류를 위해서 쓰려고 하는 사람입니다. 할아버지 할머니가 갈 날이 가까우면 좋은 것들은 전부 다 아들딸 앞에 넘겨주지요? 자기가 노력한 모든 대가를 넘겨주는 것과 마찬가지로 그런 마음을 세계 인류 앞에 넘겨주겠다고 하고, 세계 앞에 남겨 주겠다고 할 수 있는 생활을 해야 됩니다. (213-196)

타락세계에서는 하늘나라 궁전은 꿈도 꿀 수 없는 것입니다

사탄이 임금 노릇하는 죄악세계는 빗나간 세계요, 파멸과 고통이 범람하는 괴로움의 바다요, 슬픔과 비극으로 얼룩진 세상이므로 거짓이 거짓을 낳고, 원한이 원한을 만들고, 불화가 화평을 깨치고, 불평불만이 뒤엉켜, 악순환이 뒤범벅 된 모순의 굴레 인생이기에 절망에 허덕이다 패망으로 끝나는 죄악의 운명인 것입니다.

이러한 타락세계를 일컬어 지옥이라 하였으니 창살 없는 감옥의 인생살이를 살고 있는 것입니다. 이러한 인간 삶을 '회칠한 무덤의 인생' 이라 하였습니다.

회칠한 무덤은 겉은 깨끗한 듯하나 속은 썩는 냄새가 코를 찔러 사지백체가 몸서리를 치며 도망가는 것입니다.

양반과 천민의 이야기는 인간 신분의 의미를 일깨워 줍니다

인류역사의 발달 과정에 사람 위에 사람 있고, 사람 밑에 사람이 있었던 때가 있었습니다. 우리나라 고려시대 4대 광종이 과거제도를 마련한 후, 문文과 무武의 관리를 각각 따로 시험을 보아 채용하였고, 5대 경종 때부터 문관은 동반東班, 무관은 서반西班이라 하여 구별하고 이를 합하여 양반이라 하였습니다.

조선 때의 과거 시험은 원칙적으로 평민과 천민은 과거를 볼 자격이 없었고, 양반들은 족보를 만들어 그들과 차별화하고, 문관이나 무관이 될 자격을 부여했던 것입니다. 그 후에는 조상의 계통을 기준하여 언젠가 한 번이라도 벼슬을 한 조상의 계보를 따라 양반이라고 하였습니다.

박지원이 쓴《양반전》을 보면 당시의 양반들의 허위와 부패를 폭로하고, 책망 하면서 실학사상을 고취한 내용입니다. 시골 양반이 너무나 가난해서 관가의 곡식을 꾸어 먹고, 갚을 길이 없어서 그 고을에 상놈 부자에게 양반 신분을 팔아서 양곡 값을 다 갚았습니다. 그런데 양반 신분을 산 상놈 부자는 양반조건이 너무나 까다로워 양반노릇을 못하고 빚만 갚아 줬다는 줄거리입니다. 양반의 인격과 지위에 따른 책임과 도리가 아주 엄격했던 양반신분 유지란 그리 쉬운 게 아니었습니다.

이제는 세상이 변화 발전되어 지금은 만인 평등, 만인 동등을 외치며 사람 위에 사람 없고, 사람 밑에 사람 없다고 합니다. 그뿐인가요, 참부모님께서 일깨워 주시는 인간의 위상은 하나님과 자녀 된 인간은 동등권, 동참권, 동위권, 동거권, 동락권이 있다고 하셨으니 하나님과 동고동락의 삶을 꾸밀 수 있는 것이기에 이는 인간 본연의 위상을 만들어 주시는 인격과 가치의 혁명이라고 할 수 있습니다.

참부모님을 만남으로 하늘의 궁전, 황족이 시작된다고 하셨습니다

우리는 정말 행운 중의 행운을 얻은 행운아들입니다. 인류의 참부모님을 만난 사건은 역사에 없는 기적의 사건입니다. 생명의 근원을 찾게 해 주심으로 참다운 나의 모습에 참다운 관계로, 잃었던 부모와 자식의 관계를 다시 맺게 해 주셨으니 이는 억만금을 주고도 바꿀 수 없는 새 생명, 참생명, 본래의 생명을 얻게 해 주신 것입니다.

또한 참다운 남편을 얻게 해 주셨고, 참다운 아내를 얻게 해 주셨으며, 참다운 사랑을 실현케 해 주셨으니 이는 역사적인 섭리의 쾌거요, 영원한 승리 영광의 실체가 된 것입니다.

게다가 참사랑, 참생명, 참혈통을 전수하시는 축복의 은총으로 하늘의 핏줄 실체인 참자녀를 낳을 수 있게 하심으로 하나님의 4대 사랑의 요람을 만들고, 3대로 이어지는 하늘의 왕권을 찾아 세우고, 명실 공히 황족의 반열에 동참하여 하나님의 황족역사, 즉 본연의 이상 왕국을 꾸밀 수 있는 하늘의 권속이 되었다고 하는 것은 인류역사, 종교역사, 문화역사, 정치역사에 없었던 기적의 꽃 열매를 이룬 것입니다.

황족 된 신분을 영광되게 해야 되겠습니다

우리는 양심과 본심이 그렇게도 바라던 하나님의 자녀 된 신분으로 하나님의 영광을 한껏 드높이는 삶의 자리가 되기 위해서 황족 된 신분을 한 시도 망각하지 말고, 하나님의 몸 된 실체로써 일거수일투족을 하나님과 일심, 일체, 일념, 일화, 통일 된 삶으로 황족 된 신분을 영광되게 해야 되겠습니다.

우리의 삶의 모든 것을 조상들과 하나님과 인류의 마음이 낱낱이 공명하는 영적인 공동체, 심정의 공동체, 사랑의 공동체, 생명의 공동체라는 것을 망각하지 말고, 실감과 절감이 생생한 황족의 인생을 가꾸어가는 삶의 자리가 돼야 되겠습니다.

그러자니 말 한마디, 행동 하나하나, 삶의 총체적인 내용이 하나님의 대신 실체라는 오관활동이 온전히 꾸며져야 되겠지요.

거북이 같이 충직한 삶을 살면 좋아하지 않을 수 없답니다.

사람의 덕목을 얘기할 때 용기 있는 사람보다는 지혜로운 사람이, 지혜로운 사람보다는 덕망 있는 사람을, 그보다는 하늘의 심정, 사정, 소원에 충직한 사람을 더 귀하게 여깁니다. 거북이는 초지일관의 인

내가 있고, 누가 보든 안 보든 자기의 사명과 책임 완수를 위해서는 절대 불변의 노력을 경주합니다.

우리는 하나님을 모시고 참부모님과 같은 시간권에서 하늘의 삶을 영위함에 양심을 스승삼아 천도를 따라 살아가는 뜻의 인생이요, 섭리의 인생이기에 삶의 자리에, 생활의 터전에, 행함의 일거수 일투족에, 영적 육적 오관이 가동된 삶이기에 스스로 하늘의 심정에 박자 맞춰 사는 성숙한 천일국의 주인 인생을 꾸미는 것이지요.

절대 충효의 삶을 살자니 늘 자기 조명이 필요하고, 수시로 자기를 체크하는 점검 생활이 참으로 중요하다고 하겠습니다.

이제 우리 앞에 하나님의 왕권시대가 현실적으로 찾아왔습니다. 하늘의 법도로 다스리는 시대가 된 것입니다. 황족의 법도에 순응해서 삶을 노래해야 되는 것입니다. 그래서 우리는 말씀 실체, 사랑실체, 심정실체가 되어 모델인생을 살아야 된다는 것입니다.

말씀실체가 되기 위해서 밥을 먹는 것보다도 더 애착을 가지고 말씀섭취를 챙겨야 되겠습니다.

사랑실체가 되기 위해서 남을 위하는 희생과 봉사를 보다 알뜰히 챙겨야 되겠고요, 심정실체가 되기 위해서 삶의 안테나와 채널을 하나님과 참부모님 그리고 섭리에 맞추기 위해 지극정성을 다해야 되겠습니다.

하늘나라에 높은 자리, 영광의 자리, 만끽의 자리에 가고자하는 양심과 본심의 소원을 성취하는 것은 세계사랑, 인류사랑, 이웃사랑, 위함을 실행하는 정도와 범위가 넓고 깊으면 된다고 하십니다. 부디 우리 모두 황족 된 영광을 온전히 영위하며 영원한 행복의 주인 되기 위해 우리를 선택 해 주시고, 축복 해 주시고, 황족의 반열에 오르게 해 주신 은총을 감사 하면서 황족 된 신분관리에 혼신을 다해 황족의 영광을 드높여야 되겠습니다. 감사합니다.

신문명의 요람

지구성을 한 바퀴 다 돌아온 인류 문명사의 발전은 마침내 태평양권에 도착했습니다. 인류 역사는 이제 환태평양권을 중심삼고 완성, 완결을 봐야 할 섭리적 시점에 도달 했다는 것입니다.

이 섭리적 프로그램은 이제 그 어떤 힘도 막을 수 없습니다. 악주권 하에서 승패를 거듭하던 선천시대의 탕감노정은 비상하는 환태평양시대의 발목을 잡을 수는 없는 것입니다. 하늘이 금년을 희년으로 선포하신 특별한 뜻이 바로 여기에 있습니다.

환태평양시대의 도래가 의미하는 바는 실로 큽니다. 인류의 메시아로 오셨던 예수님께서 뜻을 이루셨더라면 세계는 어떤 모습으로 바뀌었을 것 같습니까?

예수님은 전 인류를 구하러 오신 구세주-메시아였지 지중해 위쪽 한 귀퉁이에 자리한 이스라엘만을 구하러 오신 분이 아니었습니다. 그 당시 인류 문화는 벌써 지중해의 중심인 로마를 거점으로 사해를 장악하고 다스릴 준비가 되어 있었던 것입니다. 따라서 하늘은 예수님께서 로마를 교화, 치리하고 그 막강한 로마의 힘을 빌려 세계 인류

228

를 구해줄 것을 고대했던 것입니다.

그러나 역사는 너무나 비참하게 십자가의 참형으로 끝난 예수님의 최후를 기록하고 있습니다. 아담 해와의 타락 때보다도 더 큰 처절 참절의 한에 사무친 비극이 되고 말았던 것입니다.

그로부터 2천 년, 역사의 뒤안길에서 인간으로서는 도저히 상상도 할 수 없는 수난의 노정을 걸으시며 준비시켜온 제2이스라엘권의 나라가 미국입니다. 기독교국가로서 신교와 구교가 적절히 안배되어 있는 미국은 신교와 구교를 하루속히 화합 통일시켜 21세기의 로마 역할을 완수해야 할 사명을 띠고 있는 것입니다. 65억 인류의 화합과 통일을 일궈내어 이 땅에 평화이상세계를 창건하는 데 견인차 역할을 해야 할 섭리적 차원의 책임이 미국이라는 나라 위에 지워져 있다는 뜻입니다.

이것은 단순한 Rev. Moon의 말이 아닙니다. 하늘이 오늘 미국 위에 내리신 천명입니다. 그렇다면 어떻게 구교와 신교를 하나로 만들 수 있는 것입니까? 하나님께서는 이미 그 답을 인류의 참부모로 현현하신 Rev. Moon을 통해 알려 주셨습니다. 참사랑의 삶을 실천궁행하고, 영계의 실상을 확실히 알아 모델적 이상가정인 참가정을 찾아 세워야 한다는 지상명령입니다. (하와이 킹가든 메시지 일부)

현대문명의 현주소를 살펴보면

우리가 살고 있는 현대 문명은 극도로 발달된 과학문명에 정신문명의 엇박자로 부조화, 불균형 현상이 벌어지고 있어서 한 편으로는 풍요로운 삶의 자리인 듯한데, 마음 한 구석에는 갈등과 혼란이 도사리고 있는 것입니다. 이는 현대 문명의 주체인 인간이 마음과 몸, 내면과 외형, 속과 겉, 정신과 육체가 불균형을 초래함으로, 안타깝고, 고통스러운 현상으로 역사와 지구가 몸살을 앓고 있는 것입니다.

선진국이라고 일컫는 30여 개국의 삶의 모습은 겉으로는 근사한데 속으로는 인간됨의 덕목이 사라지고 동물적인 만족이 전부인 양 윤리와 도덕적인 삶, 즉 영적인 삶은 엉망진창인 경우가 너무나 만연 되어 있다는 것입니다.

인류가 끝없는 노력으로 보다 좋은 삶의 환경을 개발하여 안락한 삶의 여건을 만들었습니다만, 그러나 육신이 만족하다고 해서 인생의 만족이라고는 할 수 없는 것입니다. 인생의 주체, 본질적 주인인 정신이 만족을 이룰 수 있는 정신적인 환경에 많은 장애 요인이 얽혀서 극복을 못하는 한계정황에서 허덕이고 있기 때문입니다.

경제지수, 환경지수가 높아지고, 각 종교가 번창하건만 감옥의 수와 죄인의 수가 더 증가하는 현상은 몸의 환경과 마음의 환경이 엇박자를 이루고, 부조화, 불균형의 세상을 이루고 있다는 증표인즉, 현대 문명의 고민이 여기에 있는 것입니다.

또한 지구는 우주공간에 두둥실 떠서 파란 에덴동산으로 하나님과 그의 자녀들이 아름다운 보금자리를 꾸미고 영원히 행복으로 운영해야 되는데, 지구를 꾸미고 있는 문명의 경계와 나라의 경계인 국경이 복잡한 갈등을 야기함으로 불행의 지구, 갈등의 지구, 혼란의 지구를 만들고 있기에 현대문명의 해결과제가 심각한 것입니다. 이제는 지구성을 한 바퀴 돌아 온 인류 문명의 역사가 환태평양권에 도착을 하여 새 문명을 태동하고 있습니다.

신문명을 낳고 기르는 개벽의 어머니를 요구합니다

지구성을 한 바퀴 돌아온 인류 문명의 발걸음이 환태평양권에 이르러 문명의 궁극적 목적을 달성하기 위한 개벽의 행진이 시작된 것입니다. 사탄이 주도해온 죄악의 고리를 끊고 새로운 환희의 고리로 잇기 위해서는 산고의 진통과 같은 '개벽의 환고開闢還苦'를 감내해야 되는 것입니다.

선천시대의 산물인 갈등, 불화, 슬픔, 시기, 질투, 교만, 오만, 이기심, 고집, 자만, 혈기 등을 청산 짓는다고 하는 것은 사탄의 자기, 타락의 자기, 거짓의 자기를 과감히, 미련 없이, 깡그리, 포기하고 단절하는 피어린 노력이 없이는 지극히 어려운 것입니다.

종교심과 과학심이 화합하지 못하고 충돌하는 것, 이기주의를 넘어서지 못하는 것, 인종의 충돌, 문화의 상충, 종교의 시비, 사상의 대립 등이 바로 선천시대 문명의 현주소이기에 신문명을 탄생시켜야 할 개벽이 요구되는 것입니다.

새로운 문명을 탄생키 위해서는 엄청난 앓이의 과정을 거칠 수밖에 없습니다.

옥동자를 탄생키 위해서 배가 뒤틀리는 '배앓이'를 하게 마련이고, 원수를 사랑으로 용서하기 위해서도 가슴이 미어지는 '가슴앓이'를 하게 되는 것입니다. 이제 우리는 신문화를 탄생시키는 개벽의 어머니 역할을 다하기 위해서 끝없이 사랑하고, 끝없이 용서하며, 선천시대의 산물이요, 그 찌꺼기를 말끔히 청산하고, 새 문명을 낳아서 가꾸는 개벽의 어머니 된 심정으로 갖가지 앓이를 감내하는 신문명의 주인이 될 때 희년의 주인이 되는 것입니다.

신문명의 요람은 참가정입니다

2천 년 전의 이스라엘과 로마가 오늘의 한국과 미국이요, 예수님을 핵으로 한 기독교 문명권이 신문명권으로 개벽해야 할 견인차의 역할을 미국이 해야 된다고 일깨워 주시는 것입니다. 그러기 위해서는 신교와 구교가 화합하여 하늘의 축복으로 일구어 온 미국의 기반을 총 투입하여 21세기 로마의 역할을 완수해야 된다는 것입니다.

예수님께서 하나님의 사상으로 로마를 교화시키고, 처리하므로 전 세계를 하나님의 문명으로 만들어야 했듯이, 이제는 참부모님께서 인류 전체를 새 문명인으로 만들어 개벽의 목적을 달성해야 되는 것인즉, 신문명인의 핵심요소가 바로 참사랑, 참생명, 참혈통이 되는 것이며, 이 삼 대 핵심을 바탕으로 원리의 사람, 사랑의 사람, 심정의 사람이 되어 하늘의 신성이 법도를 따라 대 조화를 이루어 저마다의 개성이 기쁨으로 어우러질 때 신문명의 꽃을 피울 수 있을 것입니다.

그 왕국의 요람, 개벽의 요람이 참사랑과 참생명과 참혈통의 원천지인 참가정이 되는 것입니다. 참가정이야말로 개벽의 열매요, 섭리의 결실이며, 창조이상이 안착하는 근본 틀이 되는 것입니다. 참가정은 하나님이 오셔서 사셔야 할 하나님의 저택인 동시에 그 자녀인 인간의 저택이 되는 것입니다.

　신문명인의 삶은 상대를 하나님같이 섬기고, 아끼고, 존경하고, 위하여 몽땅 바치는 이타주의, 위타주의 인생을 가꾸는 것입니다.

　이기주의는 불화와 싸움을 자초하지만, 이타주의는 화합에 평화를 만들고, 행복에 기쁨을 만들며, 변화무쌍한 조화를 만드는 삶이기에 끝없는 새 기분으로, 끝없는 새 맛으로, 끝없는 새 보람으로 이어져 그야말로 하늘의 새 문명의 삶을 꾸미게 되는 것입니다.

　이제 우리는 개벽의 주인이요, 일꾼으로서 개벽의 본보기 모델적인 참가정의 멋과 맛을 끝없이 베풀어 나가야 되겠습니다. 참가정은 무엇보다도 '원화의 만끽', 즉 가족 구성원 모두가 취하여 사는 행복의 요람을 만드는 데 있습니다.

　그 요람의 요건은 참사랑을 중심한 질서의 요람이 돼야 된다는 것입니다. 상과 하의 관계를 원만하게 만들기 위해서는 그 중심에 참사랑이 핵이 돼야 된다는 것입니다. 좌와 우의 원만한 관계 형성에도 그 중심에 참사랑이, 전후의 중심에도 참사랑이 내재돼야 원만한 관계 조성에 조화, 화합, 행복, 평화의 신문명의 요람을 만들 수 있다는 것입니다. 참사랑의 주인은 만유의 뿌리 되시는 하나님이십니다.

　그러므로 하나님을 삶의 중심에 모시고 매사를 운영함으로 참사랑이 삶의 이모저모에 파급되어 새 인생의 새 맛이 드넘치는 신문명의 요람 된 가정, 사회, 국가, 세계, 천주로 확대되어 인류가 그토록 갈망하였던 평화의 이상왕국이 만들어 질 수 있다는 것입니다. 요람의 주인, 개벽의 주인 되시기를 축원 드립니다.

모델 삶의 요람搖籃

참사랑의 본질은 위함을 받겠다는 사랑이 아니고 남을 위해, 전체를 위해 먼저 베풀고 위해주는 사랑입니다. 주고도 주었다는 사실 자체를 기억하지 않고 끊임없이 베푸는 사랑입니다. 기쁨으로 주는 사랑입니다.

어머니가 자식을 품에 안고 젖을 먹이는 기쁨과 사랑의 심정입니다. 자식이 부모 앞에 심신을 다 바쳐 효도하며 기쁨을 느끼는 그런 희생적 사랑입니다. 타락의 후예 된 인간이 만들어 놓은 국경의 벽, 인종의 벽, 더 나아가서는 종교의 벽까지도 영원히 종식시킬 수 있는 힘이 참사랑의 가치입니다. 천국 들어가는 절대 필요조건이 바로 '위하는 삶' 즉 '참사랑의 삶' 이라는 것입니다.

인류는 이제 누구나 참가정을 찾아 세울 수 있는 길이 활짝 열렸습니다. 여러분, '더불어 사는 삶' 전형은 가정입니다. 부모와 자식은 사랑과 존경으로, 부부는 상호 신뢰와 사랑을 바탕으로, 형제자매 간은 서로 믿고 의지하며 하나 되어 사는 보금자리가 바로 모델적 이상 가정이라는 것입니다.

234

그곳에는 부모의 사랑, 부부의 사랑, 자녀의 사랑, 형제의 사랑, 이렇게 4대 사랑권, 즉 4대심정권의 완성을 보는 것입니다. 이런 가정이라야 상하, 좌우, 전후가 하나로 연결되어 구형운동을 계속하게 되며, 따라서 영존하게 되는 하나님의 모델적 이상가정과 이상국가와 평화 이상 왕국이 되는 것입니다.

만일 전 세계가 이런 참된 가정들로만 채워진다면 그곳에는 변호사도, 검사도, 더 나아가서는 판사도 필요 없는 천도와 천법이 다스리는 순리의 세상이 될 것입니다.

참인생은 참사랑의 삶에 있습니다

참사랑의 본질은 남을 위해, 전체를 위해, 먼저 베풀고, 기뻐서 즐거워서 주고 또 주고, 끊임없이, 기억하지 않고, 희생하는 사랑입니다. 그러므로 참사랑을 실천하는 자리는 인정이 넘치고, 천정도 넘치고, 서로의 얼굴에 웃음꽃이 만발하여 빛과 향기가 그윽하여 풍요로운 행복의 자리가 자연스럽게 만들어 지는 것입니다.

전기 에너지가 냉장고로 들어가면 차디찬 얼음도 만들고, 신선한 야채를 보존 해주고, 아이스크림도 만들고, 시원한 물을 마실 수 있게 해줍니다. 또한 전기 에너지가 TV로 들어가면 온갖 정보를 알려 주고, 전구로 들어가면 어둠을 물리치고 낮 같은 훤한 방을 꾸며 줍니다. 그 전기 에너지는 발전소에서 생산 되어 전기 줄을 따라서 다양하게 공급되는 것입니다.

마찬가지로 참사랑의 에너지가 부모에게 공급되면 부모의 사랑이 유발되어 자식을 위하여 몽땅 주고 또 주는 베푸는 작용이 벌어져 행복을 만들고, 기쁨도 만들며, 보람을 만들게 되는 것입니다. 그 참사랑의 에너지가 자녀에게로 공급되면 부모를 위하여 지성을 다하는 효성이 유발 되는 것이고, 부부에게 공급되면 서로를 아끼고 존중하며, 서로를 위한 희생 봉사를 하게 되는 것이며, 형제자매 간에 나타나면 신의信義가 생동하여 의로운 형제가 되는 것입니다.

그리고 그 참사랑은 발전소와 같은 하나님으로부터 생산 되어 원리를 따라서 자녀인 인간에게 공급 되는 것이고, 인간을 통하여 만물에게 공급되는 것입니다.

그러므로 인간이 하나님과 '부모와 자녀의 관계'를 맺고 참사랑을 따라서 원리의 인생, 천도와 천법의 인생을 살게 될 때 참인생의 삶을 살게 되는 것이므로 참다운 인생은 참사랑의 삶에 있다는 것입니다. 만물의 주인인 인간이 참사랑의 실체가 되어 참사랑으로 만물을 다스리면 만물이 존경하고 찬미할 터인데, 그 반대로 거짓 사랑으로 만물을 지배하기 때문에 탄식하며 참주인을 고대하고 있는 것입니다.

참사랑 구형운동의 요람이 참가정입니다

우주에 존재하는 모든 실체들은 독특한 개성체로 유일무이한 자아상을 뽐내며 우주공동체의 일원으로 한 몫을 하고 있는 것입니다. 그 모든 존재의 핵이 참사랑이고 그 참사랑이 원동력으로 작용해서 우주의 질서를 따라 주고받는 작용 즉, 수수작용을 하면서 원형운동을 합니다.

그리고 그 원형운동이 속도, 각도, 힘의 정도, 수수의 차이와 질과 양에 따라서 다양한 변화를 계속하면서 구형운동을 하므로, 무한대의 오묘, 기묘한 멋과 맛을 창출하며 끝없는 행복과 기쁨을 연출하게 되는 것인즉 참사랑 구형운동의 요람이 바로 참가정인 것입니다.

그 다양한 관계의 중심에 하나님 사랑인 참사랑이 관계와 작용의 핵으로 만유의 중심 동력으로 작용하는 것이지요. 그러니까 부모와 자녀가 원리적, 본연적으로, 천도에 맞고 천법에 맞는 상대기준, 상대기대가 조성되어 수수작용을 하기 위해서는 양자 간의 중심에 하나님 사랑이 개재하게 되는 것입니다. 부부 간에도, 형제자매 간에도 그 중심에 참사랑이 개재 되어서 돌아가는 것이지요.

가정구조의 상과 하, 좌와 우, 전과 후의 중심에 하나님 사랑이 핵으로 작용해야 원만한 관계를 이루어 조화의 요람, 평화의 요람, 행복의 요람 된 가정을 꾸밀 수 있다는 것입니다.

그러나 천도에 어긋나고, 천법에 안 맞고, 비원리적인 상대성을 띠게 되면 여지없이 사탄의 사랑인 거짓사랑이 개재하고, 발동하여 원치 않는 타락의 성품이 유발됨으로, 원치 않는 갈등, 불화, 슬픔이 참 삶을 갉아 먹습니다.

모델 삶의 요람이 참가정입니다

사람의 여러 가지 욕구 가운데 뿌리욕구가 바로 양심의 욕구입니다. 양심은 하나님의 설계적인 인생을 추구합니다. 그러니까 삶의 바로미터 역할이 양심역할이라 할 수 있는 것이지요.

그 양심은 바른 인생, 신실 되고 순수한 인생, 티 없이 맑고 빛나는 인생, 원리에 박자를 맞추고, 하늘의 법도에 호흡 하며, 참사랑으로 알파와 오메가, 시작과 끝, 처음과 마지막을 꾸미는 인생, 바로 모델 인생을 추구하는 것입니다.

또한 행복이란 홀로의 명사가 아니고, 상대적인 명사입니다. 손뼉을 치면 지압효과로 건강에 좋고, 상대방에게 기쁨을 선물하기도 하고, 찬양 찬미의 아름다움을 드높이기도 합니다. 그러한 손뼉도 한 손으로는 불가능하고, 두 손이 마주치며 주고받는 작용에서 가능한 것이지요. 그렇기에 그 또한 홀로의 명사가 아니고 상대명사가 되는 것입니다.

행복을 창조하는 기본이 상대 관계에 있습니다. 그리고 그 상대의 입체적 요람이 가정이요, 그 곳에서 끝없는 행복이 연출 되는 것입니다.

모델 삶이 어떤 삶인가요? 누가 보아도 멋있고, 누가 들어도 기분 좋고, 누가 느껴도 감미롭고, 누가 말해도 칭송하는 삶의 모습이 모델 삶이라고 말할 수 있을 것입니다. 그러한 모델 삶의 요람이 바로 하나님의 진리, 하나님의 신성, 하나님의 사랑이 생동하는, 하나님의 저택, 하나님의 사랑방인 참가정인 것입니다.

참가정의 뿌리는 하나님의 참사랑이요, 참가정의 줄기는 양심이고, 참가정의 가지는 문화요, 참가정의 잎은 행복이요, 참가정의 꽃은 기쁨이며, 참가정의 향기는 즐거움이요, 참가정의 열매는 하나님의 참사랑이 되는 것입니다.

그러니까 하나님의 참사랑으로 말미암은 삶은 행복 청사진, 기쁨 청사진이 그대로 펼쳐지는 삶으로써 하나님과 일심, 일체, 일화, 통일된 삶의 자리가 되는 것입니다. 그러므로 하나님의 실체, 하나님의 닮음체로서 하나님의 전체, 전반, 전권, 전능을 펼치는 삶의 모습은 모델 중의 모델이요, 전형 중의 전형이며, 누구나, 모두가 기뻐하며 찬양하는 삶의 모습일 것입니다.

그러한 하나님의 얼굴들이 어우러져 변화무쌍한 조화를 꾸미며, 끝없는 기쁨, 끝없는 행복, 끝없는 보람으로 차고 넘치는 풍요의 요람이 참사랑으로 가꿔지는 모델 삶의 요람, 참사랑 방 된, 참가정이라는 것입니다. 참사랑 방에는 부모의 사랑, 부부의 사랑, 자녀의 사랑, 형제의 사랑이 어우러져 입체적인 행복의 방, 기쁨의 방, 즐거움의 방을 꾸밉니다.

참가정에서는 양심이 판사입니다

하나님의 사랑방이 넓혀져서 종족의 참사랑 방, 국가의 참사랑 방, 세계의 참사랑 방, 천주의 참사랑 방으로 확대 되면 지구성 에덴 궁이 참사랑궁으로 만들어 지고, 이 지구성에 참사랑이 차고 넘치면 변호사, 검사, 판사가 필요 없는 본연의 이상세계가 되는 것이요, 그 세계에서는 양심이 자동적으로 판사 역할을 하면서 자동적으로 감옥 철폐, 슬픔 근절, 불행 퇴출, 불화 근멸, 지옥 해방, 석방으로 그토록 갈망했던 지상, 천상 천국이 우리의 삶의 현실에서 실현되게 된다는 것입니다.

　이제 우리는 심신을 가다듬고, 하나님의 닮음 실체가 되어, 참사랑을 삶의 핵, 원동력으로 삼고, 하나님과 부자일체이상실체로서 양심을 따라 참사랑의 구형운동을 함으로 무한대의 기쁨, 행복, 보람으로 이어지는 생을 꾸밈으로 참사랑 방, 참기쁨 방, 참행복의 방, 참영광의 방, 모델 삶의 요람 된, 참가정을 가꾸고, 영위하는 축복가정들이 되시기를 축원합니다.

메시아의 자리는 부모의 자리

훈독말씀 : 종족적 메시아의 선포

종족적 메시아라는 말이 왜 나왔느냐? 메시아의 자리는 부모의 자리입니다. 참사랑을 가진 주체가 되지 않고는 부모의 자리라는 말이 있을 수 없습니다. 타락한 세계에 남아 있는 본연의 것은 사랑하는 자식을 위하는 부모의 마음입니다.

타락한 세계에 틀거리로 남아 있는 단 하나의 본연의 심정 기준은 '부모가 자식을 사랑하는 마음' 입니다. 꺼져가는 심정권이지만 그것이 창세 이후에 본질적 형태로 남아있는 불씨와 마찬가지입니다.

대구의 능금이 유명하지요? 사리원의 능금도 유명해요. 그것이 같은 색깔, 같은 모양일 때는 대구 능금과 사리원 능금과 바꿔치기 해도 괜찮아요. 같게 될 때는 괜찮은 것입니다.

여러분이 선생님하고 같다 할 때는 어때요? 같다 할 때는 바꿔쳐도 하나님이 괜찮다고 하는 것입니다. 탕감복귀의 길은 닮지 않고는 안 됩니다. 대신자가 되지 않고는 탕감이 안 됩니다. 옛날에 잃어버렸던 모양과 같은 모양을 대신 세워 놓고, 피를 흘리고 탕감복귀 해야 하는 것입니다. '맞고 빼앗아 오는 작전' 을 하면서 하늘나라의 소유권 확장을 주도해 나오는 것이 섭리의 방법입니다.

선생님이 고생했는데 여러분 고생하지 않아도 되겠어요? 부잣집 자손들이 어머니 아버지가 죽으면 1대도 못가서 부모로부터 물려받은 재산을 다 팔아먹습니다.

왜 그런지 알아요? 아버지 어머니와 달라서 그렇습니다. 아버지 어머니는 자수성가 하면서 한 푼이라도 아까워서 쪼개 썼습니다. 그런 점에서 아들딸은 다릅니다. 부모와 같지 않기 때문에 망하는 것입니다.(1990.2.16)

이제는 종족을 중심하고 최후의 선포를 해야 할 때입니다. 종족적 메시아가 되라고 선포했다는 것은 여러분이 선생님 대신 책임지고 하게 된다면 하늘이 후원한다는 것입니다. 선생님이 어려운 가운데 개척하던 그 시대에 후원하던 역사를 지금도 영계에서 틀림없이 하고 있다는 것입니다.

종족적 메시아는 싸구려가 아닙니다. 선생님이 메시아 사명을 하기 위해서 일생을 바쳤어도 미치지 못해서 부끄럽게 생각합니다. 여러분 앞에 종족적 메시아란 말은 놀라운 것입니다. 예수님보다도 더 귀한 가치의 자리에 설 수 있는 것입니다. 뿐만 아니라 반대하고 별의별 욕설을 퍼붓던 사람까지 타락하지 않은 아담의 자리에 끌어 올려 준다는 것입니다.

세상에 그 말을 믿을 수 있어요? 선생님이 참부모의 자리에 있기 때문에 지금까지 말한 모든 것을 다 이루어습니다. 안 이루어진 것이 없습니다.(1991.8.29)

242

갈등과 혼란, 불화와 슬픔으로 얼룩진 죄악의 굴레 안에서 인생을 꾸며가는 노력이 보람과 행복으로 쌓이고, 그 쌓인 가치가 영원히 변치 않는 기쁨이 된다면 그 노력은 성공의 노력으로 제 값을 찬미하게 될 것입니다. 그러나 그 노력이 죄악의 굴레를 벗어나지 못하고, 행복의 법도에 어긋나고, 죄와 짝한 불행의 결과를 초래 한다면, 허전하고 허탈한 자기 상실감에 빠져, 자기가 자기 가슴을 치는 어리석은 아픔이 있게 된다는 것이지요.

죄악의 굴레 안에서 타락 인생을 꾸려가고 있는 인류를 향한 하나님 섭리의 손길은 자식을 위하는 부모의 마음을 불씨 삼아 복귀섭리를 펼쳐오셨답니다. 비록 타락의 핏줄로 인연 된 거짓부모, 거짓자식의 관계이지만 부모와 자식과의 관계는 뼈와 살, 피와 골수로 연결된 생명의 관계이기에 부모가 자식을 사랑하는 마음은 본디, 인류의 뿌리 부모, 생명의 원천적 부모의 마음, 자식을 사랑하는 마음이 바탕에 깔려 있어서 본연의 기준에 가장 가깝다는 것입니다.

잃어버린 모양을 다시 찾는 것이 탕감복귀의 목적입니다

잃어버린 모습이란 하나님의 성상과 하나님의 형상을 닮은 하나님의 친자녀를 말하는 것입니다. 즉 본연의 창조이상 실체 그대로의 모습을 말하는 것이지요.

하나님의 모든 속성과 격식을 갖추고 삼라만상의 각양각색과 호흡을 하고, 박자를 맞추며, 쌍쌍 조화, 변화무쌍으로 끝없는 신비를 노래하며, 무한대의 사랑으로 영속되는 살아있는 하나님의 인생을 꾸미고 사는 모습이 본연의 인간 모습이었는데, 타락의 비극으로 하나님과 생이별을 하게 되었고, 본연의 궤도를 탈선하므로 타락의 속성들이 인간의 마음을 지배하여 원치 않는, 타락의 굴레에서 탈선 인생을 꾸미게 된 것이었습니다.

그러나 하나님의 마음은 부모의 마음이기에 뼈 중의 뼈, 살 중의 살, 피 중의 피, 골수 중의 골수로 만들어진 자식을 잊을래야 잊을 수 없고, 포기할래야 포기할 수 없고, 모른다고 할 수 없는 뼈 대 뼈, 살 대 살, 피 대 피, 골수 대 골수로 이어진 생명 대 생명의 관계요, 심정 대 심정의 관계며, 사랑 대 사랑의 관계이기에 탕감의 쓰라림을 감당하면서, 복귀의 사연곡절을 감내하면서, 갖가지 십자가를 감사로 넘고 넘어, 재창조의 손길로 잃어버린 모습을 찾아, 잃어버린 피붙이를 찾아, 죄악의 골짜기를 눈물로 찾아오신 탕감사연의 곡절이 어리어 있는 복귀섭리의 탕감 길이었습니다.

메시아는 '하나님 대신자' 를 말하는 것입니다

하나님의 섭리역사상 선택받은 백성의 최고최상의 소망은 메시아를 맞이하는 것이었습니다. 이는 하나님께서 타락 인간들에게 내려주신 생명의 약속이요, 죄악세상을 구하시려는 절대적인 의지요, 하나님의 유일한 복귀섭리의 사역이시기 때문이었습니다.

자식이 없는 부모는 부모가 아니듯이, 잃어버린 자식을 되찾지 않고서는 하나님이 하나님 될 수 없기에, 눈물을 머금고, 죽음을 무릅쓰고, 사망의 골짜기를 찾아오실 수밖에 없었던 하나님의 내정적인 심

정과 재창조의 주역으로, 본연의 신성한 실체로, 에덴의 모델 실체로
보내시는 분이 메시아입니다.

그러므로 죄악의 사슬, 타락에 얽매여 죽지 못해 사는 거짓인생들
의 양심은 자나 깨나, 앉으나 서나, 오나가나 메시아를 만나 본연의
인생, 참다운 삶을 회복하고자 몸부림을 치고 있는 것입니다.

메시아의 자리는 부모의 자리입니다

메시아란 종교적인 이름으로 죄악세계를 청산하고, 하나님의 세계
를 건설하는 사명과 책임을 갖고, 어지러운 세상을 바로잡아서, 하나
님의 사랑, 이상, 정의, 평화, 기쁨의 새 에덴을 창건하기 위해 오시는
주인을 말합니다.

죄악으로 뒤덮인 세상에 하나님의 생명의 빛으로 오시어 어둠을
밝히고, 갖은 모순을 극복, 해결, 정리하며 본연의 새 질서를 하나 둘
씩 다시 찾아 세워나가는 탕감복귀의 사역을 총체적으로 감당해 나
가시는 분이 바로 메시아입니다.

그렇기에 메시아는 하나님의 심정, 사정, 소원, 목적 달성을 위하여
'부모의 심정으로 종의 몸 된 십자가 삶'을 감사와 충효로 감내하시
는 것입니다.

그러므로 하나님의 심정이자 메시아의 심정이요, 하나님의 고통이
자 메시아의 고통이며, 하나님의 애환이 메시아의 애환으로 이어져
하나님이 당신의 피붙이들을 보시고 애통하시는 그 애절함이 메시아
의 애절함으로 나타나는 것이므로 메시아의 자리는 부모의 자리가
되는 것입니다.

부모의 온 몸과 마음은 참사랑으로 가득 차 있기에 부모가 될 수 있는 것입니다. 그 사랑은 자식을 향한 사랑으로 발휘가 되며, 어떠한 가시밭길도 녹이는 위력을 갖고 있습니다. 바로 그 사랑이 메시아의 자리이자, 부모의 자리로 대신할 수 있는 근원이 되는 것입니다.

본문 말씀에 사리원의 능금과 대구의 능금이 같은 모양, 같은 색깔이면 바꿔도 되듯이, 참부모의 참사랑을 소유한 모습과 내용이 같으면 바로 바꿀 수 있는 메시아의 자격이 있다고 하시는 놀라운 메시지입니다.

종족적 메시아는 '종족의 참부모'가 되는 것입니다

종족적 메시아는 싸구려가 아니라 하시며 예수보다 더 귀한 가치의 자리라고 하십니다. 이제 섭리의 판가름은 종족에서 결판나야 된다고 하십니다. 종족 안에는 각양의 종교, 다양한 문화, 갖가지의 갈등, 문제, 불행, 질병, 고통들이 내재해 있다는 것입니다.

영적인 장애, 가치적인 장애, 문화적인 장애, 인생의 장애, 다양한 계층과 다양한 유형으로 장애에 시달리고 있는데 그 모든 장애의 근원적인 해결은 메시아로 말미암아 극복, 해결, 치유될 수 있다는 것입니다.

하나님은 우리 축복가정들에게 종족메시아로 소명해 주셨습니다. 섭리 역사에 없는 아주 큰 복을 내려 주신 것입니다. 그리고 종족메시아의 역할과 책임을 다할 수 있도록 창조이상의 청사진인 하늘의 말씀을 주셨고, 천국의 기본 단위인 가정천국의 열쇠로 가정맹세를 주

셨습니다. 이제 우리는 하나님과 참부모님과 말씀과 삼합일체三合一體
가 되어 종족의 참부모 역할과 책임을 다해야 되겠습니다.

메시아 자리가 부모의 자리라는 말씀을 깊이 자각하여 종족메시아
의 불씨로 삼으시기를 축원 드립니다.

건강한 가정

훈독말씀 : 이상가정

하나님을 중심삼고 하나 되게 될 때 천태만상으로 돌게 되는 겁니다. 그러므로 형제간에 사랑을 하는 것도 부모가 자식을 사랑하는 것을 본받아서 형은 동생을 사랑해야 되는 거예요. 그렇게 사랑하며 일원화된 가정은 가정애가 꽃필 수 있습니다. 이것이 또 사회애가 될 수 있습니다. 이것이 더 나아가 민족을 사랑하는 민족애가 됩니다.

이와 같이 사랑하면 세계애가 되는 거예요. 그런데 오늘날 이것이 막연하다는 것입니다.

가정에는 반드시 부모가 있고 처자가 있어야 합니다. 그래야 그 가정이 행복의 터전이 되는 것입니다. 신神이 인류를 찾아 나오는 목적도 신 자신의 행복을 모색하기 위한 것입니다. 그러기에 신 자신이 행복의 터전을 찾아 나오는 데는 인간을 떠난 자리에서는 그러한 이상이 있을 수 없다는 것입니다. 인간과 더불어 관계를 맺어야 그 일치점을 가져올 수 있는 것입니다.

우리가 가정에서 정서적인 모든 내용을 갖춘 자리에서 행복을 느끼는 것과 마찬가지로, 신神도 역시 그러한 자리에서 행복을 느끼겠다

는 것입니다. (축복과 이상가정 605)

끝없는 하나님의 섭리사랑과 인간의 노력은 내적인 무지, 외적인 무지를 계발하여 내적으로는 성약시대, 후천개벽 시대, 신문명 창건 시대를 맞게 되었고, 외적으로는 민주주의 바탕 위에서 자유, 행복, 기쁨을 누리며 첨단과학의 혜택을 누리고 있습니다만, 삶의 본질을 역행하는 슬픔들이 너무나 난무하고 있습니다. 그 슬픔의 온상이 바로 역기능 가정입니다.

신체적, 정서적, 영적으로 성숙하지 못하고, 관계 장애, 정서장애, 정신장애, 욕구 불 충족과 신체 폭력, 언어폭력, 성적 비행 등으로 행복의 보금자리가 돼야 할 가정이 불행의 온상이 되는 아픔이 있다는 것입니다.

그러므로 건강한 가정을 가꾸는 메시지는 생명의 양식이 아닐 수 없습니다.

하나님과 하나 된 가정이 건강한 가정입니다

하나님은 '만유의 원천자源泉者요, 근원자根源者' 이십니다. 또한 '인류의 종지조상이요, 참부모' 이십니다. 그렇기에 하나님은 심정과 사랑과 원리, 능력, 권능, 지혜, 에너지의 발전소와 같은 것입니다.

생명의 근원 되시는 하나님과 부모와 자식의 관계로 일심, 일념, 일화, 통일된 부모가 되고, 통일된 부부가 되고, 통일된 자녀가 되고, 통일된 형제자매로 어우러지는 가정이 된다면, 하나님이 거하시는 거룩한 삶의 터전으로서의 성전聖殿 된 가정, 하나님과 동고동락하며 우주와 더불어 끝없는 신성이 천태만상의 오묘와 기묘를 찬양하는 보금자리가 될 것입니다.

이토록 하나님과 하나가 된 가정은 늘 싱싱하고, 튼튼하고, 활력이 넘치는 역동적인 가정을 꾸미기 마련이기에 행복과 기쁨이 드넘치고, 조화와 통일, 평화의 꽃 향으로 만끽한 건강한 가정이 될 수 있다는 것입니다.

참사랑의 반석이 탄탄한 가정이 건강한 가정입니다

건축을 할 때, 기초공사 하는 것을 보면, 모래와 자갈, 철근, 시멘트를 물로 버물려서 탄탄한 기초를 만들게 됩니다. 여러 가지 재료가 혼합 되어서 기초를 만드는데, 그 중에 한 가지라도 빠지면 튼튼한 기초를 만들 수가 없습니다.

모래와 자갈은 저마다의 개성을 의미하고, 철근은 그 가문의 가통을 의미하며, 시멘트는 사랑과 같은 것이고, 물은 심정을 의미하는 것입니다. 물과 시멘트가 없이는 응결할 수 없고, 믹서 통일도 할 수없으며, 단단한 콘크리트를 만들 수 없다는 것입니다. 그러므로 단단한 반석 기초를 만드는 핵은 바로 심정과 사랑이 되는 것입니다.

하나님의 핵심 속성, 본질속성이 심정과 사랑이요, 그 사랑은 홀로의 명사가 아니고, 상대의 명사이기 때문에 서로의 관계에서 사랑이 생산되고, 나누고, 베풀고, 주고받는 가운데 사랑이 사랑으로 나타나는 것입니다. 수직적, 종적으로는 하나님과 주고받고, 수평적, 횡적으로는 아버지와 어머니가, 남편과 아내가, 부모와 자녀가, 형제와 자매가 참사랑을 주거니 받거니 하는 가운데 조화 통일, 믹서화합 되어 단

단하고, 튼튼한 참사랑의 반석 기초가 만들어지므로 건강한 가정을
꾸미고 살 수 있다는 것입니다.

뼈대가 튼튼한 가정이 건강한 가정입니다

행복한 가정, 평화로운 가정, 웃음꽃, 향이 그윽한 가정 그 내면에
는 윤리, 도덕, 전통, 문화의 뼈대가 올곧게 자리매김하여 버팀목의
역할을 훌륭하게 하고 있는 것입니다.

하나님의 윤리, 참사랑의 윤리 뼈대는 상대를 하나님 같이 존경하
고, 섬기고, 아끼고, 위하여 희생 봉사하는 이타심을 앞세운 위타주의
로 보일 듯, 보이지 않는 심정적으로, 마음으로, 인격적으로 튼튼한
가정 윤리, 가정가치, 가정문화가 생동하는 가운데 내적, 외적으로 건
강한 가정을 만들고 사는 것입니다.

가족 구성원 모두가 공통된 종교적 신념, 동일한 윤리의식, 도덕관
을 갖고 저마다의 개성과 특성이 가정의 공동 목적을 따라서 어우러
지면 서로가 신뢰를 하게 되고, 의사가 원활하게 소통 되며, 상대방의
의견을 귀담아 듣고, 의견을 함께 공동가치로 소유하고자 상호신뢰
적인 노력을 경주하게 됨으로 생산적인 가정, 미래 지향적인 가정, 창
조적인 가정, 건강한 가정으로 삶의 질과 양이 증폭되어 나가게 되는
것입니다.

건강한 가정은 위기를 능동적으로 대처합니다

인생살이란 마치 일기와 같아서 기분이 상쾌하고, 매사가 원만하게 잘 진행되는 맑은 날과 같은 때가 있는가 하면, 마음이 우울하고 답답한 흐린 날과 같을 때도 있고, 생각이 충돌되고, 마음이 어수선하여 비 오는 날과 같은 때도 있는 것이고, 가정이 의견충돌, 갈등 혼란으로 비바람 치는 날과 같은 때도 있는 것입니다.

이러한 여러 가지 정황이 벌어질 때, 어렵고 힘든 문제가 부닥쳐 올 때, 건강한 가정은 불평불만하거나 왜곡하는 대신 그럴 수 있다는 듯이 사실을 인정하여 극복 방안을 모색하고, 가족 구성원들의 지혜와 능력을 모아 결의하여 해결의 실마리를 풀어 나갑니다. 그렇게 함으로써 위기를 기회로 바꾸는 슬기와 용기를 발휘합니다. 그래서 건강한 가정에서는 불평, 불만, 비판, 시기, 질투, 미움, 헐뜯기, 자기비하, 인격 모독 등의 단어를 쓰지 않습니다.

건강한 가정은 풀뿌리 참사랑의 문화생활을 경영합니다

우리는 풀뿌리 민주주의를 얘기합니다.

바람직한 민주주의는 나로부터라는 개념입니다. 사회의 초석은 가정이요, 가정의 축은 가족의 문화요, 그것이 사회를 아름답고, 건강하게 만드는 풀뿌리 참사랑 문화를 가꾸는 기본틀이 가정이라는 것입니다.

풀뿌리 참사랑 문화란 부모의 문화생활이 참사랑으로, 부부의 문화도 참사랑으로, 자녀와 형제자매의 문화도 참사랑으로 운영되고, 함

께 더불어 공유하는 참사랑 문화공동체, 참사랑 유기체를 가정에서
실행하는 것입니다.

문화란 삶의 총체적인 표현입니다. 그러므로 참사랑 문화란 삶의
모든 것, 삶의 구석구석에, 삶의 이모저모에 참사랑이 피어나고, 참사
랑이 생동하고, 참사랑의 꽃향기가 진동하는 삶의 진솔한 모습을 말
하는 것입니다.

참사랑이란 상대를 위하여 모든 것을 총투입하는 것을 말합니다.
부모가 자식을 위해서 괴로우나 즐거우나 일구월심 위하고 또 위하
는 제물 같은 사랑이 부모의 참사랑이요, 부부도 서로를 위하여 끝없
이 희생 봉사하는 것이 참사랑의 동력이며, 형과 동생이 부모의 사랑
을 닮아서 서로를 위하여 아낌없이 도와주는 것이 형제의 참사랑입
니다. 이처럼 참사랑이 이모저모로, 서로의 관계 속에, 구석구석에,
다양하고 변화무쌍하게 삶으로 피어나는 '참사랑으로 일원화 된 가
정' 이 만유가 화답하는 건강한 가정이 되는 것입니다.

건강한 가정이 건강한 세상을 만들게 됩니다

사랑의 윤리가 뒤범벅되고, 인격이 모순으로 얼룩지고, 갖가지 장
애가 가정과 세상을 역행하게 하므로 이 세상이 절망의 늪에서 허덕
이고 있습니다. 겉치레 인생은 근사한데 속을 들여다보니 한심하기
짝이 없습니다. 어쩌면 동물보다 못한 금수의 세상으로 전락되고 있
는 현상이 너무나 많이 발생하고 있습니다.

　이러한 때에 참사랑, 원리, 새 인생의 청사진을 알고, 익히고, 참가정을 가꾸며 건강한 가정생활을 영위하고자 노력하는 우리들이 풀뿌리 참사랑 문화를 사회화시키기 위해서 각별한 지성과 노력을 투입해야 될 것입니다. 갈등이 있는 곳에, 불화가 있는 곳에, 슬픔과 불행에 시달리는 곳에, 갖가지 장애에 고통을 겪는 자리에 건강의 비결, 하나님의 참사랑 가정원리를 공급해야할 절대 절명의 과업이 우리의 사명과 책임이라고 양심은 갈구하고 있습니다.

　양심이 갈구하는 애원에 응답하고 책임을 다하고자 하는 삶의 자리에 무한한 축복이 함께 하시기를 축원 드립니다.

팔정노정 승리자

훈독말씀 : 탕감복귀는 재창조의 길

복귀의 길은 인간이 완성으로 돌아가는 길이기 때문에 탕감조건을 세우지 않고는 갈 수 없습니다. 탕감조건은 하나님이 세우시는 것이 아니고, 인간이 세워야 하는 것입니다. 병난 사람이 병을 낫기 위해서는 약이 써서 먹기 싫더라도 먹어야 되는 것입니다. 좋은 약은 맛이 씁니다. 쓴 약이 진짜 약이 되는 것입니다.

탕감조건을 세우는 것은 쓴 약을 먹는 것처럼 어려운 일입니다. 그러나 탕감조건을 세우지 않으면 복귀될 수 가 없습니다. 구원의 길은 탕감하여 복귀하는 길입니다.

탕감이란 타락한 경로를 따라 거슬러 가는 것입니다. 거꾸로 가는 것입니다. 탕감이 없으면 복도 없습니다. 통일교회에 무한한 황금덩어리가 뭐냐 하면 탕감입니다.

탕감은 죽음을 무릅쓰고 모든 것을 희생하고 모든 어려움을 극복할 수 있는 놀라운 낱말입니다. (78.2.26)

여러분의 몸뚱이가 사탄의 지배로부터 벗어나 하나님과 하나 되어 있어요? 자기를 완전히 부정하지 않으면 사탄을 이기지 못합니다. 그러니 고생을 하라는 것입니다. 거지, 종의 종에서부터 올라가야 합니다. 종적으로 종의 종에서부터 종·양자·서자·직계 자녀, 그 다음엔 어머니·아버지·하나님 이렇게 8단계입니다. 또 개인·가정·종족·민족·국가·세계·천주·하나님 이것도 8단계입니다. 그러니까 종적으로 8단계이고, 횡적으로 8단계입니다. 그게 원리관입니다. 선생님의 말이 아닙니다.(89년 4.1. 벨베디아 수련소)

생명의 알파와 오메가는 고향입니다

해마다 추석 명절이 되면 민족의 대이동이 벌어집니다. 고향을 향한 차량 행렬이 도로마다 주차장을 방불하리만큼 엄청나게 많아 꿈틀거리는 거리를 만듭니다. 저녁이면 차량에서 쏘아대는 휘황찬란한 빛의 행진이 정말 장관입니다.

고향 가는 길은 보통 때보다 배 이상 걸리지만 마냥 흥겨운 것은 조상 대대로의 정성과 애정이 깃들어 있고, 부모의 애틋한 사랑, 형제자매 간의 정겨움이 가꾸어진 곳, 사랑과 생명과 혈통의 시작, 출발, 알파적인 보금자리였기에 마음에 끌려 지루함을 넘어서 고향으로 달려가는 것입니다.

본디 인류는 본연의 본향, 본래의 고향을 찾아온 긴긴 여정이었습니다. 하나님의 절대지성으로 삼라만상을 지으시고 그 터 위에 하나님의 심정 실체, 하나님의 사랑 실체, 하나님의 형상으로 인간을 지으시고 축복하신 이상동산에서 천년만년 살고지고 했어야 됐었는데, 인간 조상의 타락으로 그 꿈이 좌절되었었기에 타락의 후예 된 인간

256

들의 한결같은 소망은 본향을 찾아가는 것입니다.

하찮은 동물에게도 귀소본능歸巢本能이 있어서 생명의 고향으로 가서 생을 마칩니다. 사랑의 보금자리, 생명의 보금자리, 혈대血代의 보금자리가 본래의 본향이기에 인간이 만들어 온 역사의 목적은 본래의 이상동산, 사랑과 기쁨, 자유와 행복, 평화와 영광의 보금자리를 찾아가게 마련인 것입니다.

복귀의 인생은 8단계를 거쳐서 목적지에 도달합니다

마음은 양심의 인도함을 따라서 선하고, 참되고, 정의로운 행복의 샘터를 찾아갑니다만 타락으로 얼룩진 모순의 세상에서 양심이 엄청난 고통을 겪으면서 참을 찾아 헤매어 왔습니다. 본향을 찾아가는 복귀의 인생에 참다운 길잡이 진리를 주셨으니 그것이 바로 복귀의 원리요, 복귀는 탕감을 통해서 이루어진다고 하는 탕감복귀원리인 것입니다. 그리고 탕감복귀는 재창조의 원칙으로서 치유 없는 건강회복이 없듯이, 탕감 없는 복귀, 탕감 없는 재창조, 탕감 없는 본향, 탕감 없는 회복이 있을 수 없다는 것입니다. 인간이 타락하므로 어느 단계, 어느 위치, 어떤 신세로 추락했느냐 하면 최고의 밑바닥으로 곤두박질했다는 것입니다.

종의 신분으로 창조한 천사의 지배를 받는 자리가 바로 '종의 종' 자리라는 것입니다. 그 밑바닥에서 하나님의 자리까지 복귀하려면 8단계를 복귀 해 나가야 되는데, 그 단계 단계마다 탕감을 통해서 넘어가고, 올라갈 수 있다는 것이지요. 그러니까 탕감이 없이는 그 단계 단계를 넘어갈 수 없다는 원리요, 논리인 것입니다.

그 8단계가 종적인 8단계로 ‘종의 종에서 하나님’ 까지요, 횡적인 8단계가 ‘개인에서부터 하나님’ 까지로 종적인 탕감, 횡적인 탕감을 감당하면서 하나님이 설계하시고 실현하시려 했던 본연의 세계로 한 단계, 한 단계 복귀해 나가는 노정이 팔정노정이요, 이 노정은 누구나가 가야 할 숙명적인 복귀의 길입니다.

8정노정을 완주해야 영광의 주인공이 됩니다

무릎 관절이 있고, 골다공증이 있고, 허리가 아픈 사람들이 마라톤 동우회에 가입하고 매일 훈련을 하여 처음에는 1㎞ 정도밖에 못 뛰는데 계속적으로 입술을 깨물고 훈련을 쌓게 되면 5㎞ 달릴 수 가 있게 되고, 계속적으로 연단을 하게 되면 결국은 완주를 할 수 있다고 합니다. 그렇게 되면 무릎병도 낫고, 골다공증도 낫고, 허리도 탄탄해지고, 건강도 좋아지는 만병통치가 마라톤이라고 자랑을 합니다.

여기에 가장 중요한 생명력은 ‘끊임없는 훈련’ 이라는 것입니다. 달리고 또 달리면 완주할 수 있으련만 사람들은 달려 보지도 않고, 훈련도 안 하면서 아예 못한다고, 나는 불가능 하다고, 그거 뛰다가 죽으면 어떻게 하느냐고, 자신을 갖지 못하고 멀다고만 한다는 것입니다. 그러나 많은 사람들의 체험에서 끈기와 훈련은 기적을 낳는다는 교훈을 주고 있습니다.

복귀의 마라톤도 마찬가지입니다. 무한한 황금덩어리 진리인 탕감정신, 탕감심정, 탕감철학, 탕감인생으로 목숨 다 바쳐 절대일념으로 복귀의 숙명노정인 8정 노정을 기필코, 절대적으로, 완주해야 섭리승리, 복귀승리, 인생승리를 할 수 있는 것이요, 잡다하고 복잡한 인생살이를 훌훌 떨쳐 버리고 만사형통으로 영광의 주인공이 돼야 된다는 절대불굴의 일념으로 뛰고 또 뛰는 연단을 해야 된다는 것입니다.

부디 8정노정을 완주하시는 완주의 주인, 영광의 주인공이 되시기를 축원합니다.

팔정산 정상을 정복하는 자가 만유의 주인이 되는 것입니다

산을 오를 때마다 대 자연의 조화 속에서 기묘와 오묘함을 맛보며, 하나님께 감사하고, 자연과 속삭이는 인생의 묘미를 만끽하게 됩니다. 산을 오르는 사람들의 한결같은 목적은 정상을 정복하는 데 있습니다. 정상에 올라 사방팔방 삼십육방을 두루두루 바라보며 가슴에 온 천하를 포용하는 기분은 부러울 것이 없는 천하의 주인이요, 만유의 주인이 된 감동 그 자체인 것입니다.

종적인 8단계, 횡적인 8단계를 수직과 수평으로 입체적인 8단계로 성공하는 승리자가 되기 위해서는 팔정산의 여덟 봉우리를 오르고 또 올라서 정상에 이르러야 되는 것입니다. 종의 종 봉우리로 시작해서 종의 봉우리, 양자의 봉우리, 서자의 봉우리, 직계자녀의 봉우리, 어머니, 아버지 봉우리를 거쳐서 하나님의 봉우리 즉 꼭대기에 이르러 하나님의 몸 마음으로 일체이상실체로 완성실체가 될 때 종적인 팔정 노정의 승리자가 되는 것입니다.

횡적인 8정노정은 개인으로부터 시작하여 가정, 종족, 민족, 국가,

세계, 천주, 하나님께로 귀결되는 탕감복귀 완성실체가 될 때, 팔정노정의 승리자가 될 수 있는 것입니다.

우리는 지금 어느 단계, 어느 봉우리에 해당하는 삶을 꾸미고 있는가요? 스스로 자문자답을 해 보면 우리 인생의 현주소를 자각할 수 있을 것입니다.

우리에게 중요한 것은 끊임없이 목표를 향하여, 정상을 향하여, 갈 길을 다 가기 위해서 멈추지 않고 꾸준히 노력을 경주하는 것입니다. 심장이 멈추면 죽는 것입니다. 발걸음이 멈추어도 자동적으로 후퇴가 되는 것입니다.

생각이 틀에 갇히면 앞을 향하기가 어렵습니다. 오르고 또 오르면 못 오를리 없건마는 높은 산만 쳐다보고 산이 높다고, 엄두를 못 내고, 오르던 발길을 멈춘다거나 포기한다면 정상의 주인, 영광의 주인, 승리자 되기가 어렵습니다.

영광의 타이틀은 고난 속에서, 탕감을 황금덩어리로 깨닫고, 고난을 고마움으로 요리하는 탕감복귀신앙으로 일관해 나갈 때 목적 달성, 정상 탈환, 영광의 주인공이 될 수 있다는 것입니다.

이제 우리는 목적지를 향하여, 정상을 향하여, 한걸음 씩 뚜벅뚜벅 걸음이든, 거북이걸음이든, 토기걸음이든, 매일매일 오르고 또 오르는 일구월심의 불변신앙이 생동하여 자아촉진적인 '자주적인 섭리 인생' 을 창조해 나가야 되겠습니다.

요즈음 케이블카가 있어서 단번에 정상을 갈 수 있습니다만 이렇게 기구를 이용해서 정복한 정상의 감동은 머리로 느끼는 감동일 뿐입니다. 그러나 한 발자국 한 발자국씩 수놓아 오른 땀방울 맺힌 정상 정복의 감동은 온몸, 온 마음, 온 인생으로 느끼는 통쾌한 감동 그 자체인 것입니다.

실체 감동의 주인공들이 만고불변의 영광의 주인공들이요, 바로 영원한 천국의 주인이 되어 하나님과 영생의 빛 가운데서 영생의 행복에 만끽된 승리자의 찬양을 드높일 것입니다. 부디 탕감으로 팔정 노정의 승리자가 되시어 영생, 영광, 빛, 행복의 주인 되시기를 축원합니다.

종족의 챔피언

본래 인간은 종적인 부모, 하나님과 횡적인 부모의 사랑을 중심삼아 기쁨의 출발을 했어야 했는데, 타락으로 사탄이 침범하여 거짓부모의 거짓사랑이 침범하였기 때문에, 접붙임을 통하여 하나님 참부모의 아들딸이 되어야 합니다. 돌감람나무가 되었기 때문에 참감람나무의 눈이나 가지를 받아 접붙여야 될 숙명적 운명이요, 과제가 있게 된 것입니다.

종교는 접붙이는 일을 하는 것입니다. 이것이 기독교사상의 핵심이고, 신랑신부의 혼인잔치가 이 땅에서 이루어지기를 소망하고 나온 것입니다. (58-219)

인류의 소망이 무엇이냐하면 참부모를 만나는 것입니다. 역사의 결실이 뭐냐하면 참부모를 만나는 것이요, 시대의 중심이 뭐냐하면 참부모를 만나는 것이요, 미래의 출발의 기지가 뭐냐하면 참부모를 만나는 것입니다. 거기에 접붙인 여러분은 가지가 되는 것입니다.

지금까지 역사시대의 소원은 전부 다 미래에 있었습니다. 그러나 오늘 여러분의 일생을 중심한 참부모와의 인연은 영원토록 한때밖에 없는 것입니다. 한번밖에 없는 귀중한 것입니다. 여러분의 선조들도 못 가졌고, 여러분의 후손들도 못 가지는 것입니다.(46-168)

그러한 부모를 맞을 수 있는 자녀로서 갖추어야 할 심정적인 자세와 규범은 어떠냐? 그게 있어야 된다는 것입니다. 만국의 효자를 대표한 모습이어야 됩니다. 세계 마라톤 대회에 출전한 각국의 챔피언과 마찬가지로 자기 종족에서 선출된 챔피언이 되어야 한다는 것입니다. 무엇을 하기 위한 챔피언이냐? 효도하기 위한 챔피언이요, 충성하기 위한 챔피언입니다. 여러분이 그러한 챔피언이 되어야 한다는 것입니다.

이러한 초점 상에 있는 여러분인데 하고 싶은 말을 다 할 수 있습니까? 자기가 하고 싶은 말을 다하고 효자 될 수는 없습니다. 자기가 하고 싶은 말을 다하고, 하고 싶은 일을 다하고 충신이 될 수는 없는 것입니다.(51-355)

타락의 후예 된 인류는 접붙여야 할 운명으로 태어났습니다

인류의 뿌리 부모 되시는 하나님을 종적인 부모로 모시고, 아담과 해와가 참부모, 참조상이 되어 참사랑, 참생명, 참혈통으로 태어난 우리가 되어 천국의 인생을 꾸미고 살게 되었다면 우리의 삶 자체가 조화 통일이요, 기쁨과 행복, 환희와 영광으로 평화의 왕국에서 참사랑의 왕자 왕녀로서 최고최상의 경지에서 만족한 삶을 누리게 되었을 것입니다.

그러나 인간 조상이 타락한 조상이 되었기에 선과 악의 투쟁 역사가 만들어 온 인류는 참으로 복잡한 해결 과제를 안고 태어난 모순의 운명체가 된 것입니다. 그러므로 타락한 운명에서 모순의 실체로 탄생 된 내 모습이기에 복잡 다다한 죄악의 고리를 과감히 끊고, 본연의 참생명으로 접붙이는 길을 찾지 않을 수 없는 숙명적인 과제를 안고 있는 것입니다.

죄악의 모순된 타락인간이라는 것을 알게 되면 타락의 문제를 해결할 실마리, 청산할 원리, 참생명으로 접붙이는 원리를 따를 수밖에 없다는 것을 절절히 깨닫게 되는 것입니다.

타락 인간은 참부모를 통하여 참생명으로 접목되는 것입니다

성경에 타락인간을 의미하는 돌감람나무와 천국의 인간을 의미하는 참감람나무에 관한 비유가 있습니다. 돌감람나무는 접목을 하지 않으면 천년만년을 가도 돌감람나무 그대로 돌감람나무라는 것입니다. 그런데 접붙임의 원리를 따라 접목을 하면 돌감람나무가 천지개벽을 하여 참감람나무가 된다는 개벽의 비결이요, 지옥에서 천국으로 개벽되는 것이요, 천신만고 끝에 하늘의 새 생명을 얻을 수 있는 비결이며, 인류 역사가 그토록 갈망한 평화의 이상 왕국을 만드는 지름길의 원리가 되는 것입니다.

그러므로 참감람나무의 실체로 역사 속에, 이 땅에, 우리 곁에, 오시는 참부모님은 인류의 결실이요, 역사의 소망이며, 시대의 중심이고, 미래의 출발이 된다고 하셨습니다. 이보다 더 큰 복음의 메시지가 있을 수 있겠습니까?

우리는 정말 역사에 없는 너무나 크고, 엄청난 선택의 은총, 양육과 접목의 큰 축복을 받은 축복가정이 됐다고 하는 자부심과 긍지, 그리고 하나님의 창조이상을 실행하는 주역 된 보람과 행복을 늘 감사하는 삶이 돼야 되겠습니다.

참부모님은 8대 챔피언이라고 하셨습니다

첫째, '하나님을 가장 잘 아시는 챔피언' 이십니다.

역사 이래 하나님의 실존에 관한 것을 일깨워 주신 성인이나 성현이 없었습니다. 참부모님께서 만유의 뿌리 되시는 하나님과 인간이 부자관계父子關係임을 밝히신 것입니다.

뼈 중의 뼈, 살 중의 살, 피 중의 피, 골수 중의 골수로 창조한 당신의 실체인 영원한 독자를 잃은 하나님의 가슴은 슬픔과 고통, 한恨으로 얼룩진 종지부모의 가슴을 꿰뚫으시고 하나님의 고통과 한을 해원하고 당신의 이상을 실현하는 '절대적인 효孝 중의 효, 충忠 중의 충' 의 도리와 책임을 도맡아 실천 해 오신 모델 중의 모델, '충효忠孝의 챔피언' 이십니다.

둘째, '사탄을 가장 잘 아시는 챔피언' 이십니다.

인류 역사를 질곡으로 점철시킨 그 장본인이 악마라는 것을 종교에서는 말합니다만 그 실체를 밝히지 못하여 근멸시키지 못하고 죄를 씻기에 급급했던 종교의 정황이었습니다.

그러나 참부모님께서는 사탄의 정체가 에덴동산의 사환으로 창조를 도와주었던 누시엘 임을 밝히시고, 그 악마를 자연굴복시킬 수 있는 탕감복귀의 원리를 몸소 행하심으로 사탄을 탄복시키고 본연의 위치로 되돌아가게 만들었습니다. 그러므로 사탄으로 하여금 참부모를 모시게 만든 것입니다. 그렇기에 사탄의 정체, 타락의 동기와 경로, 그 결과 그리고 탕감복귀의 원리 따라 참 사랑의 십자가로 자연굴복 시킨 업적으로 '사탄 승리의 챔피언' 이 되신 것입니다.

셋째, '인간을 가장 잘 아시는 챔피언' 이십니다.

인간에 대한 이모저모의 청사진을 낱낱이 밝히시고, 타락 인간의 진상과 창조본연의 인간상을 소상히 밝히고, 타락성을 청산하고 하나님의 신성을 회복하여 인격을 완성할 수 있는 재창조의 비밀을 밝혀주시고 영적 오관과 육적 오관이 하나님의 오관과 조화 통일된 삶을 본보여 주셨습니다.

넷째, '영계를 가장 잘 아시는 챔피언' 이십니다.

인간을 중심한 두 세계를 창조하신 원리와 인간이 복중시대, 지상시대, 천상시대로 이어지는 삼 세계 인생행로를 명료하게 밝혀 주시고 영원한 본향으로 가기 위한 과정적인 준비기간이 지상의 백 년 세월임을 일깨워 주시고, 인격, 사랑, 심정 완성실체를 잘 가꾸고 다듬어야된다고 강조해 주십니다.

다섯째, '예수님을 가장 잘 아시는 챔피언' 이십니다.

하나님이 복귀섭리를 시작한 지 4천년, 천신만고 끝에 제2의 아담으로 독생자 예수님을 보내신 목적과 예수님이 가정을 이루고 하늘의 초석을 만들어 이스라엘-로마-세계로 하나님의 뜻을 펼쳐 지상

266

천국을 건설했어야 했던 예수님의 심정을 꿰뚫으시고, 십자가에 얽힌 사연곡절을 해원해 주고, 예수님을 만왕의 왕으로 추대한 사건은 역사적인 기적을 이룬 쾌거였습니다. 그러므로 참부모님은 '예수님의 소원과 목적을 성취 해 주신 챔피언' 이십니다.

여섯째, '성서의 비밀을 밝히신 챔피언' 이십니다.

하늘의 섭리는 타락한 인간을 본연의 인간으로 복귀해 나오는 과정을 비밀로 섭리해 나오셨습니다. 그러므로 성서를 비롯한 많은 경서는 그 내용의 핵심이 비밀로 되어 있습니다.

예수님 이후 이천 년간 성서의 비밀을 나름대로 해석하여 수백 개의 교파로 분열되어 대혼란을 초래하였습니다. 이제야 성서의 비밀을 일목요연하게 창조-타락-복귀의 원리로 정리하여 인류로 하여금 갈 길을 밝혀 준 것입니다.

일곱째, '역사를 가장 잘 아시는 챔피언?' 이십니다.

역사를 설명하는 사관史觀은 관점에 따라 다릅니다. 그러나 하나님을 중심한 복귀섭리의 관점으로 역사를 살펴보는 섭리사관攝理史觀이야 말로 하나님과 인간이 함께 만들어 온 역사임을 바로 알 수 있고, 그 책임의 분담에 따라 성취와 실패 또는 연장된 역사임을 깨닫게 되었습니다.

여덟 번째, 하늘의 '참 가정을 아시고 성취하신 챔피언' 이십니다.

하나님의 창조이상을 실현하는 기초가 가정임을 밝히셨습니다. 가정은 4대 심정권과 3대 왕권, 그리고 최고최상의 경지인 황족권을 이

루는 요람이 참가정이요, 하늘의 천도를 따라 윤리와 도덕의 뼈대를
세우고 참사랑과 생명, 혈통이 크게 조화통일을 이루므로 끝없는 기
쁨과 행복이 번창하는 수수작용 · 원형운동 · 구형운동으로 진행되는
그 모형, 모델이 가정이며, 평화의 초석, 안식의 보금자리가 창조목적
의 반석 된 가정원리를 펴내시고 실행하심으로 '참가정의 모델 챔피
언' 을 이루셨습니다.

8대 챔피언을 전수 받아 종족의 챔피언이 되어야 되겠습니다

이제 우리는 하나님의 복귀섭리 역사의 결실체요, 이 시대의 중심
이며, 미래의 출발 주인공으로 오신 참부모님께 접목 된 축복가정으
로서 종족 메시아의 특권을 부여 받았으니 8대 챔피언의 내용을 전수
받아 종족 챔피언의 역할과 사명과 책임을 다해야 되겠습니다.

우리가 배우고, 알고, 깨달은 하늘의 비밀, 섭리의 비밀, 영계의 실
상, 인생의 목적, 역사의 방향과 목적, 기독교 및 종교의 궁극적 목적
인 천국의 청사진, 행복의 요람 된 참가정에 대한 청사진 등등을 우리
의 종족들은 잘 모르고 있습니다.

인생을 살아가는데 있어서 가장 어리석고 무서운 것은 모르는 것입
니다. 무지하기 때문에 보석덩어리를 돌덩어리로 취급하고, 무지하
기 때문에 행복을 불행으로, 무지하기 때문에 보람을 무가치로 버리
는 경우가 많습니다.

이제 우리는 너무나 감사하게 참부모님을 통하여 여덟 가지 분야의
작은 챔피언이 될 수 있는 크나큰 혜택을 힘입은 것입니다. 그러나 참
부모님께서 챔피언이 되시기까지의 지극정성, 노력, 자기와의 싸움

268

에서 승리하신 자아주관적인 삶을 닮아 스스로를 자책하면서 자아주관의 삶을 성공적으로 운영할 수 있어야 된다는 것입니다.

자기 스스로를 하늘의 원리와 뜻대로 다스리는 자아 주관적 삶을 운영하기 위해서는 스스로가 하늘 삶의 프로그램으로 운영하는 실천이 뒷받침 되어야 합니다.

종족을 대상으로 충효의 챔피언 된 프로그램을 실행해야 됩니다

인생이 인생답고, 삶이 삶답기 위해서는 종·횡의 조화통일 된 인간의 덕목을 생명보다 더 귀하게 챙기는 데 있습니다. 종적인 덕목은 효에 있습니다. 효는 종적인 뿌리요, 중심인 하나님과 부모를 위해 모든 것을 헌신하는 생활입니다.

중심을 위해 모든 것을 헌신하면 그 중심은 모든 것을 투입하여 대상을 보호하고 책임져 주는 것이 천리의 도리입니다. 그러한 주종(主從)의 효를 횡적으로 이웃, 나라, 세계를 위하는 것이 충입니다.

정말인즉 종으로는 효의 도리를, 횡으로는 충의 도리를 충실하게 실천하면 바로 만사형통의 반석 된 삶의 터가 되는 것이지요. 이 원리를 종족을 위해서 실행하면 종족이 모시고 섬기는 모델 인생의 챔피언이 되고도 남음이 있습니다.

효의 도리를 통하여 무한대의 하나님 사랑과 능력을 받아 종족에게 베풀면 하늘 인생, 참인생을 얻은 하늘 종족들이 참인생을 노래하며 종족의 주인으로, 종족의 참조상으로, 종족의 참챔피언으로 모시게 될 것입니다. 충효를 위한 프로그램을 자기의 역량에 맞게 구성해서

충실하게 실행하는 실천의 일거수일투족에 놀라운 종횡縱橫의 축복
이 함께하시기를 축원합니다.

제6장 바람직한 교회상_{敎會像}

개벽開闢의 은총

훈독말씀 : 인간 중심한 평화추구의 한계

인간은 지금까지 역사를 통해 줄곧 인간을 중심한 평화운동만을 전개해 왔습니다. 그 좋은 예가 민주와 공산의 대결입니다. 개인의 권익과 자유를 얼마나 더 인정해 주고 보장해 주느냐의 정도 차이일 뿐, 민주주의나 공산주의도 모두 부모를 잃은 자식들이 가인 아벨로 갈라져 싸우는 형제간의 분쟁 범주를 벗어나지 못한 것입니다.

인류는 누구를 막론하고 예외 없이 사탄의 혈통을 받아 태어난 자식들입니다. 여러분 자신을 놓고 한 번 생각해 보십시오. 일상생활 속에서도 시시각각, 사사건건 선과 악이 여러분 내부에서 주도권 쟁탈전을 벌리고 있지 않습니까? 따라서 이런 불안전한 인간만을 중심삼고 전개하는 평화운동은 역사적으로 언제나 한계에 부딪쳐 좌절되고 말았던 것입니다.

세계평화 실현의 화려한 꿈을 안고 출발했던 국제연합이 오늘날 그 태생적인 한계점에 부딪혀 인류에게 더 이상 소망을 주지 못하고 있는 것도, 바로 이런 이유 때문입니다. 한마디로 하늘이 직접 운행하여 역사를 섭리 하실 수 있는 때를 맞이하지 못했다는 것입니다.

여러분, 그러나 이제는 때가 달라졌습니다. 지난 80여 년의 세월을 바쳐 오직 하늘 길만을 걸어 승리한 '레버런 문'의 승리적 기대 위에 마침내 후천개벽의 시대가 선포된 것입니다. 죄악과 질곡의 늪에서 허덕이던 인류를 해방시켜 자유와 행복의 세계인 창조본연의 이상세계를 창건하는 천운의 때가 우리와 함께하고 있다는 것입니다. 하늘이 '레버런 문'을 인류의 참부모로 인정하시고 새 시대를 열어주신 데는 몇 가지 분명한 이유가 있습니다.

첫째로 '위하여 사는 삶', 즉 참사랑의 삶의 가치를 실천하여 승리하고, 인류에게 전수해 준 그 승리적 기대 때문입니다.

인간은 누구나 위하여 살도록 태어납니다. 그러나 타락으로 인한 무지 때문에 정반대의 길인 이기적 개인주의로 빠져들고 마는 것입니다. 역사상 처음으로 이런 천비를 밝히고 인류를 교육해온 레버런 문의 파란만장한 삶을 하나님은 잘 알고 계십니다.

둘째로, 본인은 일생을 바쳐 만난을 극복하고 승리적 기대를 세웠으며, 참사랑 실천교육을 통해 하나님과 인간이 부자의 관계를 다시 회복하여 정립할 수 있는 모든 조건을 다 충족시켰던 것입니다.

사랑의 원수인 간부 사탄의 자식이 되어 거짓사랑, 거짓생명, 거짓 혈통의 노예가 되어 살던 인류를 참사랑의 근원되신 하나님의 참된 혈통으로 다시 중생함을 받을 수 있는 길을 열어 준 것입니다.

참사랑의 삶을 통해 개인완성을 실현하고, 참된 가정, 참된 종족, 참된 민족, 참된 국가, 참된 세계를 세울 수 있는 길을 활짝 열어 주셨다는 것입니다. (평화 메시지)

인류역사의 한결같은 소망은 자유, 행복, 기쁨, 평화가 만끽된 세상을 이루고 만인이 한 형제같이 어우러져 사는 원화원圓和苑의 지구촌을 이루는 것이었습니다.

그러나 지금까지 수천 년 동안 인간의 노력과 지혜를 총동원해 보았지만 다람쥐 쳇바퀴 도는 현상의 한계에서 허덕이고 있다는 것입니다. 그 이유는 갈등과 혼란을 야기하는 모순의 주범인 사탄의 혈통을 타고나, 타락성이 지배하는 인간 세상이기 때문이라는 것입니다.

이제는 하나님께서 인류의 참부모로 세우신 '레버런 문', 즉 인류의 참부모님을 통하여 천비를 밝히시고, 사탄의 정체를 파헤치고, 하늘의 법도를 따라 위하는 삶의 실적과 기대를 통해서 선천시대의 막을 내리고, 후천개벽시대를 활짝 열어 주심으로 우리는 지금 개벽시대를 살고 있다고 하는 엄청난 축복의 메시지를 받고 있습니다.

개벽이란 의미는 천지가 새롭게 만들어지는 새 하늘, 새 땅이 펼쳐지는 것을 말하는 것이고, 어지러운 천지가 뒤집혀 져서 새 창조가 이뤄지는 것이며, 새로운 시대가 찾아오는 것을 말합니다.

우리는 원죄 청산의 개벽은총을 받았습니다

원리강론 98페이지 죄의 항목에서 죄란 천법을 위반한 것으로서, 자기 스스로가 범하는 자범죄, 자신이 범죄하지 않았는데 연대적으로 책임을 져야 되는 연대적 죄, 선조의 죄가 혈통적인 인연을 따라 유전되는 유전적인 죄, 인류 최초의 조상이 잘못해서 만들어진 뿌리와 같은 원죄가 있습니다.

인간의 노력과 탕감 신앙으로는 자범죄, 연대적인 죄, 유전적인 죄는 어느 정도 해결이 가능하다고 하지만, 뿌리 죄인 원죄는 사랑의 궤도를 이탈하여 거짓 혈통으로 이루어졌기 때문에 참사랑, 참생명, 참혈통의 뿌리로 오시는 메시아가 아니고서는 해결될 수 없는 것입니다. 그러므로 인류역사에 말세가 되면 학수고대하는 주인공이 바로 원죄를 청산해 줄 메시아, 구세주, 재림주님, 참부모인 것입니다.

축복가정은 탕감조건을 세우고, 축복조건을 갖추어서 원죄 청산식인 성주식을 했고, 본연의 위치를 복귀하는 3일식도 했습니다. 알고 보면 이것은 개벽 중의 참개벽의 은총으로 '원죄 청산개벽의 은총' 을 힘입은 것입니다. 이 은총은 역사에 없었던 은총이므로 바로 개벽은총이 되는 것입니다.

우리는 또한 혈통개벽의 은총을 받았습니다

사람들은 자기의 신분을 말할 때 반드시 성씨를 말합니다. 김씨면 그 김씨의 혈통으로 일생을 살아가게 마련입니다. 그 씨가 바로 혈통의 결실입니다. 그 씨 속에 모든 존재요소가 내포되어 있습니다. 사랑과 생명의 결과가 혈통, 즉 씨라고 했습니다.

그런데 타락의 후예로 탄생한 우리는 사탄의 혈통을 타고난 사씨邪氏의 신분을 갖고 살아가는 사탄의 무리들입니다. 기분이 나쁘고, 억울하고, 무가치하고, 지옥으로 향하는 인생일지라도 뿌리인 혈통이 사탄의 혈통으로 태어났으니 평생을 사탄의 혈통신분으로 살아갈 수밖에 없다는 것입니다.

그런데 우리 축복가정들은 본연의 하나님의 선한 혈통, 참혈통, 의

로운 혈통, 영원한 행복, 기쁨, 영광의 혈통을 상속받았으니, 그 무엇
에 비교할 수 없는 '혈통개벽의 은총' 을 받은 것입니다.

이제 우리는 하나님의 혈통 신분을 가진 하씨 혈통의 가문으로서의
긍지를 갖고 참사랑을 노래하고, 참 생명을 노래하며, 참 혈통의 자긍
적 가치를 드높이며 천일국의 주인다운 삶을 꾸며야 되겠습니다.

우리는 본연의 부모와 자식의 관계개벽의 은총을 받았습니다

세상에서 가장 불쌍한 사람은 사랑을 주고 싶어도 줄 수 있는 대상
이 없고, 기쁨을 누리고 싶어도 누릴 수 없는 자랍니다. 행복이나 기
쁨은 서로의 관계에서 주고 받는 가운데 형성되고, 발전된다고 합니
다. 우리가 원치 않는 사탄과의 관계로 슬픔을 만들고, 불행을 조장하
며 무가치한 인생을 살 수밖에 없었습니다.

그러나 이제는 본연의 종적인 참부모와 횡적인 참부모와 자식의 신
분으로 사랑관계, 생명관계, 혈통관계, 생활관계를 이루어 살게 되었
으니 하나님으로부터 끝없는 사랑을 받을 수 있고, 무한대의 능력에
지혜와 영적인 에너지를 공급 받으며 하늘의 법도를 따라 천국의 삶
을 영위할 수 있게 되었으니 그야말로 어마어마한 '관계개벽의 은총'
을 힘입은 것입니다.

이제는 개벽의 은총을 번창시켜 원화원을 창건해야 할 때입니다

하나님과 인류가 그토록 갈망하는 세상, 모두가 한 부모 아래 한 형
제자매로 어우러져 둥글게 둥글게 화동하는 한 몸과 같은 꽃동네, 사

랑의 향기 그윽하고, 모두가 행복에 취해 만족을 노래하는 하나님의 이상동산을 이 지구성地球星에 건설하는 것이 하나님의 소원, 인류의 소원, 만물의 소원인 것입니다. 그러한 소원 성취는 개벽을 통하지 않고서는 불가능한 것입니다.

죄악의 뿌리인 원죄를 청산 짓는 개벽의 은총을 무지한 이웃, 종족, 사회 구석구석에 알려 줄 때, 개벽의 은총은 번창하여 죄에서 해방되는 감격과 새 하늘 새 땅의 새 역사가 발전되어 나갈 것입니다.

또한 사탄의 노예에서 벗어나기 위한 혈통개벽의 은총을 만인에게 알려주므로 하나님 혈통의 자식이 되어 하나님의 아들딸로 꾸며지는 원화원의 동산이 만들어 질 것입니다.

이제는 사탄의 관계에서 피해를 봤던 어리석음에서 탈출하여 하나님과의 관계를 회복하여 명실공히 하나님의 아들딸 된 신분으로 하늘의 인생을 노래하는 천일국 주인다운 삶을 가꿔가야 되겠습니다.

이제 우리는 개벽의 주체가 되어 아직도 무지에서 허덕이는 죄악의 불쌍한 무리들을 복귀하는 거룩한 성업을 성취해 나가는 바람직하고 성숙한 개벽의 완성실체가 되어야 하겠습니다. 감사합니다.

교회 성장의 4위기대

훈독말씀 : 하나님의 영원한 대상

사람들은 어느 누구를 막론하고 최고를 바라고 있습니다. 인간이 최고의 자리에 가게 되면 하나님은 내 것이며, 또 나는 하나님의 것입니다. 그렇게 되면 나는 하나님의 아들이 되고, 하나님 자신도 되니, 우주는 누구의 것이 되는 것입니까?

하나님께서 제일 사랑하고, 제일 귀하게 여기는 물건이 있다면 그것을 하루 혹은 10년이나 백년쯤 같이 지낸 후에 집어던지게끔 지었겠어요, 영원히 같이 있게끔 지었겠어요? 영원히 함께 있도록 지으신 것입니다.

사람도 마찬가지입니다. 사람이 태어났다가 죽으면 그만이면 좋겠어요, 영생해야 되겠어요? 영생해야 된다는 것입니다. 왜냐? 절대자 하나님께서 절대적인 사랑을 중심삼고 좋아할 수 있는 대상이기 때문입니다. (39-42)

여러분이 거울을 보면서 이 눈이 얼마나 부모님이 보고 싶어 눈물을 흘렸고, 이 입이 얼마나 부모님의 해원성사를 외쳐봤으며, 이 손이 얼마나 부모님의 땅에서 피를 흘리고 일해 봤으며, 내 몸이 으스러지도록 부모님이 원하는 터전에서 일해 왔느뇨? 그것을 못한 것이 한입니다. 할 수 있는 마음을 느끼면서 그 길을 찾아가는 것이 행복한 길이요, 그 길에서 하늘과 더불어 인연을 맺는 것이 행복한 사람입니다. 그러한 사람은 누가 지배할 사람이 없습니다. 그 사람을 움직일 수 있는 사람은 부모님뿐이요, 그 사람을 감동시킬 수 있는 사람도 부모뿐이요, 그 사람을 행복하게 할 수 있는 사람도 부모뿐입니다. 그리고 그 부모를 행복하게 할 수 있는 사람은 그 아들 외에는 없습니다. 부모의 소망은 부모에게 있는 것이 아니고, 아들에게 있는 것입니다. (173-10)

  마음을 다하고, 뜻을 다하고, 정성을 다하라는 말은 무슨 말이냐? 그것은 생명을 바치라는 말입니다. 그 이상은 무엇이 있어요?
  마음을 다하라는 것은 생명을 내 놓으라는 말입니다. 뜻을 다하라는 것도, 정성을 다하라는 것도 생명을 내 놓으라는 말입니다. 지성이면 감천이란 말이 있지요? 지성의 한계점, 내 마음의 끝이 어디겠어요? 생명을 걸고 정성을 드리라는 겁니다.
  목을 내놓고 죽을 각오를 하고 정성을 드리는 사람은 하나님이 모른다고 하실 수가 없다는 것입니다. 생명을 내놓는 데는 억지로 내놓는 것이 아니라 미칠 듯이 좋아하면서 내놓으라는 것입니다. 생명을 내놓을 바에는 울면서 내놓는 것을 하나님이 원하시겠어요, 아니면 좋아서 미칠 것 같고, 죽어도 좋다고 춤을 추면서 내놓는 것을 좋아하시겠어요? 어떤 겁니까? (48-114)

  참사랑 앞에는 어떠한 악한 힘도 녹아납니다. 그것은 보기만 해도 좋고, 스치기만 해도 좋습니다. 사람을 구성하는 본질적인 내용이 되는 요소는 생명보다 앞서 작동하고, 근원이 되어야할 사랑임에 틀림없습니다. 사랑을 위해 사는 일생은 생산적인 결실의 삶이요, 사랑을 모르고 사는 일생은 소모적인 멸망의 삶인 것입니다. 하나님도 인간도 우주도 사랑을 위한 삶을 살기를 원하는 것이 본연의 삶인 것입니다.

사랑은 자기를 백퍼센트 투입하는 것입니다. 하나님이 천지를 창조할 때 사랑 때문에 모두 백퍼센트 투입한 겁니다. 그렇기 때문에 참사랑은 위하는 데서 시작하는 것입니다. 나를 투입한다는 것은 제2의 나를 만들기 위한 것으로 하나님이 창조할 때 자신을 투입하신 것과 마찬가지입니다.

재창조 역사는 탕감복귀 노정이고, 탕감은 재창조역사를 통해서 하기 때문에 자기를 투입하는 데서만이 재창조가 벌어집니다. 투입하고, 투입하고, 또 투입하는 데서 참사랑 논리가 벌어지는 것입니다. 위하는 데는 망하지 않습니다. (225-15)

교회성장의 제1기대는 모심의 생활에 있습니다

하나님은 우주와 인류의 창조주요, 인류의 참부모님이십니다. 부모가 없는 자식은 있을 수 없습니다. 자식의 존재 가치는 부모로부터 시작이 되는 것입니다. 그러므로 부모를 모시는 생활은 나를 나 되게 하고, 생명을 생명 되게 하고, 인생을 인생 되게 하는 기본 바탕입니다. 삶의 일거수일투족이 혼자가 아니라 부자일체이상으로 부모이자 자식이요, 자식이자 부모로, 둘이 하나 된 마음과 몸으로 동거 동락하는 삶이 바로 신앙생활의 기본 기초가 돼야 된다는 것입니다.

하나님은 만유의 원천이십니다. 하나님과 일체이상 된 삶을 꾸미노라면 하나님의 모든 역량이 삶의 자리에 나타나므로 인간의 상상을 넘어서는 놀라움이 있습니다. 역사적인 인물들이 자기 능력을 넘어선 보이지 않는 손길로 말미암아 자기가 자기를 놀라게 하는 인생의 기적을 만들어서 역사 앞에 기여한 것입니다.

교회도 모심의 기틀이 튼튼할 때, 하나님의 기초가 튼튼하게 되는 것이지요. 우리가 바르게 알아야할 것은 하나님은 첫 것을 좋아하신다는 사실입니다.

존재의 순서가 하나님이 있고 내가 있는 것이기에 하나님을 먼저 챙기는 것이 하늘의 아들딸 된 기본 도리가 되는 것입니다. 생각도, 음식도, 의상도, 걸음도, 경제도, 삶의 모든 영역을 하나님을 먼저, 그다음 참부모님을, 그리고 우리의 몫으로 하는 것이 질서요, 우주의 법칙이니, 일상에서도 그렇게 자연스럽게 이루어져야 된다는 것입니다.

만의 하나라도 하나님을 뒷전에, 쓰다 남은 것으로, 적당히 하면 되려니 하는 생각은 대단히 위험한 신앙자세가 됩니다. 모심으로 놀라운 은총과 행운에 넘치는 삶의 자리와 우리 교회 성장의 원동력이 된다는 사실을 새삼 강조합니다.

교회성장의 제2기대는 정성이 충만한 신앙에 있습니다

정성은 자기를 끝없이 투입하는 것입니다. 물방울이 바위를 뚫는 심정으로 계속적인 자기 투입을 할 때, 기적은 창출되게 마련입니다. 정성을 드리면 드릴 수록에 영적인 기반이 튼튼해지고, 영적인 능력이 배양되어서 늘 은혜 속에 살게 되며, 밝고 빛나는 등불이 되어 세상을 밝히고 어둠을 이기는 능력이 있게 마련입니다.

영인체의 평화는 육신의 평화로 이어져 늘 평화롭고 즐거운 삶을 영위하게 되며, 영육 간에 강건한 은총으로 건강 증진의 축복이 있습니다. 더욱이나 정성을 많이 드리면 영적인 환경이 선하고, 의롭고, 정의로운 영인들과 관계를 맺게 되고, 그럼으로 많은 협력의 역사가 있게 되는 것입니다. 지금은 영계가 직접 역사하는 시대가 되었으므로 더 조심해야 되고, 특히 말을 조심해야 되며, 조상들이 함께 살고 있다는 현실을 실감으로 체득하는 시대입니다.

반면 정성이 부족하고 영적인 환경이 튼튼치 못하면 여러 가지, 고비 고비를 어렵게 넘어가고, 신앙성장에 많은 애로를 겪게 됩니다. 하나님과 참부모님께서 만들어 놓으신 천주적 기반을 마음껏 활용하는 우리들의 정성과 신앙의 올바른 기틀이 탄탄해야 되겠습니다. 정성은 기적의 어머니요, 은혜의 샘이라는 사실을 실감하며 사는 우리들의 정성신앙이 아름답게 가꾸어지기를 바랍니다.

교회성장의 제3기대는 참 사랑 실천에 있습니다

사랑은 존재의 원초적 동기요, 행복과 평화, 기쁨과 보람을 만드는 원천적 동력입니다. 그런데 사랑에는 참사랑과 거짓 사랑으로 구분해서 설명을 할 수 있습니다. 거짓 사랑이 뿌리가 되고, 원동력으로 작동하면 간음이 발동하고, 시기, 질투, 교만, 배반, 인격살인, 도둑, 혼란과 슬픔을 야기합니다.

그러나 참사랑이 뿌리가 되어 원동력으로 작용하면 천법 질서를 존중하고, 관용과 용서, 희생 봉사, 신뢰와 책임, 자비와 양선, 정의와 자유를 누리며 화합과 평화를 노래하는 무한대의 행복을 추구하게 됩니다. 세상은 아직도 사탄의 잔존세력이 많은 득세를 하고 있기에 거짓사랑의 늪에서 허덕이는 무리들이 많이 있습니다. 그리고 어둠의 늪에서 허덕이는 무리들은 양심의 호소로 참다운 사랑을 갈구하고 있는 것입니다.

하늘의 특별은총으로 먼저 부름 받고, 길리움 받고, 축복을 받아 참사랑을 전수 받고, 성숙한 축복가정들이 참사랑을 이웃, 종족, 이 사회에 실천하지 않으면 양심의 채찍을 받지 않을까 두렵습니다. 조상들이 지상을 향한 애통사항이기 때문입니다.

교회성장의 제4기대는 뜻을 번창시키는 전도에 있습니다

선택받은 참부모님의 축복 형통들의 거룩한 임무는 뜻을 이루는 지름길인 전도에 있습니다. 천일국 백성을 만드는 것이야말로 가장 신성하고 보람 있는 삶의 덕목이라고 할 수 있습니다.

영원한 행복의 기반, 영원한 기쁨의 기반, 영원한 영광의 기반, 영원한 참인생의 부귀영화는 전도의 기반에 있습니다. 천일국 건설의 지름길이 전도에 있음을 새롭게 명심하고, 실천하는 우리들의 삶의 자리가 되도록 혼신을 다하시기 바랍니다.

성장의 4위기대가 아름답게 조화 통일된 삶으로 부부성장, 가정성장, 종족섭리 성장, 훈독회 성장, 교회성장, 뜻 성장으로 하나님의 소원, 참 부모님의 소원, 역사의 소원, 인류의 소원, 우리들의 소원인 평화왕국, 새 에덴의 왕국이 하루속히 이루어지도록 천일국의 주인 된 사명과 책임을 다하는 주인다운 주인이 되어보십시다. 만사형통이 함께하시기를 축원합니다.

천국 열쇠 선물

훈독말씀 : 지상천국과 천상천국

개인이 안식하려면 가정의 안식권을 만들어야 합니다. 다시 말하면 가정의 울타리를 만들어야 한다는 것입니다. 가정이 안식하려면 종족의 울타리를 쳐야 합니다. 울타리가 없으면 언제나 침범당합니다. 종족이 안식하려면 민족이 울타리가 되어야 합니다. 민족이 안식하려면 국가가 울타리가 되어야 합니다. 그리고 국가가 안식하려면 세계가 울타리가 되어야 합니다. 그렇기 때문에 우리 국가의 울타리, 세계의 울타리를 쳐놓고 안에서 안식할 수 있는 때가 옵니다.

이 세계가 안식하려면 영계와 육계를 통일시켜 울타리를 쳐야 됩니다. 그런 후에야 비로소 하나님의 사랑이 지상의 온 세계 어디에나 미칠 수 있는 지상의 천국이 완성되고, 천상천국이 자동적으로 완성되는 것입니다. (68-20)

우리가 살고 싶은 곳은 하늘나라입니다. 하늘나라에는 경계선이 없습니다. 하늘나라에서는 두 가지 말을 쓰지 않습니다. 인종의 차이가 없습니다. 사람은 전부 하나님의 품에서 태어 낳았기 때문에 전부가 형제입니다. 하나님을 중심 삼고 보면 하나님의 아들딸이니까 전부 형제이고, 지상천국을 중심 삼고 보면 모두 백성입니다. 지상천국의 백성이라는 것입니다.

나라를 형성하는 데는 3대 요인이 있습니다. 나라가 형성되려면 주권과 백성, 그리고 국토가 있어야 됩니다. 그렇다면 이 세계는 하나님이 통치하는 세계가 되지 못했습니다. 온 지구성이 하나님 나라가 되지 못했고, 세계 백성들이 한 나라의 백성이 되지 못했습니다.

우리가 천국을 말하지만 천국은 이런 조건이 갖춰진 다음에 성립되는 것입니다. 이것이 안 이루어졌기 때문에 아직까지 가인, 아벨이 싸움을 계속하는 것이요, 우리는 안식할 수 없는 것입니다.

우리는 복귀과정에서 살고 싶지 않고 천국에서 살고 싶다는 것입니다. 그러므로 천국을 이루겠다는 것은 우리가 살 곳을 마련하자는 것입니다. 우리가 살 곳은 천국을 만들어 놓아야 생겨나는 것입니다. 이것을 못 만들면 우리의 후손은 늘 쫓기는 민족이 될 것입니다. 우리는 있는 정성을 다해서 후손에게 그러한 짐을 남겨주지 않는 조상이 되어야 합니다.

이제 재림의 한날이 오면 천국이 아닌 낙원과 지옥의 밑창에 새로운 이상권을 만들어 나가야 합니다. 지옥의 밑창에서 가인·아벨을 찾아 새로운 하나님의 가정권을 형성하는 것입니다. 새로운 하나님의 종족권, 새로운 하나님의 민족권, 새로운 하나님의 국가권, 새로운 하나님의 세계권을 이루어 지상에 있는 사람들을 전부 탕감복귀 해야 됩니다.

가인·아벨을 탕감복귀해 모든 것을 흡수, 소화해서 통일된 세계를 지상에서 편성하지 않고는 하늘나라를 이루려는 하나님의 소원을 해원 성사할 수 없습니다. 그래서 예수님도 '너희가 땅에서 매면 하늘에서도 매일 것이요, 땅에서 풀면 하늘에서도 풀린다.' 고 했습니다.

땅에서 천국을 이루지 못 하고는 천상세계에 천국이 생기지 않습니다. 땅 위에 하늘나라의 주권을 세우지 않고는 영계에서 선한 주권을 회복할 수 없다는 엄청난 사연이 내재돼 있다는 것입니다. (143-30)

여러분은 천국 가겠다는 생각을 해서는 안 됩니다. 땅 위에 천국을 건설하겠다는 생각을 해야 합니다.

천국을 건설하기 전에 여러분 자신이 먼저 천국인이 되어야 합니다. 천국인이 되려면 아버지의 마음이 내 마음이요, 내 마음이 아버지의 마음이라고 자신 있게 말할 수 있을 정도로 아버지와 심정일체를 이루어야 합니다. 그래서 땅 위에서 아버지의 마음을 대신하고, 주님과 선조들의 마음을 대신 해야 합니다. 그래야만 역사적인 모든 문제를 해결할 수 있다는 것입니다. (3-295)

안식의 울타리를 천주까지 넓혀 나가야 할 섭리적 숙명과제

안식을 위한 울타리의 범위가 가정의 울타리, 종족의 울타리, 민족의 울타리, 국가의 울타리, 세계의 울타리, 천주의 울타리까지 넓혀나가 이 지구성을 하나님의 사랑으로 가득 차게 만들어야 비로소 안식의 보금자리인 지상, 천상의 천국이 완성된다시는 말씀입니다.

비근한 예로 미국 상원 군사위원회 국방예산 심의 청문회에서 주한 미군 사령관(버웰 벨)의 증언을 들어 보면 한반도의 안보상황이 위태로

움을 일깨워 줍니다. 그의 증언은 가장 심각한 우려 대상은 핵무기프로그램이지만, 10만 특수부대, 120만 병력의 70%를 평양 원산선 남쪽에 배치, 250문의 장사포가 서울을 사정권에 두고 있고, 한반도 전역을 사정권에 둔 화학 탄두를 탑재한 스커트 미사일 600여 기가 배치되어 있다는 증언이었습니다.

북한이 민족공조, 평화공존, 경제협력, 화해무드를 추구하지만 군사적 신뢰가 없는 협상은 모두가 반쪽협상이요, 언제 어떻게 돌변할지 늘 불안한 한반도의 현실입니다.

하나님의 섭리 현실도 마찬가지입니다. 아직도 사탄의 잔당세력이 우리 주위에 진을 치고 있는 상황에서 하나님이나 참 부모님이나 우리들의 안식이 있을 수 없는 것입니다. 그렇기에 우리는 우리들의 안식의 울타리 기반을 넓혀 나가야 되는 숙명적 과제가 있는 것입니다. 그 울타리 기반 확보는 천도를 알려주고 순결한 가정, 건강한 사회, 평화로운 세상을 만들 수 있는 평화의 청사진을 끝없이 알려주고, 교육하고, 보여주고, 자랑하며, 보급함으로 우리의 관계망을 넓혀 나가는 것입니다.

마치 거미가 자기의 안식터전과 생존을 위하여 거미줄로 망을 떠서 여타의 날벌레들을 잡아 삶을 영위하듯 우리들은 원리와 말씀과 참사랑으로 관계망을 이웃으로 종족으로 넓혀나가는 것이 바로 천국을 건설하는 건설대원의 신성한 임무요, 천일국 주인 된 사명이며, 영원한 보람이요, 행복이라 하겠습니다.

가인·아벨의 싸움을 참부모 사랑으로 용해, 평화를 만들어야

얽히고설킨 모순의 역사를 풀어나가는 열쇠는 바로 가인·아벨의 갈등을 극복하고 화합의 역사를 만드는 것입니다. 개인적인 가인·아벨, 부부의 가인·아벨, 가정, 종족, 사회, 국가, 세계, 천주에 이르기까지 가인·아벨로 뒤엉킨 갈등을 극복하는 비결은 참부모의 참사랑으로 거짓의 고리를 끊고, 참사랑, 참진리, 참생명, 참혈통, 참희생으로 하나 되는 것입니다.

천성경 참사랑 편에, '참사랑은 공익성을 띤 무형의 질서요, 평화요, 행복의 요체' 라고 했습니다. 그리고 그 참사랑은 하나님과의 관계를 통해서 나타나는 바로 하나님의 능력이요, 용광로와 같은 하나님의 은혜, 무한대의 원천적인 에너지로서 변화의 원동력이라는 것입니다.

초창기에 뜻을 알고 선배 기성가정이 참사랑의 참부부를 이루기 위해서 성별정성을 드리는데, 사탄은 남편 가인을 통해서 생명을 판가름하는 사랑핍박이 몰아쳤답니다. 그 때 이를 악물고 절대사랑, 절대신앙, 절대맹세로 극복해 나가는데 위기가 올 때마다 하늘의 놀라운 역사로 극복하고, 또 극복하고, 결국은 7년 성별을 성공하고 축복을 받아 참사랑으로 부부 가인·아벨의 성공, 승리를 이루었다는 간증을 듣고, 칼부림을 넘어서는 사랑탕감의 사랑 십자가를 넘어서, 참사랑이 열매되는 것이라는 사실을 증언하고 있습니다.

그렇습니다. 참 사랑의 용광로 된 사랑의 능권으로 가인·아벨의 갈등을 용해하여 평화의 열매를 만들 수 있다는 참 교훈을 이 시간 새

삼 깨닫게 됩니다.

이제 우리가 참사랑의 화신체가 되어 세상에 나타날 때, 우리들의 삶의 자리에는 화합과 평화만이 깃드는 평화의 사도 된, 천국 건설의 일꾼다운 일꾼이요, 주인다운 주인의 자긍적 가치가 온 천주에 드넓게, 드높게, 빛나리라 믿습니다.

하늘나라는 경계선이 없고, 모두가 한 형제자매로 어우러진 평화의 왕국이라 하였습니다. 이제 역사적인 가인·아벨, 시대적인 가인·아벨, 현실적인 가인·아벨, 신앙적인 가인·아벨의 관계를 참사랑으로 하나 되어 일심, 일체, 일념, 일화, 통일의 터를 만들어 평화 왕국을 건설하는 주역이 되기를 섭리 역사가 갈구하고 있습니다.

천국의 열쇠는 땅 위에 있는 우리가 갖고 있습니다

하나님은 당신의 아들딸을 땅 위에 창조하셨고, 하나님의 창조 이상과 창조 목적도 지상에다 펼치시려 했던 것입니다. 그러므로 지상의 천국이 먼저요, 천상천국은 지상천국의 연장선상에서 이어지는 것입니다.

창조원리를 보더라도 인간의 영인체 완성은 육신을 터로 하여 가능한 것이어서, 육신 없는 영인체는 마치 나무 없는 열매와 같은 이치입니다. 그렇기에 육신의 가치는 천국의 필수 요체요, 천국의 초석이 되는 기본인 것입니다. 하나님의 억울함 중의 억울함, 분통 중의 분통, 슬픔 중의 슬픔, 한 중의 한은 당신의 육신을 잃어 버렸고, 당신의 사랑을 잃어버림으로 지상의 모든 터전을 상실한 것이었습니다.

그 잃어버린 터전을 다시 찾기 위해, 사랑 찾아 자식 찾아 죽음의 고비 고비를 마다 않고, 역사적인 순교의 핏줄을 이어서 천신만고 끝에 두 번째 아담을 찾아 세웠건만, 십자가의 죽임으로 하나님은 차마 바라보실 수가 없어 어둠의 3시간이 있었고, 온 천주는 사망의 구렁텅이로 곤두박질하는 십자가 비운의 사건이었습니다.

이제야! 참부모님 오셔서 섭리의 비밀을 낱낱이 파헤치시고, 하나님의 섭리적인 프로그램을 한 치의 오차도 없이 성공적으로 다 이루어 드리기 위해 밤을 낮같이 시간과 공간을 초월하시어 노심초사 절대충효로 매진하고 계십니다.

이제 천국 열쇠는 지상의 우리들이 갖고 있는 것입니다. 그 '천국 열쇠의 이름이 바로 축복' 입니다. 이 축복의 특권은 오직 메시아의 권한이요, 구세주의 능권이며, 재림주님이 주신 새 말씀의 핵심이요, 참부모님의 특별 은혜인 것입니다.

이 놀라운 축복을 국민화, 세계화, 천주화로, 천국의 구체적인 역사가 만들어지고 있는 것입니다. 이제는 참부모님의 대승리하신 천운을 활용하여 축복의 종족화, 축복의 이웃화에 적극적인 사랑의 활동을 펼쳐 나가야 되겠습니다.

천국 건설 대원들의 발자취는 영원히 빛나게 마련입니다

천국의 3대 요소가 주권, 백성, 국토라고 했습니다. 천국을 건설하는 지름길은 천국의 백성을 많이 만드는 데 있습니다. 천국의 백성만 있으면 천국의 주권도 창조되고, 천국의 영토도 만들어 집니다. 사람은 누구나 양심이 있어서 그 양심의 작용은 참을 찾아 허덕이며, 참을 알면 참다운 인생을 살아야 된다고 자기 스스로 채찍을 하게 마련입니다.

우리는 양심을 향하여 참을 가르치고, 참을 본보여 줄 때, 사람들은 양심을 따라서 하늘이 바라는 참 인생길로 박자를 맞추어 행복을 노래하며 평화의 왕국으로 모이게 마련입니다.

지금은 전 국민을 축복으로 인연 맺어 하늘 백성으로 관계망을 넓혀 나가는 실재 축복을 진행하고 있는 중입니다. 가정 살림을 하랴, 애기들 보살피랴, 남편 뒷바라지하랴, 또 직장생활 하랴, 늘 생활 경쟁의 보이지 않는 스트레스가 있지만 천일국의 주인의식을 갖고 하늘과 땅과 조상과 인류와 삼라만상이 그토록 갈망하는 천국 건설을 위하여 건설의 일꾼 된, 도리와 책임을 다하기 위해 시간을 쪼개고, 생활을 채찍하며 축복활동을 하는 그 발길, 발길들은 영원한 업적을 창조하는 발길이요, 두고두고 자랑할 발자취이기에 그 누구도 빼앗아 갈 수 없는 유일무이한 영광의 재산이 되는 것입니다.

하나님의 나라가 없이는 안심할 수 없습니다. 하나님의 천국이 없이는 풍전등화의 불안을 떨칠 수 없는 미지수의 인생입니다. 우리는 천국 가기를 희망하는 신앙이 아니라, 천국을 우리의 현실 속에다 건설하기 위하여 축복의 기치를 들고 만민사랑, 만민축복, 즉 천국의 열쇠를 선물하는 천국인들 입니다.

천국을 건설하는 축복의 발길마다 천운과 함께 놀라운 축복이 함께 하시기를 축원합니다. 감사합니다.

자기를 전개하는 삶

훈독말씀 : 인간 성장의 길은 하나님 자신의 전개과정

인간 창조란 하나님 자신이 커 온 것을 실제로 재차 전개시켜 나오는 것입니다. 거기에서 하나님이 흥미를 느끼고, 자극을 느끼는 것입니다.

사람도 마찬가지입니다. 화가가 걸작품을 만들기 위해서 그림을 그리는 것은 자기 내적인 소성을 전부 실제 형상으로 전개시키는 것입니다. 자기 뼛속 깊은 데까지 짜내서 투입하는 것입니다. (225-198)

존재 목적은 자기를 또 하나의 자기로 만드는 데 있습니다

작가는 작가의 생명과 보람, 행복과 기쁨을 얻기 위해 자기 전개를 통해 작품을 만듭니다. 작품 세계는 인류의 숫자만큼이나 많고, 다양하고, 넓고, 깊게 풍부한 것입니다. 한 부모에게서 탄생 된 형제자매도 그 개성이 각양각색이듯이 인류가 작가의 마음으로 작품을 창작하는 인생이라면 저마다의 독특한 개성대로 인생작품이 만들어 질 것이기에 천태만상의 작품이 생동하는 풍요, 다양한 아름다움으로 오묘하고 신비로운 하나님 박물관적인 세상을 꾸밀 수 있을 것입니다.

소설가는 자기가 쓴 소설을 통하여 보람과 행복을 얻게 될 것이요, 화가는 자기가 그린 그림이 있어야 화가로서의 존재가치를 드높일 것입니다. 그리고 작품이라는 것은 마음과 몸, 정신과 육체적 노동, 피와 땀, 골수에 사무치는 애착이 투입 되어서 마음속의 구상이 구체적으로 전개되어 작품이 창작되는 것입니다.

하나님께서 이 우주의 삼라만상을 하나하나 지으심의 과정은 당신을 전개하신 투입과정이요, 그 과정의 결과가 당신의 작품으로 우주박물관을 만들어 놓은 것입니다. 그 박물관은 '입체적 구형 박물관'으로 시간과 공간이 정지되어 있는 것이 아니라, 활동하는 시간과 공간, 그리고 시공을 초월하여 영계까지 포함하여 주체와 대상격이 주고받는 수수의 운동을 기초로 하여, 원형운동 구형운동으로 전개되는 살아있는 '역동적인 천주박물관' 이 하나님의 작품으로 진열된 우리들의 삶의 터전일 뿐만 아니라, 모든 존재들도 자기전개를 계속함으로 행복과 보람이 영속되고 있는 것입니다.

개는 강아지를, 소는 송아지를, 말은 망아지를 창조하는 자기전개 활동으로 영속하게 되는 것입니다. 이 모든 전개활동이 혼자서는 안 되는 것이고, 반드시 주체와 대상의 합작으로 이루어지는 공동작품이 되는 것입니다.

만물지중萬物之衆 최귀적最貴的 존재는 인간입니다

하나님께서 천주를 창조하신 것은 당신을 구체적으로 전개하신 실

체대상적인 작품들이고, 그 중에 하나님을 총체적으로 닮은 실체작
품으로 전개한 걸작품이 최고로 고귀한 인간인 것입니다. 그러니까
천지창조의 극치가 곧 인간을 지으신 것입니다.

그렇기에 천지가 있어도 인간이 없다면 하나님의 관계를 맺을 실체
대상이 없는 것이요, 만유의 핵, 전체의 축, 모든 것의 중심이 없는 것
이나 마찬가지인 것입니다.

마치 박물관에 많은 작품이 진열되어 있다고 하더라도 그것을 보고
감상할 주인이 없는 것과 같은 것입니다. 그래서 인간에게는 여타의
존재에 없는 하나님의 속성이 있는 것이요, 하나님과 더불어 신성으
로 삶을 영위하는 만유의 주인이 되는 것입니다.

가장 행복한 고통이 사람을 전개하는 잉태와 출산입니다

하나님은 모든 존재에게 잉태와 출산이라고 하는 창조의 축복을 허
락하셨습니다. 그 축복은 영원한 축복으로서 대를 잇는 축복인 것입
니다. 그 중에 또 하나의 창조주 역할 자로써 인간을 지으시고 하나님
의 자녀를 낳을 수 있는 특권을 허락하신 것입니다. 그러므로 인간이
성숙하게 되는 것은 닮기의 법칙을 따라 제2의 하나님이 되는 것이
고, 창조의 역사는 계속되는 것입니다. 하나님은 아들 아담과 딸 해와
남매를 두었지만, 제2의 하나님 된 인간은 3남매, 4남매, 5남매, 10남
매 이상도 둘 수가 있는 것이니, 하나님보다 능력 발휘를 더 많이 할
수 있다는 것입니다.

선남선녀가 짝을 이루어 부부가 됨으로 사랑이 열매되어 한 생명이
잉태되는 이치를 곰곰이 생각해 보면 참으로 신비로운 생명의 역사

임을 알게 됩니다. 아기씨(정자)가 난자와 만나서 전개되는 생명의 태동과정은 초과학적인 신비를 체험케 해 줍니다.

그 작은 씨 속에 우주의 축소체인 인간의 구조, 속성, 요소, 기능, 유기적 관계망, 어마어마한 세포군細胞群 등이 조화와 균형을 갖추어 형성되는 구체적인 청사진이 실체화 되어 한 인간이 만들어 지는 전 과정 하나하나가 신비로울 뿐입니다.

그러한 신비의 실체를 탄생 시키는 출산의 고통이 생명을 바꾸는 아픔이 있지만 천하를 얻는 것보다 더 고귀한 제2의 하나님이 되는 감동과 하나님의 손자손녀를 맞는 통쾌함이 출산의 고통을 뛰어넘어 행복으로 피어나는 것입니다.

타락의 운명에서 태어난 인류는 거듭나야 할 숙명적 존재

성경에 너희는 너희 아비 마귀에서 낳았다고, 독사의 자식이라고, 악마의 핏줄로 태어난 악마의 자식이라고 했습니다.(요;8/44) 그러므로 죄악의 고리를 끊고, 본연의 참 핏줄로 거듭나야 하는 숙명적인 운명이 된 것입니다.

이 역사적인 숙명 과제를 해결하기 위해서 각 종교마다 경전을 갖고 씨름을 했습니다만 타락의 정체를 밝히지 못한 채 수 천년동안 헤매어 왔습니다. 정체를 밝히지 못하니 해결책도 없는 것입니다. 이 하늘에 감춰진 타락의 비밀은 인류의 메시아로 인침을 받은 참부모의 신분으로만이 밝힐 수 있는 천비인 것입니다.

그 역사적인 천비가 통일원리에서 밝히고 있는바, 에덴동산에서의 선악과를 따먹은 사건이 하나님의 왕궁에 종 녀석인 천사장이 하나님의 공주인 해와를 유혹해서 불륜의 혈연관계를 맺은 것, 현대적인 용어로 말하면 성폭행을 한 불륜사건이었습니다.

그로 말미암아 천사장은 사랑의 간부, 사탄 악마가 된 것이고, 인간 조상은 타락의 조상이 된 것이었습니다. 불륜의 삼각관계(천사장, 해와, 아담)로 빚어진 역사는 죄악으로 출발을 하였고, 하나님은 당신의 몸과 같은 자식을 잃어 버렸고, 인간은 진짜 부모를 잃어버리고, 거짓 부모를 중심한 거짓 자식의 신세가 된 것이었습니다. 지금까지 거짓이 왕 노릇한 세상이 된 것입니다.

거짓 사랑에서 본연의 참사랑으로, 거짓 생명에서 본연의 참 생명으로, 거짓 혈통을 하나님의 참혈통으로 접목해주는 재창조의 은총이 바로 참가정 축복결혼인 것입니다. 여타의 종교에서는 생각도 못하는 역사적인 숙명과제를 근원적으로 해결하는 특별섭리로써, 하나님의 참사랑, 참생명, 참혈통을 전수해주는 축복결혼을 교차결혼으로 국제화하는 섭리는 새 에덴을 구체적으로 창조하는 하나님의 특별 사역인 것입니다.

먼저 된 자가 본보기로 자기를 전개하는 삶을 본 보여야 합니다

밤하늘의 은하수처럼 많고 많은 사람들 중에서 먼저 선택받아 하나님의 아들딸이 되었으니, 하나님의 대신자, 대행자, 대역자가 되어 제2의 창조주로써 하나님의 모습을 먼저 된 모델의 진면목을, 세상에 펼쳐나가야 하늘의 백성들이 번창되는 것입니다. 하늘의 사역을 대신 해주는 대역자의 자부와 긍지를 드높여서 자기를 전개 해 나가면 나갈수록 제2의 자기 기반이 확장되어 하늘나라에서의 자기 영토가 넓어지는 것입니다.

거짓이 난무하는 모순 된 세계, 갈등의 늪에서 고통 받는 군상들, 생존경쟁에서 이겨보겠노라고 갖은 수단과 방법을 동원하여 몸부림을 경주하건만 창살 없는 감옥인생으로 막을 내린다면 얼마나 허망하고, 억울하고, 분하겠어요?

이제 우리는 어둠의 무리들을 향해, 참 나를 보여주며, 함께 참인생 길로 가자고 말씀을 베풀고, 성주를 베풀며 인연 맺는 참가정운동이야말로 영원한 인연, 영원한 보람, 영원한 행복, 영원한 기쁨을 하늘나라에 쌓는 만고불변의 보물 인생이 되는 것입니다.

보물을 챙기는 기회가 항상 있는 것이 아닙니다. 뜻이 다 이루어지면, 세상 사람들이 다 축복가정이 되고, 모든 사람이 천일국의 백성이 되면, 섭리적인 보물, 시대적인 보물을 챙기고 싶어도 찬스가 없는 것입니다.

우리 모두 섭리가 필요로 하고, 세상이 필요로 할 때, 우리 스스로가 자기를 전개하여, 하늘의 얼굴이 되고, 하늘의 눈동자가 되고, 하늘의 나팔이 되고, 하늘의 대신자가 되어 상속의 주인이 되십시다. 기회를 놓칠세라, 빼앗길세라, 노심초사하며 하나님을 전개하는, 대역의 역할을 다하겠노라고 스스로를 전개해 나가는 제2의 창조주가 되십시다. 감사합니다.

지체는 많으나 몸은 하나라

하나님과 인간은 부자의 관계인데, 어떻게 해서 그런 관계가 맺어 졌느냐? 신비로운 경지에 들어가서 이 우주의 중심이 뭐냐고 묻게 되면, 부자지관계父子之關係라는 답을 얻게 됩니다.

우주의 중심이 뭐냐? 한마디로 부자의 관계입니다. 천지의 중심과 우주의 근본은 무엇입니까? 하고 하나님께 기도해 보면 아버지와 아들딸의 관계, 부자의 관계라고 합니다. 모르는 사람들은 육친의 아버지 어머니 아들딸과의 관계인 줄 알겠지만, 하나님과의 근본 관계를 말하는 것입니다.

하나님과 인간이 부자의 관계라고 했는데, 부자의 관계가 가진 특정한 내용이 무엇이냐? 아버지와 아들이 만날 수 있는 최고의 장소는 사랑이 교차되는 그 중심, 이상이 교차 되는 그 중심입니다. 그렇게 되면 사랑과 생명과 이상은 한 자리에 있습니다. 그 자리에 가면 하나님도 사랑이요 나도 사랑이요, 하나님도 생명이요 나도 생명이요, 하나님도 이상이요, 나도 이상입니다. 그것을 결정할 수 있는 최초의 인연이 부자관계입니다. (천성경 74-75)

몸은 하나인데 많은 지체가 있고, 몸의 지체가 많으나 한 몸임과 같이 그리스도도 그러하니라. 귀가 이르되 나는 눈이 아니니 몸에 붙지 아니하였다 할지라도 이로 인하여 몸에 붙지 아니한 것이 아니며, 발이 이르되 나는 손이 아니니 몸에 붙지 아니하였다 할지라도 이로 인하여 몸에 붙지 아니한 것이 아니니, 만일 온몸이 눈이면 듣는 곳은 어디며, 온몸이 듣는 곳이면 냄새 맡는 곳은 어디며, 만일 한 지체뿐이면 몸은 어디뇨, 지체는 많으나 몸은 하나라.

만일 한 지체가 고통을 받으면 모든 지체도 함께 고통을 받고, 한 지체가 영광을 얻으면 모든 지체도 함께 즐거워하나니 너희는 그리스도의 몸이요, 지체의 각 부분이라.(고린도전서 12장 12-27)

하나님과 인류가 갈망해 온 평화왕국 사상은 '한 몸 사상'입니다

하나님과 인류가 한결같이 갈망해 온 평화의 왕국을 창건하는 바탕 사상이 있다면 그것이 바로 한 몸과 같은 구조, 한 몸과 같은 유기적인 관계, 한 몸과 같은 공동 행복, 한 몸과 같은 보람의 공유체로 운행되는 '한 몸 사상'일 것입니다.

평화 왕국이란 종래의 세속적인 권력이나 체제로 다스려지는 세계가 아니고 하나님의 창조의 구조와 질서, 유기적인 관계 원리를 따라서 참사랑을 원동력으로 한 진리로 다스려지는 세상을 말하는 것입니다.

마치 한 몸과 같은 세상으로 '너는 나요, 나는 너요'라는 하나의 개념으로 나는 너를 위해 존재하고, 너는 나를 위해서 존재한다는 상호 위타주의로 상생·공생하고, 나의 희로애락이 너의 희로애락이요, 너의 희로애락이 나의 희로애락으로 동감하고 함께 나누는 공영의 공동유기체의 이웃사촌을 꾸미고, 나의 행복이 너의 행복이요, 너의 기쁨이 나의 기쁨이다 라고 하는 공의로운 세상을 만드는 것이 하나님의 창조이상세계입니다.

그 세계는 한 몸과 같은 공동유기적인 관계로 형성되는 지극히 자연스러운 세상을 꾸미게 되는 '한 몸 세상' 일 것입니다. 한 몸과 같은 세상에서의 삶은 서로 나누고 함께 소유하는 '공유공동 사회' 를 자동적으로 꾸며지게 되는 것입니다. 그렇게 되면 희로애락을 주고받고, 서로가 행복과 기쁨을 창조, 생산하며 서로를 존경하고 칭찬하며 서로를 내 몸같이 아끼고 사랑하는 '사랑의 공동 유기체적 사회' 가 자동적으로 만들어지게 된다는 것입니다. 그러한 가정, 사회, 국가, 세계는 한 몸 같은 세상이기에 자유롭고, 행복하고, 기쁨이 만끽되는 평화의 왕국이라 할 수 있는 것입니다.

평화의 왕국은 '입체화和 사상' 으로 만들어집니다

평화의 왕국은 '입체적인 화和사상' 으로 만들어지게 된다는 것입니다. 화和자가 갖는 의미는 서로 다른 상이함을 초월하여 모두가 섞여 함께 어울리고, 뭉치고, 화합하는 것을 뜻합니다.

요즈음 정치하는 사람들의 유행어처럼 얘기하고 있는 코드라고 하는 연결 고리를 초월하고, 내 사람 네 사람, 내 편 네 편, 이쪽저쪽, 진보니 보수니 하는 구분 등을 초월해서 화동하는 의미를 지니고 있는 것이 화和자에 내포된 의미입니다. 모두가 하나 속으로 녹아 들어가 그 구성원이 되고, 하나로 어우러져 뭉쳐서 한 유기체, 한 공동체를 이루는 것이 화和의 개념입니다.

거대한 우주가 운행되는 원리는 종적인 질서와 횡적인 질서 따라, 끝없는 수수작용을 입체적으로 하면서 입체적인 조화를 이루고 있다는 것입니다. 종적인 질서 따라 종적인 수수작용으로 하나님과 인간, 인간과 만물이 종적인 화和를 이루는 것이고, 인간과 인간, 만물과 만물이 횡적인 수수작용으로 횡적인 화和를 이루게 되며, 종적인 화와 횡적인 화가 입체적인 화和를 이루며 입체적인 평화왕국을 꾸미게 된다는 것입니다.

이 종적 질서와 횡적 질서가 어긋나면 조화가 깨지고, 평화도 어긋납니다. 한 인간의 몸도 눈-코-입-가슴-배-다리로 이어지는 종적인 질서와, 양쪽의 귀, 양쪽의 눈, 양 팔, 양 다리, 오장육부의 배열이 횡적 질서로 어우러져 입체적인 사지백체가 운영되고 있는 것입니다. 가정의 구성도 조부모-부모-자녀-후손으로 이어지는 종적인 계대가 있고, 횡적으로 부부, 형제, 이웃으로 연결되어 종횡의 관계로 가정이 꾸며지는 것입니다.

만물세계도 인간-동물-식물-광물로 연결된 종적 질서와 개성적인 인간, 다양한 동물, 각양의 식물, 각색의 광물이 횡적인 질서로 어우러져 종횡의 질서와 종횡의 조화 속에 입체적인 우주를 꾸미고 있는 것이지요. 그러므로 크고 작은 모든 존재가 존재됨은 종횡으로 어우러져 있음을 알 수 있는 것입니다.

그렇다면 평화의 열쇠는 무엇일까요?

평화의 열쇠는 바로 종적인 조화와 횡적인 조화를 만들어 주는 참사랑입니다.

참사랑은 '위하여 봉사하는 원동력' 입니다. 참사랑의 원천지는 하나님이십니다. 즉 참사랑의 발전소가 하나님입니다. 참사랑은 부모의사랑, 부부의사랑, 자녀의 사랑, 형제의 사랑으로 대별되며, 이 4대 사랑을 총합한 사랑이 하나님 사랑입니다.

하나님과 인간이 부모와 자식이라고 하는 관계를 맺게 되는 매체는 참사랑, 참생명, 참혈통으로 맺어지는 것으로서 부모와 자식은 둘의 개념이 아니고 하나의 개념으로서의 아버지와 자식이요, 자식이자 아버지인 것입니다. 이렇게 부모와 자식이 참사랑으로 종적인 조화를 이루고, 참사랑의 형제자매들이 횡적인 조화를 이루게 되면 입체적인 조화 통일의 가정을 이루어 만사형통의 반석을 만들게 되는 것입니다.

참사랑의 발전소인 하나님과 원만한 관계를 맺는 비결은 우리의 생활 중심에 하나님을 모시고 사는 시의신앙侍義信仰 생활을 알뜰하게 하는 데 있습니다.

모심의 생활이란 하나님을 늘 먼저 생각하고 행동하는 생활입니다. 그리고 매사의 동기, 과정, 결과가 참사랑으로 말미암아 영위되는 삶을 꾸밀 때 하나님과 동고동락의 자리가 되고, 샘솟는 은혜와 기쁨, 행복과 보람으로 평화로운 생을 노래할 수 있게 되는 것입니다. 형제와 이웃이 횡적인 관계를 원만하게 맺고 화동하는 비결은 베푸는 데 힘쓰는 것입니다. 말씀을 베풀고, 사랑을 베풀고, 관심을 베풀고, 삶을 나누고, 희로애락을 나눌 때 조화롭고, 화합되고, 평화로운 에덴의 형제자매가 될 수 있는 것입니다. 그리하여 하나님과 하나 되고, 형제와 하나 되면 만사가 형통이요, 매사가 기쁨이요, 뭐든지 신바람에 취해서 살게 되는 것입니다.

섭리의 한 몸 된 삶에 역사적인 보람이 영글게 된답니다.

하나님의 소원, 인류의 소원, 역사의 소원이 평화왕국을 이 지구성에 건설하는 것이요, 섭리의 궁극적인 목적이 평화로운 에덴을 만드는 데 있는 것이기에, 평화의 주역 된 삶을 꾸밀 수 있다고 하는 것은 전무후무한 행복, 기쁨, 보람인 것입니다.

실인즉 참부모님을 직접 모시고 동일한 시간과 공간권에서 평화의 역사를 만들어 가고 있는 평화의 동역자라고 하는 것은 참으로 놀라운 영생의 감격을 창조하는 삶이 되고 있는 것입니다. 요즈음에는 참부모님께서 영계에 갈 날이 많이 남아있지 않다고 하십니다.

우리들도 때가 되면 누구나가 영계를 가야 됩니다. 우리의 후손만대에게 평화의 에덴을 만들어 주고자 이바지한 이모저모, 평화의 한 몸, 섭리의 한 몸을 가꾸었던 피, 땀, 눈물은 두고두고 영원히 기념되고 빛나는 업적이 되리라 믿게 됩니다.

두뇌는 두뇌의 역할과 사명이 있고, 간은 간으로서의 사명과 역할이 있으며, 눈은 눈으로서의 사명과 역할이 있듯이 몸에 모든 지체는 저마다의 사명과 역할이 있는 법입니다. 저마다의 지체가 그 역할을 충실하게 수행하면, 몸 전체가 행복하고, 기뻐하며, 영광을 공유하게

되는 것이요,

　한 지체가 역할 기능이 마비되면 몸 전체가 고통을 겪는 것이지요. 이제 우리는 오늘 주시는 평화의 비결 메시지인 한 몸 사상, 입체적 화和 사상을 중심하고 참사랑으로 말미암은 삶을 영위해 나갈 때 평화의 주역된 보람을 함께 공유하는 평화의 공동 유기체 된 자긍심을 드높일 수 있을 것입니다. 평화의 한 몸, 섭리의 한 몸 된 삶을 꾸미시는 자리마다 하늘의 놀라운 축복이 함께하시기를 축원 드립니다.

　감사합니다.

아벨의 행복

훈독말씀 : 장자권 복귀

　본래 하나님의 창조이상으로 볼 때 장자는 하나님 편에서 시작해야 하고, 물론 차자도 하나님 편에서 시작해야 합니다. 그런데 타락으로 장자권이 사탄편이 되었고, 차자권이 하나님 편이 되었습니다. 이것을 바꿔쳐야 됩니다. 그래서 성경에 나오는 에서와 야곱의 문제를 중심 삼고 볼 때에, 야곱이 어머니의 협조를 받아 어머니와 하나 되어 에서에게 팥죽과 떡을 주어 장자의 기업을 빼앗는 역사를 했다는 겁니다.

　타락권을 넘어서서 장자권도 하나님 편 장자권, 차자권도 하나님 편 차자권을 이루어야만 타락하지 않은 본연의 세계에 설 수 있는 것입니다. 이것이 본래의 창조이상입니다. 하나님이 절대적인 만큼 그 이상도 절대적인 것으로 남아 있기 때문에, 이것을 다시 찾아 나오기 위한 역사 과정을 거쳐 가지고 탕감 복귀하여 넘어서지 않으면 안 된다는 것입니다.

　아벨을 세운 목적이 뭐냐? 아벨의 자식들을 살리기 위한 것이 아니라 장자권을 세워 집안의 전통을 바로 잡기 위한 것임을 알아야 됩니다. 여러분을 세운 것은 장자권의 일족을 설정하기 위한 것입니다. 자기들이 복 받으려면 장자권을 만들어 놓고, 그 장자가 복을 나누어주면 받아먹는 겁니다. 그 장자권은 자기가 아닙니다.

오시는 주님을 중심삼고 종적인 천상세계와 인연을 맺어야 합니다. 횡적 세계만 가지고는 안 되는 것입니다. 장자권을 복귀하는 데는 주먹으로 닦달해서 하는 것이 아니라 사랑으로 감동시켜야 됩니다.

사랑으로 녹여가지고 복귀해야 됩니다. 사랑해 가지고 그들이 돌아서기 전에는 자기 아들딸을 사랑할 길이 없습니다. 하나님의 창조이상으로 볼 때 본래 장자가 먼저 사랑 받게 되어있지 차자가 먼저 사랑 받게 되어 있지 않습니다.

장자를 굴복시킬 수 있는 비법이 뭐냐? 사탄은 말하기를 '하나님도 완전한 하나님, 하나님이 찾고자 하는 아담과 해와도 완전한 아담과 해와인데, 타락하지 않았다면 아담과 해와는 본연의 천사장인 나를 사랑하는 것이 원리의 기준이라면, 나는 타락해서 나쁜 입장에 있을 망정 당신들이 선하고 옳은 입장에 있다면 나를 사랑했다는 조건을 세워야 되는 게 아닙니까? 그러지 않고는 내 앞에서 하나님 노릇할 수 없소!' 라고 주장한다는 겁니다.

하나님과 합해 가지고 나를 사랑하는 자리에 서지 않고는, 사랑 했다는 조건을 세우지 않고는, '내가 차지한 장자의 권리와 기업을 찾아 갈 길이 없소!' 라고 브레이크를 거는 것입니다. 그래서 예수가 원수를 사랑하라고 그랬습니다.

　원수를 사랑하라는 것은 원수 개인만을 사랑하라는 것이 아닙니다. 원수 가정, 원수 종족, 원수 민족, 원수 국가, 원수 세계를 사랑하지 않고는 원수 세계의 장자권을 찾을 수 없는 것입니다. 장자복귀를 하기 위해서는 반드시 사탄이 핍박하고 죽이려고 하는 일선에 나가 싸워서 사랑으로 굴복시켜 가지고 우리의 모든 것을 가르쳐 줘야 합니다. 사탄이 감동을 받고, 회개를 하고, 당신을 위해서 제물이 되겠다고 선서를 하지 않고는 가인세계의 축복권을 찾아 올 길이 없다는 것입니다.

　'아, 당신은 이제부터 천국에 들어갈 수 있는 자녀가 될 수 있소!'라고 하는 공인을 받아야 되는 것입니다. 그럼 누구에게 사인을 받아야 되느냐? 사탄에게 받아야 되고, 그 다음에는 여러분이 사인을 해야 되며, 그 다음에 참 부모님이 사인을 해서, 하나님 앞에 통과할 수 있는 것입니다. 그래야 비로소 천국에 들어갈 수 있는 것입니다. (1986. 2. 22. 본부교회)

　하나님께서 잃어버린 자식을 찾아 복귀섭리를 해 오신 골자는 장자권 복귀, 부모권 복귀, 왕권 복귀에 있습니다. 인간조상 아담과 해와가 타락하지 않았더라면 하나님께서 창조하신 이상적인 질서, 이상적인 위계, 이상적인 사랑의 순서는 당연히 장자 그 다음에 차자로 질서, 조화, 화합, 통일의 에덴동산이 되었을 것입니다.

　그런데 타락의 사건으로 혈통이 뒤바뀌고, 자리가 뒤바뀌어서 장자는 사탄편이 되었고, 차자는 하늘 편이 되어, 이것을 뒤집어야 할 복잡한 복귀의 섭리를 하지 않을 수 없는 섭리의 한恨, 섭리의 탕감, 사랑의 십자가, 많은 고난을 통하지 않고는 풀 수 없는 장자권 복귀 역사였습니다.

인류역사의 두 줄기가 가인의 인생관과 아벨의 인생관이었습니다

가인형의 인생관은 이성론과 경험론을 바탕으로 한 인생관으로서 모든 진리는 인간이 나면서부터 가지고 있는 이성에 의해서만 탐구된다고 주장하여 신神, 세계, 우주를 부정하는 입장이었고, 또 한편 모든 진리는 경험에 의해서만 탐구된다고 하는 주장으로 신을 떠나서 이성을 존중시하는 합리주의 사상과 경험에 토대를 둔 인간 중심의 현실주의 사상이 신비와 공상을 배격하고 인본주의, 합리주의, 현실주의의 인생관으로 문예부흥-계몽사상-무신론-유물론-공산주의 세계로 이르렀습니다. 반면 아벨형의 인생관은 인간의 본성과 내면적인 가치를 추구하며, 히브리사상 복고운동과 종교개혁운동을 일으키어 신본주의, 신비주의를 중심한 종교와 철학으로 창조본성을 중요시 하는 입체적인 인생관을 추구하였으니 이것이 아벨형의 인생관이었습니다.

이 두 인생관이 역사 속에서 충돌된 것이 1차, 2차 세계대전으로 종국은 아벨 편의 인생관이 승리를 거두었습니다만 공산과 민주라고 하는 양대 사상과 주의가 긴 대립 투쟁의 고난 길을 걷다가 하나님의 특별하신 섭리의 은총으로 90년대가 밝아오면서 냉전시대가 막을 내렸습니다.

우리들은 아벨형의 인생관을 갖고 하나님, 천도天道, 천법天法, 천륜天倫, 천정天情 말씀을 따라 살게 될 때 가인권 복귀의 섭리가 작은 것으로부터 큰 것에 이르기까지 성공, 승리, 보람, 기쁨, 행복이 있게 된다는 역사적인 교훈입니다.

복귀섭리의 '꽃 열매'는 장자권長子圈 복귀에 있습니다

사탄의 주관 아래 있는 장자의 속성은 아벨형의 인생관에서 언급했듯이 하나님을 부정하고, 하나님의 섭리를 방해하고, 인간중심, 인간위주, 인간적인 사고방식을 앞세우고 현실적인 출세주의에 사로잡혀 세상의 지식, 권력, 경제, 명예를 생명시하는 것입니다.

하나님 하고는 담을 쌓고, 마음의 내면세계에 대해서는 무관심하고, 하나님이 밥 먹여주느냐는 식으로 외적인 인간 본위의 가치관으로 살아가는 인생스타일입니다.

인간을 타락시킨 사탄의 전술전략에 음흉한 계략으로 지배하고 있어서 참으로 접근하기도 쉽지 않고, 감동시키고 자연굴복시키기는 정말로 어려운 섭리의 과제인 것입니다. 그렇지만 목숨을 걸고, 지혜를 총동원하고, 사랑을 총 투입하여 하나님의 대신 자가 되어 사탄 편에 있는 장자를 복귀해야 섭리의 과제가 꽃이 피고 열매를 맺을 수 있는 것입니다.

장자복귀 비법의 알파와 오메가는 참사랑 투입에 있습니다

본래 에덴동산에서 완성된 하나님과 아담 해와는 종의 입장에 있는 천사를 사랑하게 돼 있습니다. 그러므로 그 천사가 타락해서 사탄이 되었지만 본래의 사랑을 실천으로 보여주고 감동을 느껴야 하나님과 하나님의 아들딸로 인정을 한다는 것입니다. 어느 정도로 사랑을 해야 자연적으로 탄복하고 굴복할 수 있을까요?

그 기준이 아내보다 더, 남편보다 더, 자식보다 더, 자기 스스로보다 더 사랑을 해야 탄복하고 존경하여 사인을 해 준다는 것입니다. 그야말로 간까지 다 빼주고도 더 못줘서 몸부림을 쳐야 그제서 사탄이 하나님의 자녀라고 인정을 해 주고 자연굴복한다는 것입니다.

참부모님께서 이 사탄 굴복의 비결을 찾아내시고, 그대로 실천하시어 세계적인 사탄을 3대가 하나 되어 사랑하신 기준을 이번 세계 480개 도시에서 말씀으로 가르치시고 축복을 베푸심으로 사탄이 탄복할 수밖에 없는 희생봉사를 하신 것입니다.

역사 이래 그 누가, 어느 평화 지도자가, 어느 종교 지도자가 인류를 위해 세 번씩이나 그것도 1대, 2대, 3대 일체이상으로 사랑하시고 교육, 축복하신 역사가 있습니까? 그야말로 참부모님 가족의 위상을 확고하게 자리매김하셨습니다.

가인을 위해 참사랑을 투입한 질과 양이 '아벨 행복의 질, 양' 임

이제 우리는 하나님의 자녀로써 하나님의 소원 성취를 위해 가인을 복귀해야 할 숙명적 책임감을 뼈저리게 느끼며 섭리의 인생을 살고 있습니다. 우선 당장 우리 종족 가인을 내 몸보다 더, 가족보다 더, 사랑을 투입하는 질과 양을 조금씩이라도 더 투입, 더 투입하는 실행이 중요한 것 같습니다. 가인을 위해 투입하는 질과 양이 아벨의 행복, 보람, 기쁨, 충, 효성의 질, 양 가치를 말해주고, 섭리의 꽃이 만발하고, 그 열매가 풍요로 답해준다고 합니다.

　사실 아벨인 동생의 자리에서 가인인 형을 자연 굴복시킨다는 것은 간단한 과제가 아닙니다. 목숨을 다하고, 뜻을 다하고, 어쩌면 하나님보다 더, 온 심혈을 투입해야 가능한 것이지요. 어쨌든 가인으로 말미암아 우리 종족의 구세주라고 하는 답이 나올 때까지 죽으나 사나 참사랑을 주고 또 주고, 베풀고 또 베풀며 사랑 성공, 섭리 승리, 아벨 승리, 아벨 행복의 주인공 되시기를 축원 드립니다. 감사합니다.

교차交叉 문화의 꽃

훈독말씀 : 교차 - 교체 축복결혼의 위대성

여러분! 인류는 이제 참부모 되신 '레버런 문'의 가르침을 받들고, 교차·교체 축복결혼을 통해 '한 하나님 아래 인류 한 가족'의 천명天命을 이루어야 할 때를 맞이하였습니다. 인종·문화·종교·국가를 초월하여 인류를 하나로 묶고, 전쟁과 갈등이 없는 창조이상세계 즉, 지상·천상천국을 창건할 수 있는 길이, 전 인류가 한 하나님 아래 한 가족이 되는 길 외에 또 무슨 방법이 있겠습니까?

여러분이 모르는 사이에 참부모님은 벌써 인류는 물론 하나님까지도 해방·석방시켜주는 후천개벽의 시대를 선포하고, 세계 방방곡곡에 혁명의 불길을 당기고 있습니다. 참부모·참스승·참주인이 되어야 하는 진리의 혁명 말입니다. (평화훈경 280)

신문명의 꽃 열매는 교차문화의 꽃으로

인류가 그토록 갈망해 온 자유·행복·기쁨·평화로운 세계 즉, 지상과 천상의 천국이 요원한 것 같이 느껴지는 것은 우리들의 삶의 현실이 숱한 갈등과 분쟁이 끊일 줄 몰라 지구를 괴롭히고 있기 때문입니다.

크고 작은 이기주의와 갈등이 갖가지 벽을 만들고 자기들만의 울타리 속에서 자기들만의 행복을 추구하고 있습니다만, 만유를 창조하시고 만유를 경영하시는 하나님께서 바라보실 때 한심하기 짝이 없고, 조상들도 바라보며 가슴을 차며 통곡하고 있다는 것입니다.

인류가 추구해 나온 방향과 목적에 배치하는 줄긋기, 담쌓기로 막히고 답답한 이 세상을 평화로 열어가야 할 역사적인 숙명과제를 어떻게 극복하고, 해결할 수 있을까요? 이는 형제주의를 넘어서 천부주의 즉, 하나님을 부모로 모시고, 전 인류가 자녀의 도리를 깨달아 하나님의 이상, 소원, 목적을 축으로 하고, 하나님의 참사랑을 핵으로 하여 서로를 위하여 서로의 십자가를 감내하며 평화를 창조하는 지극정성으로 교차문화의 꽃을 피워 내야 된다는 것입니다.

하나님 문명 즉, 신문명神文明의 꽃을 피워 열매를 만들기 위해서는 교차문화의 삶을 평화 삶의 지름길로 실감하면서 교차의 어려움을 평화로 소화하는 지극정성의 노력이 차곡차곡 쌓여질 때 교차의 꽃이 피고, 열매가 영글어 결실의 행복을 얻을 수 있다는 것입니다. 등산을 하다보면 가끔씩 아주 재미있는 정경을 보게 됩니다. 전혀 다른 나무끼리 맞물려서 두 나무가 하나로 통일 된 가지를 만들어서 생을 공유하는 모습을 보게 됩니다.

그것이 바로 교차 나뭇가지라고 볼 수 있는 것입니다. 서로 다른 두 가지가 서로 만나서 서로 다른 진액을 서로 나누며 한 가지로 성장하는 그것에 아주 심오한 교차의 진리가 깃들어 있는 것입니다.

평화의 왕께서 평화를 만드는 지름길이 교차-교체 축복결혼임을 천명하시고 종교의 교차, 문화의 교차, 인종의 교차, 나라의 교차, 전통의 교차를 평화문화로 창출함에 그 핵 중의 핵이 교차 축복결혼으로 꽃을 피우고, 열매를 맺어 평화왕국이 만들어져 가고 있다는 것입니다.

교차-교체 축복결혼의 주인공들이 평화의 주역

전쟁으로 얽히고설킨 역사적인 원한, 역사적인 원수로 앙금을 갖고 있는 나라가 2차 세계대전으로 얼룩진 나라들입니다. 하늘편인 아벨 국가군國家群으로 영국 · 미국 · 프랑스였고, 가인 국가군으로 일본 · 독일 · 이태리였습니다. 여기에 아담 국가인 한국을 포함해서 7개국을 한 가슴에 담으시고 한시도 잊지 않고 평화 UN을 만들기까지 교차의 아픔을 되새기며 지극정성을 다하셨다는 것입니다.

메시아 · 구세주 · 참부모의 참사랑이 아니고서는 역사적인 사연곡절을 풀 수 없었기에 사랑의 십자가를 감당하시며 '교차앓이의 산고'를 극복해 나오신 것입니다.

하늘의 복귀섭리, 평화섭리에 순응하여 교차 축복결혼을 하신 국제가정들은 참으로 소중한 평화의 주역이요, 역사적인 원한, 역사적인 고통, 역사적인 앙금을 교차의 심정으로 새김질 하며 평화의 새 역사를 창조하는 주역인 것입니다.

역사적인 보따리, 조상의 보따리에 담긴 사연과 곡절이 얼마나 복잡하고 얼룩진 불행의 보따리겠습니까? 그 모든 것을 참사랑으로 새기고, 소화하고, 교차의 신앙으로 평화의 꽃을 피운 아름답고 위대한 교차축복가정의 자녀들은 교차의 열매, 평화의 열매, 교차둥이 들입니다.

'교차둥이', 평화의 열매 된 교차축복의 자녀들 심성에는 평화의 속성, 조화의 요소들로 가꿔지게 됨으로 교차둥이를 중심으로 양가의 모든 부정적인 내용이 새로운 평화의 긍정적인 내용으로 탈바꿈하는 시너지의 기적적인 효과가 있게 되는 것입니다.

원수를 교차심정으로 사랑하여 참형제로 창조

하나님의 창조이상세계에는 오직 사랑과 원리가 무한대의 기쁨을 창출하며 사랑에 취해, 행복에 취해 끝없는 만끽으로 이어지는 원화 원圓和苑의 세계라 하였습니다. 그렇기에 하나님의 나라에는 사랑에 어긋나는 행위나, 원리를 벗어난 생활은 있을 수 없고, 거짓이나 원수가 있을 수 없는 것이지요. 하나님의 나라에는 선하고, 참되고, 아름답고, 거룩한 조화의 왕국, 평화의 왕국, 사랑의 왕국, 영원한 왕국으로 이어지는 것입니다.

그러므로 재창조 역사를 만들어 가는 복귀의 인생에서 크고 작은 원수를 용서와 사랑으로 본연의 자기 모습을 깨닫게 하여 형제로 바꿔치기해야 하는 절대적인 신앙의 과제가 있는 것입니다. 재창조는 창조보다 더 어렵다고 했습니다.

창조는 새로운 것을 빚어 만들면 되는데, 재창조는 지난 날들의 모든 것을 깡그리 부정하여 없애버리고, 새로운 것을 수용하여 절대이상실체로 다시 태어나는 배앓이, 교차앓이를 새기고, 이기고, 뛰어 넘어야 가능한 것입니다.

원수를 사랑해야 된다는 재창조의 원리를 깨닫고도 원수를 사랑하지 못함은 우리 속에 하나님의 속성과 요소, 그리고 참사랑의 분량이 부족한 연고일 것입니다. 우리들의 마음에 하나님의 인격과 사랑이 넘친다면 용서를 넘어 사랑으로 화답하는 평화의 기적을 창출하고도 남음이 있을 것입니다.

교차문화는 접목문화입니다

서로 다른 두 나무의 두 가지가 맞붙어서 서로 다른 진액이 믹서 되어 두 나무가 한 나뭇가지로 어우러져 살아가는 공유의 모델을 보면서 교차섭리의 놀라운 조화, 통일, 평화의 비결을 알게 되고, 그것이 곧 사랑을 중심한 중생섭리의 핵심인 접목섭리요, 그것이 곧 교차섭리의 요점이라는 것을 새삼 깨닫게 되었습니다.

교차는 서로를 엇바꾸는 진통을 감수해야 가능한 것입니다. 세상의 슬픈 자들과 기쁜 자들이 교차되려면 슬픔과 기쁨을 엇바꾸는 수고스러움과 고통스러움을 함께 수용하며, 희비가 엇갈리는 아픔도, 손해와 이익이 엇갈리는 쓰라림도, 선과 악이 용해되는 진통들을 다 수용하는 참사랑의 십자가를 통하여 교차의 문화가 피어나고, 접목의 감동으로 내일의 새 희망을 만들어 주는 것입니다.

메시아는 하나님의 대신자요, 섭리의 대행자이며, 섭리의 목적을
달성해야 할 하나님의 실체역할, 대신역할을 하는 자입니다. 그러므
로 메시아는 참사랑의 실체로 세상에 오셔서 병들고 슬퍼하는 중생
들을 구원 해 주어야 되는 것인 즉, 참의 실체가 거짓의 무리들을 끌
어안고, 기쁨을 주고 슬픔을 건네받고, 행복을 주고 불행을 도맡아서,
참사랑으로 믹서하여 교차의 꽃을 피우고 가꾸어서 교차의 열매로
평화둥이, 교차둥이를 다시 빚어 만드는 것이 메시아의 역할이요, 소
임인 것입니다.

이제 우리는 하늘의 특권으로 종족의 메시아라고 하는 엄청난 복권
復權을 상속 해 주셨습니다. 이 고귀한 복이 열매로 나타나기 위해서
는 교차문화적인 신앙 삶을 종족을 상대로 하여 끊임없이 실천하는
데 있습니다.

종족에는 별의별 유형의 인간상이 다양하게 널려 있습니다. 그리고
천태만상의 언어문화, 종교문화, 습관문화, 전통문화, 생활문화가 복
잡다난하게 얽히어 있습니다.

그러나 하나님의 인격과 참사랑이 몸과 마음을 통하여, 생활로 본
보여 줄 때, 교차의 대 역사는 기적을 창출하게 될 것입니다. 우리 함
께 신문명의 주인 된 자긍심을 발휘하여 교차문화의 꽃을 피워 평화
의 열매를 많이 결실하는 종족의 참부모, 종족의 참스승, 종족의 참주
인 되시기를 축원 드립니다. 아- 주